U0744523

《广告的嬗变与升级：营销传播新探》编委会名单

主　编：陈韵博

编委会成员（按姓氏笔画排序）：

万木春　叶培森　朱　磊　阳　翼

李　苗　杨先顺　谷　虹　陈桂琴

郑晓君　星　亮　莫智勇

新闻传播学新视野论丛

广告的嬗变与升级

营销传播新探

陈韵博　主编

暨南大学出版社
JINAN UNIVERSITY PRESS

中国·广州

图书在版编目（CIP）数据

广告的嬗变与升级：营销传播新探／陈韵博主编. —广州：暨南大学
出版社，2014. 10
　　（新闻传播学新视野论丛）
　　ISBN 978 - 7 - 5668 - 1170 - 7

　　Ⅰ．①广…　Ⅱ．①陈…　Ⅲ．①广告—市场营销学　Ⅳ．①F713.8

中国版本图书馆 CIP 数据核字（2014）第 231541 号

出版发行：暨南大学出版社

地　　址：中国广州暨南大学
电　　话：总编室（8620）85221601
　　　　　营销部（8620）85225284　85228291　85228292（邮购）
传　　真：（8620）85221583（办公室）　　85223774（营销部）
邮　　编：510630
网　　址：http：//www. jnupress. com　http：//press. jnu. edu. cn

排　　版：广州市天河星辰文化发展部照排中心
印　　刷：佛山市浩文彩色印刷有限公司

开　　本：787mm×960mm　1/16
印　　张：22. 875
字　　数：341 千
版　　次：2014 年 10 月第 1 版
印　　次：2014 年 10 月第 1 次

定　　价：52. 90 元

（暨大版图书如有印装质量问题，请与出版社总编室联系调换）

总　序

　　这是一个媒体更替迭兴、市场瞬息万变、文化融合冲撞的时代。新媒体以其强劲势头扫荡着曾经威风八面的传统媒体（尤其是纸媒），传媒在剧变，广告在剧变，与此相关的媒介文化和消费文化也发生了深刻的变化。面对这些诡谲的嬗变，暨南大学新闻与传播学院的学者们以新的视野、新的理念、新的方法展开了敏锐的观察和深入的发掘。他们或站在文化的制高点，审视传媒与广告变迁的文化内蕴，如对广告中的消费主义文化、后现代主义文化的解读和反思；或以更开阔的学术视野，探寻业界转型与发展的路径和趋势，如从营销传播学来探讨广告的转型与升级，从媒介生态学来审视媒介的生存之道和发展之路等；或以更精细的实证研究来揭示鲜为人知的传播规律以及受众的心理与行为，如用实证的方法调查研究中国独生代消费行为特征；或以敏锐的学术触觉来感知并剖析业界的新生事物及其内在规律，具有更强的针对性和更有效的实用价值，如对舆情与社会管理的研究、对信息平台的研究、对微电影的研究等。

　　学术研究重在创新，史学大师陈寅恪曾提出"三不讲"的原则，即"书上有的不讲，别人讲过的不讲，自己讲过的也不讲"。这是对学术创新最执着的追求，也是我们编辑这套丛书最重要的标准。

杨先顺

2014 年 9 月

目 录

营销传播新视野

广告新聚焦

品牌新透视

消费新洞察

产业新趋势

舆情新风向

营销传播新视野

营销传播学理论演进的诠释学观照

星　亮

（暨南大学　新闻与传播学院　广东　广州　510632）

【摘　要】本文在讨论哲学诠释学的方法论意义的基础上，以哲学诠释学的相关理论为方法，对营销传播学的理论发展历程进行了梳理，并以此为基本线索，构拟了一条由营销传播理论（MC）、整合营销传播理论（IMC）、以整合品牌传播理论（IBC）和整合品牌促销理论（IBP）为代表的品牌营销传播理论（BMC），以及以在线营销传播理论（OMC）为代表的数字营销传播理论（DMC）这四种理论联结而成的营销传播学理论演进之路，最终使这些散乱的理论在营销传播学的视域下达成了理论演进意义上的一致性。

【关键词】营销传播学　理论演进　诠释学

营销传播学自 1965 年产生以来经历了近 50 年的发展历程，期间出现过几次大的理论变化。但迄今为止，学界并未对这一理论演进历程进行过系统的梳理。由于营销传播学的发展对企业的营销传播工作有着十分重大的影响，每一次新理论的产生都直接引导着广告及其相关行业的发展方向，尤其是对广告业的产业升级方向和进程有着决定性的影响。因此，对营销传播学的理论演进历程进行较为系统的梳理是十分必要的。从诠释学的角度来看，对理论演进史的考察，实际上是对理论发展进程和演进路径的某种理解与解释。因此，本文拟在哲学诠释学的观照下，对营销传播学的理论演进历程进行较为全面的梳理，并试图以此为线索构拟出营销传播学的理论演进之路。

一、哲学诠释学的方法论意义及其应用

一般认为，诠释学的发展，经历了三次大的理论转向：第一次是从部门诠释学到方法论诠释学的转向；第二次是从方法论诠释学向本体论诠释学的转向；而第三次则是"从单纯作为本体论哲学的诠释学到作为实践哲学的诠释学转向"①。在哲学诠释学产生以前，作为方法论的诠释学，始终是诠释学发展的主要路径。不过，自海德格尔的此在诠释学开始，诠释学的发展开始向本体论转向，并最终在伽达默尔的哲学诠释学那里实现了从方法论到本体论的根本转向。这样，就形成了诠释学两种发展路径并行的局面。对于二者的区别，伽达默尔有过清晰的表述："诠释学现象本来就不是一个方法论问题，它并不涉及……理解方法，而且一般来说，它根本就不是未来构造一种能满足科学方法论理想的确切知识。"② 因此，一般认为，哲学诠释学近乎是一种与方法论或方法无关的诠释学理论。不过，就哲学诠释学的实际影响而言，伽达默尔理论中的"诠释学循环"、"前见"、"时间距离"、"视域融合"等核心概念，往往被人们直接以"××理论"的名义应用于诠释学实践中，这也就意味着，人们已经把它们作为"诠释方法"来加以应用了。因此，从这个角度来讲，哲学诠释学因其核心理论的应用价值而彰显了其方法论意义。

"诠释学循环"的基本含义是指在对文本的解读中，存在着细节（或曰局部）理解和整体理解之间的一种关系策略，即细节需从整体上把握，而整体则由细节去充实，如此往复，构成循环。

"前见"（德语 Vorurteil、Vorsicht），也被译作"在先之见"（彭启福，2005），或"先见"、"先行视见"（陈嘉映，1987），是指诠释者在诠释对象前就已经具有的某种知识、观点、立场、判断或传统。伽达默

---

① 洪汉鼎．诠释学——它的历史和当代发展［M］．北京：人民出版社，2001．
② ［德］汉斯—格奥尔格·伽达默尔．诠释学Ⅰ：真理与方法［M］．洪汉鼎译．北京：商务印书馆，2010．

尔认为，"一切理解都必然包含某种前见"①，表明前见是诠释学应用中
一种无法回避的存在，或简而言之，从方法论意义来讲，前见已成为诠
释的一种具体方法。

在对文本的诠释中，尤其是在对历史文本的诠释中，有一个问题似
乎是无法避免的，即在诠释者和文本及其作者之间由于时间上的分离而
产生的理解上的差异，这就是伽达默尔所谓的"时间距离"（Zeitenab-
stand）②。一般认为，"时间距离"会造成理解上的困境。不过，伽达默
尔却认为，"时间距离并不是某种必须被克服的东西……"③ 他甚至认
为，"只有从某种历史距离出发，才能达到客观的认识"④。显然，在伽
达默尔眼中，时间距离不仅不会造成理解的障碍，反而成了有助于达成
客观认识的前提。更为重要的是，"历史学的兴趣不只是注意历史现象
或历史传承下来的作品，而且还在一种附属的意义上注意到这些现象和
作品在历史（最后也包括对这些现象和作品研究的历史）上所产生的
效果"，这就是所谓的"效果历史"（Wirkungsgeschichte）。⑤ 可见，由
于受到效果历史的作用，时间距离并不必然造成意义理解上的鸿沟，因
为在时间所造成的理解距离中，实际上包含着由效果历史形成的种种习
俗、传统和前见，并由此弥合或填补了理解的鸿沟，从而使人们对历史
的理解成为可能。当然，要实现这种可能性，就需要诠释者具有某种
"效果历史意识"，这种意识首先应是"对诠释学处境的意识"，而这种
处境，对于人的视野是有所限制的，这就是所谓的"视域"（Hori-
zont），"视域就是看视的区域"⑥。一般来看，在诠释学应用中，至少存

———————————

　　① ［德］汉斯—格奥尔格·伽达默尔. 诠释学 I：真理与方法［M］. 洪汉鼎译. 北京：
商务印书馆，2010.

　　② ［德］汉斯—格奥尔格·伽达默尔. 诠释学 I：真理与方法［M］. 洪汉鼎译. 北京：
商务印书馆，2010.

　　③ ［德］汉斯—格奥尔格·伽达默尔. 诠释学 I：真理与方法［M］. 洪汉鼎译. 北京：
商务印书馆，2010.

　　④ ［德］汉斯—格奥尔格·伽达默尔. 诠释学 I：真理与方法［M］. 洪汉鼎译. 北京：
商务印书馆，2010.

　　⑤ ［德］汉斯—格奥尔格·伽达默尔. 诠释学 I：真理与方法［M］. 洪汉鼎译. 北京：
商务印书馆，2010.

　　⑥ ［德］汉斯—格奥尔格·伽达默尔. 诠释学 I：真理与方法［M］. 洪汉鼎译. 北京：
商务印书馆，2010.

在着两种相对的视域：一种是所谓的"历史视域"，而另一种则是与之相对的"现在视域"；或者说，一种是诠释者的视域，而另一种则是被诠释的文本的视域。显然，这两种视域间存在着天然的冲突。那么，该如何处理这种冲突呢？伽达默尔提出，"解释者和文本都有其各自身的'视域'，所谓的理解就是这两个视域的融合"①。而这种融合的过程，则"意味着向一个更高的普遍性的提升，这种普遍性不仅克服了我们自己的个别性，而且也克服了那个他人的个别性"②。

二、营销传播学理论演进的诠释学"筹划"

在诠释学的观照下，所谓对理论演进史的考察，其实也就是对理论发展进程和演进路径的某种理解和解释。海德格尔认为："作为领会③的此在向着可能性筹划它的存在。……领会的筹划活动本身具有使自身成形的可能性。我们把领会使自己成形的活动称为'解释'。"④ 海德格尔的观点提示我们，要进行某种可使"自身成形"的诠释，预先的筹划必不可少。而有关营销传播学理论演进史的考察，则需进行以下两个方面的预先筹划：

（1）对学科视域的筹划。从学科属性来看，营销传播学本属于应用传播学的一个分支。因此，对该学科理论演进史的考察，只需从理论发展的历史进程予以考察即可。但是由于营销传播主要是一种在广告行业中进行的传播实践，而且其最核心的理论也都产生自广告公司的业务实践，因此，其理论来源与理论演进的过程，都与广告理论之间畛域难分，因而也就有不少学者很自然地把一些营销传播理论划入广告学的范

① ［德］汉斯—格奥尔格·伽达默尔. 诠释学 I：真理与方法 ［M］. 洪汉鼎译. 北京：商务印书馆，2010.
② ［德］汉斯—格奥尔格·伽达默尔. 诠释学 I：真理与方法 ［M］. 洪汉鼎译. 北京：商务印书馆，2010.
③ 陈嘉映在翻译海德格尔的《存在与时间》时，将德文 Verstehen、Verstand、Verständnis 等都译为"领会"，而将"Begreifen"译为"理解"；而在洪汉鼎的各种译作中，与汉语"理解"这个词相对应的德文有"Verstehen"和"Intelligere"。
④ ［德］马丁·海德格尔. 存在与时间 ［M］. 陈嘉映等译. 北京：生活·读书·新知三联书店，2012.

畴，并把它们看作某种广告理论来加以理解和解释。如张金海等（2002）对 20 世纪广告传播理论发展过程的总结①，以及程明等（2009）对广告行业未来发展的展望等②，莫不如是。即便在美国，在 IMC 出现之初，人们一时也不知应该如何认识这一新生事物，有人就习惯性地从广告学的视域来看待它，并称其为"新广告"③。由此可见，在有关营销传播理论演进史的考察上，实际上存在着两种不同的学科视域：一种是广告学的视域，而另一种则是营销传播学的视域。本文在学科视域的筹划上，主张以营销传播学的视域来完成对两种不同学科的视域融合。

（2）对营销传播理论演进路径的筹划。一个学科的理论演进路径，往往由该学科在理论发展历程中所产生的核心理论或重要理论历时性地构成。但在某一学科发展的历史长河中，相关理论的学科归属，以及某一学科内部某一具体的理论是否属于核心理论，特别是相关理论之间的承续关系等，往往并不是一种自明的存在，而是某种诠释学的筹划结果。而这种"筹划"，又必须从相关理论间所显现出来的"前在"、"前有"和"前见"关系中，或在有关学者的相关论述中，才能发现并梳理出彼此的内在联系和演进关系，进而将散乱的理论联结成一体，并最终构成明确的演进路径。就营销传播学的理论演进史来讲，迄今为止，学界并未进行过类似的"筹划"，这也就意味着，人们对营销传播学理论的演进史，尚未形成一个完整的认识和表述。目前人们所普遍关注的，主要还是营销传播学某一具体理论的演进过程，如对"整合营销传播理论"演进过程的考察等。至于从更高层面来对营销传播学整体理论演进史进行考察，人们并未给予应有的重视。为此，有必要在诠释学的观照下，对这些理论间的相互关系进行理论演进意义层面的筹划，以合理地诠释它们之间存在的理论承续关系，并由此构拟出营销传播学理论

---

① 张金海等. 从产品推销到营销与传播整合——20 世纪广告传播理论发展的历史回顾 [J]. 武汉大学学报（人文科学版），2006（6）：812～817.

② 程明等. 整合营销传播背景下广告产业形态的重构 [J]. 武汉大学学报（人文科学版），2009（4）：502～507.

③ Thomas R. Duncan, Stephen E. Everett. Client Perceptions of Integrated Marketing Communications [J]. *Journal of Advertising Research*, MAY JUNE 1993. 30－39.

发展的历史脉络和演进的主要路径。

三、对营销传播学理论演进路径的构拟

营销传播学的首个成形理论，当属"营销传播理论"。该理论的产生当以 1965 年美国学者埃德加·克兰《营销传播学》一书的出版为标志。在该书中，克兰提到，麦卡锡在"4P"理论中"设定了一个用以表示促进产品销售工作的概念，即促销（Promotion），或者用本书的语言来讲，就是传播（Communications）"①。就这样，克兰以一个看似简单的单词替换行为，宣告了一次理论观念的历史性转向，从认识论意义上促成市场营销组合理论从"促销"向"传播"的转向。而另一位美国学者 M. 韦恩·德罗泽尔则用一句"从营销到营销传播"②，对这种转向的内涵进行了更为深刻的诠释。营销传播理论的提出，不仅直接促成了促销理论的传播学转向，而且还开创了一个全新的学科——营销传播学。从诠释学循环的意义来看，在营销传播学的整体理论体系中，营销传播理论既是一个起点，也是整个理论体系的基础，并且是一切后发理论得以产生和发展的理论前见。

整合营销传播理论（IMC）是营销传播学的第二个成形理论，也是产生过重大影响的一个理论。对于整合营销传播理论产生的缘由和过程，最权威的解释是：20 世纪 70 年代末及整个 80 年代，随着相关环境的剧变，美国一些大广告客户的业务需求开始从以广告为主，逐渐向多样化需求的方向发展③。为迎合这种变化，美国广告行业出现了一种新的业务动向，一些大的广告公司开始将其业务范围从单纯的广告业务，向公共关系、包装设计、直效营销等多种业务拓展，逐渐形成了所谓

---

① Edgar Crane. *Marketing Communications*：*A Behavioral Approach to Men*，*Messages and Media* [M]．John Wiley & Sons，Inc. 1965.

② M. Wayne DeLozier. *The Marketing Communications Process* [M]．McGraw-Hill Book Company，1976.

③ Tom Duncan，Clarke Caywood. *The Concept*，*Product*，*and Evolution of Integrated Marketing Communication* [M] // Esther Thorson，Jeri Moore. *Integrated Communication*：*Synergy of Persuasive Voices*，Mahwah：Lawrence Erlbraum Associates，Publishers，1996. 13 - 34.

"一站式服务"① 的业务模式和服务体系。到 20 世纪 80 年代末，人们已开始普遍使用"整合营销传播"这一概念来称呼这种业务模式②。显然，这种观点把整合营销传播理论的产生，完全归于广告实践的变化。但如果人们愿意拉长理论发展的时间距离，从相关理论发展的细节中去探寻营销传播学整体理论的诠释学循环关系，则不难发现，早在 1965 年，克兰已在其著作中多次谈到了"整合"（Integration, Integrated, Integrating）③；1971 年，韦伯斯特更是在其著作中，对"协同效应"（Synergistic Effects）、"整合"等整合营销传播理论的核心观点和概念进行了深入而细致的探讨④；到 1986 年，辛普和德罗泽尔（Terence A. Shimp & M. Wayne DeLozier）已经在他们合著的专著中有对"整合营销传播和促销计划"（Integrated Marketing Communications and Promotion Programs）的专章论述⑤。早期营销传播理论中这种重视"整合"的思想，实际上构成了整合营销传播理论核心概念的前见，而整合营销传播理论的最终产生，则可以视为这些理论前见因时间距离而积累的一种效果历史。这些核心概念的使用，不仅填补了因时间距离而造成的整合营销传播理论和营销传播理论之间的隔阂，而且从诠释学循环的角度，有力地诠释了整合营销传播理论和营销传播理论之间的承续关系。更为重要的是，它也有力地证明了一个事实，即整合营销传播理论不仅仅是广告实践发展的结果，同时也是营销传播理论演进的一种效果历史。对于整合营销传播理论和营销传播理论之间的关系，美国学者汤姆·邓肯

---

① William D. Novelli. One-Stop Shopping: Some Thoughts on Integrated Marketing Communications [J]. *Public Relations Quarterly*, winter 1989 – 1990. 7 – 9.

② Tom Duncan, Clarke Caywood. *The Concept, Product, and Evolution of Integrated Marketing Communication* [M] // Esther Thorson, Jeri Moore. *Integrated Communication: Synergy of Persuasive Voices*, Mahwah: Lawrence Erlbraum Associates, Publishers, 1996. 13 – 34.

③ Edgar Crane. *Marketing Communications: A Behavioral Approach to Men, Messages and Media* [M]. John Wiley & Sons, Inc. 1965.

④ Frederick E. Webster, JR. *Marketing Communication: Modern Promotional Strategy* [M]. New York : The Ronald Press Company, 1971.

⑤ Terence A. Shimp, M. Wayne DeLozier. *Promotion Management and Marketing Communications* [M]. The Dryden Press, 1986.

(Tom Duncan) 用一句 "从营销传播到整合营销传播"① 来概括，精辟而深刻。这句话不仅揭示了两种理论之间的承续关系，更表明了整合营销传播理论是在营销传播理论基础上的一种发展，或者说，是对营销传播理论的一次升华。

品牌营销传播理论（Brand Marketing Communications，简称 BMC）的出现，标志着营销传播学的又一次重大理论转向。1991 年，美国学者大卫·艾科《管理品牌资产》一书的出版，引发了全球范围内的品牌研究热潮。很快，这股热潮也影响到了营销传播学。1992 年 5 月，美国学者凯文·莱恩·凯勒（Kevin Lane Keller）在其发表的 "品牌资产与整合传播"（Brand Equity and Intergrated Communication）一文中，将品牌资产理论和整合营销传播理论结合起来进行研究。他的这一创新学术思想，或许仅仅反映了其个人的研究旨趣，并无特别的意义。但从这种旨趣出发所进行的后续研究，却在看似不经意的学术敏感中，标示出营销传播学理论发展的一种全新路径。1999 年，唐·舒尔茨与贝斯·E. 巴恩斯（Don E. Schultz & Beth E. Barnes）合作，提出了 "整合品牌传播" 理论（Integrated Brand Communication，简称 IBC），并指出，该理论是继整合营销传播理论之后，营销传播学的又一个新理论②。2003 年，美国学者托马斯·C. 奥吉恩（Thomas C. O'Guinn）等人提出的整合品牌促销理论（Integrated Brand Promotion，简称 IBP），虽然在表述上与舒尔茨等人有所不同，但二者在重视品牌的核心地位方面，却是相当一致的。实际上，这两种理论所代表的重视品牌的倾向，宣告了营销传播学的一次重大理论转向，这一理论转向突破了传统营销传播学理论重视传播资源整合、传播工具应用和传播过程管理的工具论倾向，转而把品牌作为营销传播的最核心资源，以此来统领企业的营销工作，并从企业营销战略的高度来重构营销传播理论，真正实现了 "传播即营销" 的战略构想，也使得营销传播学实现了从营销工具论到营销本体论的转

---

① ［美］汤姆·邓肯. 整合营销传播：利用广告和促销建树品牌［M］. 周洁如译. 北京：中国财政经济出版社，2004.

② Don E. Schultz, Beth E. Barnes. *Strategic Brand Communication Campaigns*［M］. Chicago：NTC/Contemporary Publishing Group, Inc. 1999.

向。当然，从品牌营销传播理论与整个营销传播学理论体系的诠释学循环关系来看，营销传播学理论的这次转向，不仅得益于重视品牌的理论取向，也与整合营销传播理论自身存在的问题有关。众所周知，自整合营销传播理论正式产生以来，就不断地面临着来自学界和业界的质疑和指责，而这些批判的矛头，直指整合营销传播理论的基础和核心，也就是以什么来整合企业资源的问题。简而言之，整合营销传播理论的实质，实际上就是在营销传播工具多样化应用的条件下，如何以营销传播工具为核心，来获取"协同效应"最大化的方法论。但这种以营销传播工具为核心的方法论，只是一种求诸身外的解决思路，并未涉及营销传播的根本。而以品牌为核心的理论取向，恰恰弥补了整合营销传播理论的先天缺陷，树立了以品牌为核心来整合企业资源的营销传播观，并实际上推动营销传播学理论完成了从营销方法论（工具论）到营销本体论的转向。这也就意味着，在品牌营销传播理论的形成过程中，实际上存在着两种不同的理论进路，即品牌学的理论进路和营销传播学的理论进路，而整合品牌传播理论和整合品牌促销理论的提出，则意味着这两种不同的理论进路在营销传播学的视域下实现了"视域融合"。对于营销传播学理论的这一深刻转向，舒尔茨等曾明确指出：他们提出新理论的目的，就是要实现"从传统广告向整合营销传播、再到品牌传播的转变"①，这在明确说明其理论来源的同时，也对整合营销传播理论之后的营销传播学的理论演进路径指出了明确的方向。

进入 21 世纪以来，随着电子商务的发展，数字营销传播理论（Digital Marketing Communications，简称 DMC）开始成为营销传播学的又一个新的理论阶段。2000 年 6 月，美国学者丹·斯坦博克（Dan Steinbock）所著《网络营销传播的诞生》（*The Birth of Internet Marketing Communications*）一书的出版，拉开了数字营销传播研究的帷幕。此后，2001 年，约翰·戴顿和帕特里克·巴韦斯（John Deighton & Patrick Barwise）合作撰写的"数字营销传播"（Digital Marketing Communication）

---

① Don E. Schultz, Beth E. Barnes. *Strategic Brand Communication Campaigns* [M]. Chigago: NTC/Contemporary Publishing Group, Inc. 1999.

一文的发表，则代表着数字营销传播理论的正式出台。2006 年，丹麦学者莫滕·巴赫·延森和安娜·隆德·延森（Morten Bach Jensen & Anna Lund Jepsen）在题为"在线营销传播：整合营销传播新类型？"（Online Marketing Communications：Need for a New Typology for IMC？）的文章中，提出了"在线营销传播"（Online Marketing Communications，简称 OMC），并对"在线营销传播"理论的学科属性提出了设问，认为不能简单地把"在线营销传播……归入传统的营销传播之中，而是应当将其视为一个独立的传播学科，或者应当进行多学科的研究"①。"网络营销传播"、"在线营销传播"等数字营销传播理论的出现，表达了理论界对互联网时代、特别是 Web2.0 以来数字营销传播活动的一种全新认识，代表着数字营销传播理论走出传统营销传播学理论的遮蔽而迈出的明确一步。值得注意的是，赛博空间已经显现出来的特有属性，使得数字营销传播理论在其基本概念、传播关系、传播结构、传播过程、效果评定等诸多方面，都与建立在实体社会基础上的前三种理论之间存在着某种距离；或者从更准确的意义上来看，数字营销传播理论与传统营销传播理论之间，实际上是一种不完全的解构关系。而这种解构关系的存在，是否就必定如两位丹麦学者所主张的那样，意味着数字营销传播理论将完全有别于传统营销传播理论，并走向完全的理论自立？虽然从当下来看，人们对于赛博空间的根本属性，还存在着极为不同的理解；而对以赛博空间为基础的数字营销传播的特性和属性，也需要用更长的时间去逐步认识，但是，这绝不意味着数字营销传播理论是一种完全独立于营销传播学其他前在理论的全新理论。恰恰相反，仅仅从"网络营销传播"和"在线营销传播"等术语的使用来看，数字营销传播理论就无法割裂与其他前在理论之间的天然联系。人们也完全可以由此确认，数字营销传播理论仍然从属于营销传播学理论的范畴，或者从诠释学循环的角度来看，它仍然是营销传播学整体理论中的一种局部理论，只不过是一种全新的局部理论。

---

① Morten Bach Jensen, Anna Lund Jepsen. Online Marketing Communications：Need for a New Typology for IMC？［J］. *Journal of Website Promotion*, 2006, Vol. 2 Issue 1/2：19 – 35.

通过上述对营销传播学理论演进过程的梳理，并经过对相关理论间承续关系的诠释，我们已经在哲学诠释学的观照下，完成了对营销传播学理论演进路径的构拟。通过这种构拟，我们把营销传播理论（MC）、整合营销传播理论（IMC）、以整合品牌传播（IBC）和整合品牌促销理论（IBP）为代表的品牌营销传播理论（BMC），以及以在线营销传播理论（OMC）为代表的数字营销传播理论（DMC）这四种处于不同时期的营销传播学理论联系在一起，描绘了一条清晰而完整的营销传播学理论的演进之路。而同处这一发展之路中的这四种理论，也在相互之间的概念承续和理论衔接中，以彼此之间的理论前见关系，不断积累着理论发展的效果历史，并最终在营销传播学整体理论的视域下，达成了理论发展的一致性。这一构拟理论演进路径的过程，实际上是对营销传播学理论发展历程的一种诠释，同时也是一次经过预先筹划的诠释学应用。而这种诠释和诠释学应用，则是在哲学诠释学的观照下，将那些历时性的散乱的单体理论，作为营销传播学整体理论中的局部理论，以共时性存在的维度，从营销传播学的视域中寻求理论一致性，并形成完整的诠释学循环的一种努力。而这种努力的目的，正如伽达默尔所指出的那样，主要"在于取得对事情的一致性（das Einverst ndnis in der Sache）……即建立那种尚未达到的或被打乱了的一致性"①。

（原载于《现代传播》（中国传媒大学学报）2013 年第 7 期，第 110 ~ 114 页）

---

① ［德］汉斯—格奥尔格·伽达默尔. 诠释学 I：真理与方法［M］. 洪汉鼎译. 北京：商务印书馆，2010.

AR技术在互动营销传播中的商业应用探索[①]

李　苗

（暨南大学　新闻与传播学院　广东　广州　510632）

【摘　要】 AR 技术在品牌与营销传播领域诸如会展、营销、平面设计、出版、娱乐、网络互动营销等领域中，发挥着越来越重要的作用。AR 增强实景，是虚拟现实的延伸，也是真实场景的三维影像重构，是虚拟与现实结合的互动影像技术，给参与者和旁观者一种身临其境、触手可得的感受，人们还可以根据自己的爱好，互动改变场景，寻找满足个性需求的形式。

在未来三年内，它将会以一种全新的品牌沟通体验和神奇的互动传播感受，超越传统的广告方式，为客户带来可观的广告、品牌传播效益和互动体验营销市场。

【关键词】 AR　互动体验　品牌传播　商业价值

AR 技术是 Augmented Reality 的缩写，中文翻译为实景增强（增强现实/增扩现实）。它是一种将计算机虚拟技术、云存储数据、终端与现实场景进行融合互动的技术，综合了图像识别、动作捕捉、虚拟现实等学科，将数字信息、三维虚拟模型精确地叠加显示到实景的创新人机交互技术上，这种技术目前已经在国防建设、教育培训、工业设计、展会营销、城市规划、文化娱乐等应用范畴初显威力，被《时代周刊》列为当前最具活力和前景的十大技术之一。

---

① 本论文为暨南大学新闻与传播学院 AR 应用研究中心研究成果。

AR 技术在品牌与营销传播领域诸如会展、营销、平面设计、出版、娱乐、网络互动营销等领域中，发挥着越来越重要的作用。AR 增强实景，是虚拟现实的延伸，也是真实场景的三维影像重构，是虚拟与现实结合的互动影像技术，给参与者和旁观者一种身临其境、触手可得的感受，人们还可以根据自己的爱好，互动改变场景，寻找满足个性需求的形式。

在未来三年内，它将会以一种全新的品牌沟通体验和神奇的互动传播感受，超越传统的广告方式，为客户带来可观的广告、品牌传播效益和互动体验营销市场。据专业评测机构预测，AR 技术可能创造出上百亿元的广告市场规模。①

一、目前及未来营销传播领域的商业应用

（一）平面媒体的多媒体互动传播

互联网多媒体对平面媒体造成的巨大冲击，使得平面媒体不断探索突围之路，也不断寻求与新媒体的融合。AR 技术的应用，使平面媒体立体地、影像地、全方位地呈现信息成为可能，使读者在阅读时有了互动环节，吸引了读者的体验兴趣和增加阅读乐趣。

2009 年，*Esquire* 杂志通过与数字技术公司的合作，成功运用了 AR 实景增强技术，成为业内第一本公开发行的"鲜活、移动并能说话"的平面和影像结合的杂志。② 在 AR 技术相对成熟的美国，以 *VOGUE*、*GQ* 为代表的时尚杂志，以多种的 AR 结合形式，使其内容在时尚性的基础上更充满了趣味性。2010 年 4 ~ 5 月间，*VOGUE*、*GQ* 在全球 12 个国家的版本中采用 AR 技术；《极速志》2011 年 12 月版也尝试制作了一期全部使用 AR 技术的杂志。此外，德国杂志《星期五》使用 Metaio 公司的 AR 应用软件，在杂志中实现了多种效果的增强现实体验，包括3D 插图、有影像注解的访谈和通过手机看到答案的猜字游戏等。

---

① 营销智库，http：//www. domarketing. org/html/2012/interact 0208/23547. html.
② www. keyin. cn/magazine/ysjs/201202/21. 2013 – 08 – 04.

在香港地区，2013 年 2 月 "*ELLE* 杂志动起来了！"[①] 首期 AR 增强现实的应用就是在 *ELLE* 杂志封面运用著名演员陈慧琳的影像，在终端持有 IOS 设备的人就可以通过 AR 软件，看到活生生的陈慧琳在跟你打招呼，而内页中更是有平面、视频互动，教女士如何化妆。杂志实用价值的多媒体展示，大大增强了消费者对商品的购买欲望。其次，平面媒体与 AR 技术融合，可以适用于网购及投票，突破纸质媒体篇幅局限，可以演示海量产品，并可透过智能手机输入买家头像及身材数据，网上试穿，实时下单。最后，充分利用纸质媒体固有读者群及广告客户，用于名人代言广告，实现更佳效果。

（二）展会秀的神奇效果

在国内，最为常见的 AR 应用多是在产品发布会或展览会上。首先，借助 AR 的虚实交互体验，AR 能让产品发布会变得更为时尚、科技，充满未来感，同时，它也降低了硬件成本和展会要求，增强了发布会的趣味性、互动性；其次，它能具象化展示产品，模拟出现实条件无法表现的细节和创意，使原本严肃的发布会、展示会变得更为直观、形象、亲民，新奇的营销方式也更易于吸引住消费者的注意力，进而提升对产品的认知、品牌形象的理解，这对于那些工艺复杂、技术含量高、价值也相对偏大的产品尤为受用。Total Immersion 公司通过发布产品展会方式，使 AR 技术在展会中展现了其神奇的效果，如 SEIKO 新表展示会、SNECMA 飞机发动机的展示会、Citroen 雪铁龙 DS 系的展示会、空中客车 A350 的展示会、标致汽车公司 Lyon 系列产品的介绍会、STC 展会等，这些展会都给我们带来虚拟而又真实的三维动态效果，深得参展人员称赞。[②]

数码家电、汽车及房产企业，它们是 AR 展会/发布会的最大拥趸。像汽车领域的丰田、大众、宝马、奔驰、奥迪、雷诺等，在较早时期就开始尝试了 AR 新车发布会。而国内，奇瑞瑞麟、长安等也开始了 AR

---

① 香港 I Services 创意服务公司罗绮萍女士语。

② Total Immersion 案例 ［EB/OL］. http: //v. youku. com/v_show/id_XMTY3MDYzNTIw. html? f = 4374740.

营销的探索。车企热衷于 AR 营销，目的无非两个，一是营造发布会的科技氛围，赋予产品更高的科技属性和品牌溢价能力；二是汽车的动力性能、内饰设计等以往发布会上难以展现的内容通过 AR 技术，可以立体、详尽地展现于消费者眼前，延伸了观者对于新车的性能想象和品质理解，从而刺激了消费者的购买欲求，也就在一定程度上提升了销量。

（三）房地产的 AR 营销

AR 技术在房地产销售的过程中也给消费者带来了全新的体验。传统的售房方式，只是在一个大展厅里面放满了各种模型和图片，要吸引顾客只能靠售楼人员的讲解，很难让客户们更好地感受到真实。AR 技术的应用，可以用虚拟增强现实的形式把形形色色的房屋与环境很好地展现在客户面前。以 AR House 为例，AR House 是一种实境看房技术，利用 3D 虚拟现实技术，结合智能手机的位置定向和三维陀螺仪等功能，使看房者自己的智能手机或平板电脑（例如 iPhone 及 iPad）可以生动地呈现楼盘、样板房的实景，并通过感应用户的身体转动相应地改变视点，创造出身临其境的感觉。①

AR 技术的运用摆脱了传统看房的间接性和单一性，只要把你想了解的楼盘，对接到展示台的摄像头前，屏幕里就能出现楼盘的全景图。识别图的转动可以带动楼盘模型的转动，更好地给客户带来了视觉的吸引力，从户外小鸟悦耳的鸣叫声，小车模型在楼盘里行驶的动画，到室内的房屋设计模型、家具模型、贴图……这样的看房感受，能不让消费者动心吗？客户喜欢了，只需要把对应的图纸发给供应商，他们就能带来对应的家具，拍好客户喜欢的摆设模式，工作人员就可以开始对照着工作了。这样的虚拟展示，不仅仅在视觉上带来帮助，还给我们带来沟通上的方便。

（四）LBS 的周边营销

LBS（Location-Based Services），又称"位置服务"，LBS 是由移动

---

① AR House 实境看房［EB/OL］http：//www. arhome. cn/index. html/.

通信网络和卫星定位系统结合在一起从而提供的一种增值业务，通过一组定位技术获得移动终端的位置信息，实现各种与位置相关的业务。实景增强与通信行业的结合，大家较为熟知的是 GPS 定位功能，即利用 AR 现实扩张技术，可以随时随地找到剩余的停车位或者准确寻找目的地。除了定位功能，实景增强还能用于通信业务和新产品的推广。

作为国内规模最大的移动通信运营商，中国移动将推出新的业务，并借此加强其品牌宣传。传统的中国移动品牌形象宣传，都是借助于电视以及平面类媒体来实现的。在 AR 技术引入之后，业务推广以及品牌宣传摆脱了传统电视、平面类媒体的约束，采用虚拟的三维影像和 3D 动画，更加生动地完成品牌宣传。对于新产品的功能介绍，不再是用呆板的宣传单或电视广告，让受众处于强迫式接受信息状态，取而代之的是具有趣味性的 3D 视频，让受众更直观、更全面地进行智能化选择、了解，受众接受信息态度从被动变为主动。AR 技术的运用，促成消费者对新产品的了解和认可。

（五）商店的神奇展示牌

AR 技术的应用还渗透到零售业中，2011 年 3 月 6 日的零售业展会 "RETAILTECH JAPAN 2011"① 和 "JAPAN SHOP 2011"②，就采用了触摸输入、图像识别和 AR 的具有双向功能的数字标牌展示，十分引人注目。活动中，装有两台液晶显示数字牌、能够触摸输入的液晶面板、图像识别用摄像头及 AR 功能等多种部件和功能的店内设备吸引了参观者的眼球，该设备由凸版印刷制造。这些功能与商品陈列柜和样品供应设备组合在一起，便能够与客户进行双向交流。该设备在 RETAILTECH JAPAN 内展出。

凸版印刷设想的典型使用流程如下。首先，商店向会员发送样品促销的邮件杂志来吸引顾客，前来领取样品的顾客要在终端的读卡器上刷 IC 卡进行会员认证，通过认证的顾客可以参加抽签以获取样品。这样，

---

① http：//www. shopbiz. jp/en/rt.

② 2011 第 40 届日本（东京）JAPAN SHOP 商场用品展［EB/OL］. http：//www. expo - china. com/pages/exhi/201007/30025/exhi_detail_gaikuang. shtml/.

非常容易地便将参加次数限定为一人一次，抽中的顾客能够获得样品。当然，设定为"无空签"的情形也非常简单。然后，顾客将拿到的样品对着上面的摄像头一晃，顾客手拿样品的身影便出现在 32 寸液晶显示屏上，能在样品图像合成显示更加详细的商品信息，从而加深顾客对商品的了解。

对店铺而言，运用 AR 设备可活跃店面气氛，提高客户流量；对于顾客而言，由于面对的是机器，可毫无顾虑地获取样品，由此加深对商品的了解；对于厂家而言，运用 AR 设备能够高效地听取众多客户的意见。

（六）线下实体店的 AR 试穿体验

AR 技术应用于试穿、试戴较早被一些国外品牌应用于顾客服务，但在国内服装市场，仍较少触及。2011 年以纯启动了一场最大最炫的"时尚快分享"营销活动。[①] 此次活动的最大亮点就在于 AR 技术下的"虚拟试衣"这一部分。活动内容为网友们可以在活动页面开始互动试衣之后，在提供的以纯服装中选出心仪的三种款式，然后根据提示打印 AR 码，拿着印有 AR 码的纸张，对准电脑摄像头调试好距离就能进行虚拟的试衣和拍照，拍摄的照片将会与现有的一段视频进行合成，而此视频正是韩庚为此次新广告语拍摄的 TVC，让每个人都能在 TVC 中与韩庚来一次亲密"接触"，且在这之后还能将自己的作品分享到各大社交网络中。

本次以纯 AR 试衣活动，在 AR 互动的基础上，以多渠道的深度整合建构了完整的营销路径。首先是传统与数字的整合。作为一个传统服装品牌，以纯这次活动却是以互联网，尤其是社交媒体为主要宣传阵地，在微博、人人网等平台均有动作。9 月 16 日的首发发布会还利用新浪微博直播平台，实现了现场与网络的同步直播。其次是线上与渠道的整合。以纯此次活动的一大亮点就是直接促进了产品的销售。以纯在全国 14 个城市 21 家实体店铺开始使用 AR 试衣技术。另一方面是对粉丝的开发，用户需要购买产品方能获得特殊 AR 码参与试衣，然后将视

---

① 中金在线，http://news.cnfol.com/110919/101,1598,10735757,00.shtml.

频植入 TVC，这直接促使了粉丝为了生成自己与偶像的互动 TVC 而去购买产品，很好地实现了对粉丝资源的开发，促进销售。此外，交互模式的整合也具有可圈可点的地方。以纯此次运用到的交互模式非常广泛，除了 mini site 的 AR 试衣、微直播的线上与线下直接对话、实体店的 AR 试衣外，还有人人网的以纯时尚快分享小游戏以及优酷等付费媒体的使用。各种交互模式整合在一起，在互联网形成了以纯时尚分享活动的浪潮。

以纯的成功探索，将给国内服装品牌带来新的启示。AR 技术运用，既满足顾客试穿、试戴的要求，又解决了服装多次试穿可能造成的损耗问题，并且给顾客带来了新鲜有趣的体验，不失为服装品牌推广和营销的又一良策。

（七）颠覆网店的 AR 购物体验

电子商务之所以备受青睐，很大程度上是由于它的便利性。但便利的同时也滋生新的问题，即虚拟购物难以保证顾客买到心仪的商品。AR 技术的出现，则很好地解决了这个问题。

2012 年 3 月 29 日，在北京万事达中心举行的"天猫年度盛典"上，天猫重点展示了其正在开发中的 AR 技术，该项技术旨在解决消费者在网上购物时遇到的体验不佳的难题。[①] 比如说你在网上看到一件衣服，穿在模特身上很漂亮，但你不知道自己穿上它时效果如何。借助 AR 技术，通过摄像头与计算机录入你的个人信息，经过进一步的计算后，它就可以模拟出你穿上这件衣服时的形象。你可以与计算机进行互动，实现更全面的展示。

更进一步，计算机可以虚拟出各种环境，提供更有参考性的信息。比如说你试穿的是一件羽绒服，那背景可以设置成白雪皑皑的冬天。如果你试穿的是一条沙滩裙，那你可以通过 AR 技术模拟穿上它漫步沙滩的场景。当你想买球鞋时，你甚至可以直接"穿"上鞋子踢上一场球。

---

① 2012 天猫年度盛典万事达中心［EB/OL］. http://www.mastercardcenter.com.cn/templet/wukesongdl/imgarticle.jsp? id = 1380&article_id = 122930/.

　　AR 技术可以在试穿环节颠覆传统的购物体验，而其他环节的改革同样让人振奋。二维码技术就有希望打通信息传递的所有环节。比如说你在杂志上看到一款手机感觉不错，那么你扫描下它的二维码，计算机可以通过匹配二维码的信息，在产品库里找出这款手机。接下来，你看到的将不再只是枯燥的数据的参数。通过 AR 技术，你可以直接对这部手机进行"操作"。当各种体验完成之后你决定购买它时，直接扫描二维码就能通过支付工具完成支付。

　　从天猫年度盛典的现场体验来看，AR 技术距发展成熟还有一段距离。但在这样一个技术壁垒很高的领域，天猫已经抢跑成功，并且取得了相当大的领先优势。如果天猫能够在 AR 领域修成正果，那么它必然带来电子商务的又一次革命。

二、AR 技术带来的互动营销传播的特点及作用

　　Total Immersion 亚太地区总裁 Philippe De Passorio 对 AR 技术参与营销传播的作用是这样理解的，"它能使消费者更乐于参与营销活动，与品牌进一步地互动，并且 AR 能够进一步地衬托出产品的卖点，并在消费者身上建立共鸣和情感联系。在我们与终端的零售商店、超市卖场合作的过程中发现：每当一个消费者愿意对着 AR 产品演示驻足观看 30 秒钟，那他会有九成的机会发生购买行为"[1]。Philippe De Passorio 也证实了，公司曾成功地帮助零售商提升了四成的销售业绩。

（一）AR 技术参与营销传播创造如此巨大的和快速增长的市值，离不开它在营销传播领域里所展现出来的一系列全新的特点

　　1. 知觉体验

　　"以 AR 实景增强达成产品广告宣传的目的，强力刺激顾客的知觉体验，并对他们传递产品价值。"[2] 体验营销是 20 世纪 80 年代盛行的

---

　　① http：//www. damndigital. com/archives/47125.
　　② 2013 年 4 月 3 日暨南大学广告兵法训练营系列讲座罗绮萍女士语。

营销理论，其目的就在于打造一种差异化的境界，现场即可感受到这种差异的效果。AR 技术的投入使用使得体验营销的理念可以"飞入寻常百姓家"。以网购为例，AR 互动技术重新定义了网购方式，可以让虚拟的网上商品和用户之间实现感知交互，这样就弥补了传统网购的缺陷，在屏幕和用户之间建立起了隐形的纽带，使得那些原本呆板的商品展示变得可触可碰。

2. 即时互动

"多元应用模式，可适用在网络或实体活动，亦可结合平面广告物承载更多影音信息。"AR 技术的突出特点之一就是使看似平面静态的信息立体化、动态化，多通道连接产品与用户，缩短了产品与用户之间的距离，使产品信息的传播与用户信息的接收同步，有利于消费者在体验之后即可决定是否下单购买。

3. 社群传播

"让体验者透过 AR 体验立即成为活动代言人，并透过分享至 Facebook/微博/微信达到网路社群分享之延伸效益，超越一般广告行销所能达成的成就。"AR 技术与现代社交媒体的结合，改变传统的点对点的信息传播模式，而直接达到由点到面的群体传播效果，大大降低了产品宣传的成本。

（二）AR 技术凭借其自身的优势，在互动营销传播里将发挥出全新的作用

1. 革命性的创新

如果说户外媒体、电视广告、网络媒体能承载更多的影音资讯，平面媒体与网络媒体更能锁定目标族群，那么 AR 的互动体验营销不仅达到了在这两个方面以上媒体所能达到的效果，同时还在另外两个方面达到了前所未有的高度，即实现产品与用户的直接互动、影音资讯即时整合社群网站。这不仅打破了产品与个人之间的障碍，也打破了个人体验与社群之间的隔离关系，这种创新是革命性的。

2. AR 助力 O2O 电商模式

AR 技术打造了全新的六种 O2O 电商模式。一是 App + QR 码 + AR + 移

动支付。以亚马逊商城推出的 FLOW 和增强现实的 iPhone 购物应用为例，① 它的主要运用对象是在线商品，通过移动支付的方式完成结算。它的形式是打开 FLOW，将摄像头对准一本书、一个游戏、DVD 或者其他带有条形码的产品进行识别，然后进入在线商场中通过 AR 技术从云端下载信息，进行挑选，显示出亚马逊商城上的商品信息，最后 FLOW 会保存用户的扫描记录并提供商品的特殊预览，通过移动支付的方式，实现在线缴费结算。二是在线商城 + AR + SNS/在线支付。以以纯的"SHAVE IN 时尚快分享"活动为例，主要是通过打印 AR 码实现在线试穿。这种方式的优点是实现了交互模式的整合和线上与渠道的整合。三是 App + 产品目录（实物）+ AR + 在线支付。以宜家宣传册 Expedit 系列书架和 Boksel 系列的桌子图片为例，② 通过在这些平面媒体中添加 AR 技术，然后通过 App 扫描，发现其中隐藏的有趣的视频和信息，最后完成在线支付。这种方式的优点是丰富和深化了产品的查阅形式，加深了用户与产品的交流过程。四是 LBS + App + AR + QR。以 Vodafone（沃达丰）的 Buffer Busters（城市怪兽捕捉活动）为例，③ 其优点是通过精确营销，提供了娱乐休闲、打发时间的方式。五是 App + AR + 在线支付。以 IBM 为例，它通过增强现实 App，④ 把网购的便捷性带入了实体零售店。这种方式的优点是使零售店购物获得网购体验，同时存储了用户的购买数据。当然这种方式也有很大的局限性，现实中移动支付的应用场所有限，改变消费者的行为绝非易事，同时零售商的新技术运用在于降低运营成本。六是 AR + App + SNS。以 Zazzle Realview 为例，它将 AR 技术运用于电商导购，⑤ 优点是运营成本低，风险小，AR + App 使虚拟试衣更便捷，AR + SNS 增强网购的社交性；缺点是赢利模式单一。

① http://www.souvr.com/event/201111/52204.html/.
② 中视典数字科技，http://www.vrp3d.com/article/overseasnews/938.html/.
③ 四个经典的手机 App + AR + LBS（SOLOMO）营销案例［EB/OL］.http://www.alibuybuy.com/posts/63837.html/.
④ Enet 硅谷动力，http://www.enet.com.cn/article/20130306/A20130306256455.shtml/.
⑤ 最科技，http://www.zuitech.com/524.html/.

三、AR 技术目前在我国营销传播市场的发展瓶颈

AR 技术在多个领域特别是互动营销领域里的发展前景无疑是光明的，它在中国方兴未艾，凭借强大的互动功能，能够极大提升用户的体验水平。然而 AR 技术毕竟是一项较新的技术，特别是在我国。中国市场具有特殊性，一方面投资方由实用主义思想占据主导地位，对于新兴的科技产品多处于观望阶段，因此 AR 技术的获利方式和赢利模式至关重要；另一方面中国消费者接受新事物的能力增强，通过网络交流与世界接轨，消费者渴望接触新鲜事物，对于 AR 技术来说，中国市场具有强劲的驱动力。AR 技术本身较为成熟，而配套的网络条件、创意设计的人才、多渠道的推广平台等资源能否持续跟进，成为影响 AR 技术在中国落地成长的重要因素。

（一）配套系统制约创意效果

好的创意需要相应的配套设施支持。以一个内衣品牌的合作为例，显然 AR 技术可以实现内衣的在线试穿，但是由于其本身的技术限制，导致扫描的范围有所限制，用户必须保持一定的扫描距离，试装动作才能被设备识别，距离的限定大大降低了用户的体验感，无疑会降低用户的参与热情。

移动 AR 的应用效果受到终端设备的限制，目前要实现 AR 互动场景，必须由 AR 专用扫描 App 来实现，而 AR 可以通过智能手机或 iPad 等移动设备扫描相应的 AR 内容并进行自动配对。美中不足的是这款 APP 中所有的内容都按时间先后排序，没有相应的搜索功能，很难有效选择需要扫描的指定内容，增加了用户的使用难度。香港 I Services 创意服务公司罗绮萍女士认为解决这些问题需要运营商发力，通信运营商可以为 AR 技术的应用搭建一个云平台，开发一款免费的专用 App，这款 App 可直接植入预售手机中，不再需要用户另外下载。目前 AR 终端 App 还停留在创想阶段，真正解决这个问题还需要各方共同努力。

除此之外，罗女士还提出网络条件对 AR 技术应用的限制问题。目前在中国，网络覆盖情况仍不理想，因此在网络传输速度和稳定性上急

需提高。虽然大多数大中城市配备了无线网络，但其信号稳定程度和覆盖的广度还远不足以支撑 AR 的应用需求。AR 创意的实现有赖于网络通信的强大支撑，不仅是 AR 技术，未来的技术创新和移动终端革新需要快速稳定的网络作保证。

（二）AR 创意水平亟待提升

原广州增强信息科技公司投资人周易先生认为，目前 AR 技术本身的研发已经取得了阶段性的成果，本土开发公司已经具备了相应的发展实力，而国内 AR 技术的发展需要解决的还是创意问题。[①] 国内的 AR 设计在展现形式上大多数沿袭或借鉴了国外的创意，在创意本土化方面重视不足，很难出现具有中国特色和地域优势的优秀创意。创意水平背后折射出的人才问题更值得重视，创意人才的管理关乎 AR 的方方面面，从设计层面到执行环节，富有吸引力的回报体系和富有激情的奖励机制能够吸引到更多专业人才，注重知识成果的保护和提高对人才的重视程度能够增加人才对行业的认同感和归属感。

（三）资金支持力度有待加强

作为投资方代表的周易先生认为，目前 AR 技术在中国的应用受到诸多资源的限制，主要是市场前景不够明朗以及赢利模式的不成熟导致。[②] 首先是企业对于 AR 技术的了解程度不高。虽然很多大品牌公司都愿意为 AR 技术试水，但这些敢于尝鲜的企业还没有形成规模，商业应用的市场还未完全打开。其次是 AR 商业开发和利用的价格问题。目前国外的 AR 技术比较成熟，国内的 AR 技术还处于开发阶段，开发和利用的成本略高，这让很多企业和品牌望而却步。加大资金等社会资源的投入能够为国内的 AR 行业提供一个宽松的生存空间，也是帮助当前 AR 公司走向成熟的必要条件。

---

① 原广州增强信息科技公司投资人周易先生语。
② 原广州增强信息科技公司投资人周易先生语。

（四）多平台资源整合力度较弱

　　AR 技术在中国面临的处境受当前国内市场的客观条件制约，一方面市场渐渐展现出对 AR 技术产品的需求，另一方面由于赢利模式尚未成熟，社会资源缺乏，人才和资金难以保障。我国在 AR 技术领域的研究起步稍晚，在 AR 技术的商业应用方面还在探索阶段。突破这些困难必须在资金、技术、人力、物力上增加投入，就需要更多的社会资源作支撑。AR 技术只有获得充足的营养补给才能更好地发挥出对商业的贡献价值，才能真正在营销传播活动中创利。各类资源的加入能够为 AR 发展提供更多可能性，不断推动 AR 相关产品的研发和升值，从而推动形成一种成熟的赢利模式，有效的赢利模式又将反过来推动 AR 技术的发展，这是一个双向反哺的过程。

　　AR 技术在中国目前尚处在初步发展的阶段，对其创意形式、运用效果等方面的讨论仍在继续。这项新技术的发展面临着两大层面的瓶颈。一是技术层面，虽然智能手机和移动终端的普及给整个行业带来机遇，AR 技术本身的发展也日臻成熟，但目前国内网络配套环境还需要跟进和优化。网络的通畅性和稳定性是影响 AR 创意发展的重要因素。二是资金层面，AR 技术的应用和普及需要很大资金的投入，这对于实力雄厚的大公司来讲没什么问题，但对于实力较小的公司来说，无疑是天方夜谭。另外，对于 AR 技术打造的虚拟世界，Altimeter Group 的分析师 Jeremiah Owyang 则表示，AR 开发商避免虚拟世界遭遇失败命运的关键，是要找出现实世界和现有互联网的交汇点，而不是去再创造一个新的虚拟世界。[①]当消费者在现实世界中需要信息的时候，比如当人们在街上行走时，要查看他们信赖的人对饭店的评价，以便作出是否就餐决定的时候，应保证他们能获得相关的内容。这时候，消费者就会发现 AR 技术的价值。所以，只有在这些问题逐步得到解决之后，AR 技术才能成熟起来。

　　（原载于《舆情观察》第 5 辑，人民日报出版社 2014 年版）

---

　　① CNN 网界．移动增强现实：是炒作还是下一件大事？［EB/OL］．http：//www. onw. com. cn/weekly/htm 2010/20100308_191823_3. shtml/.

电子优惠券的营销传播价值和实施要点剖析

谷 虹

（暨南大学　新闻与传播学院　广东　广州　510632）

【摘　要】电子优惠券不是一个"从天而降"的天外来客，相反，它是最原始的营销手段在新技术条件下的发展。我们不应该盲目夸大电子优惠券的所谓"新新特性"，正如《价格歧视：优惠券的经济学本质分析》一文所揭示的，我们应该从源头厘清优惠券在微观经济中通过操控价格以调节供需这一基本功能。本文主要分析电子优惠券在营销中的位置和导向，把准信息制定、传达和消费实现过程中的各个关节点，并且进一步探寻数字新媒体在这些关节点上能够多大程度地改变传统操作模式。只有在这个意义上探讨电子优惠券的营销传播价值，才真正抓住数字新媒体在以价格为导向的促销功能的要义。

【关键词】电子优惠券　营销传播　实施要点

一、优惠券的三种营销传播导向和价值

优惠券是一种以价格为主要调节因素的销售促进手段，通常来说，在营销传播上有三种基本导向作用。

第一种是变相降价。目前的国内楼市正是最好的例子。从 2008 年万科开展的折扣优惠，到 2009 年愈演愈烈的购房消费券（优惠券）热潮，房地产价格正经历着一次全面的调整期。在消费券和各种折扣政策的推动下，不少大中城市的房地产交易突然放量，市场传递出的信号是：中国普通的消费者不是没有消费意愿，只是过去这种需求受到了相

对过高的房价或过低的居民收入的压抑。房地产价格一旦回落到消费者能够承受的范围，刚性需求就会马上呈现。虽然房地产开发商都打着"优惠"的旗号，实质上是房地产价格面对客观消费水平的深度调整，是变相降价。变相降价还经常运用在厂商与竞争品牌的激烈争夺中，以及厂商对过时或处理商品的利润回收过程中。无论因降价而增长的销售如何补贴因降价而造成的损失，变相降价仍然是厂商不愿意首先使用的手段。

第二种是宣传推广。每当一种新产品推出市场，厂商常常采用优惠的方式进行促销，例如"买二送一"、"免费试用"等。这种优惠的实质就是宣传，与广告的作用如出一辙，通过引导消费者尝试新产品培养消费习惯并引发口碑传播效应，从而占领一定的市场份额。在这里，优惠券策略的所有投入都可以看作是为宣传推广的成本。

第三种是价格歧视。这是优惠券最高级的应用，也是一种系统层面的营销导向。价格歧视策略运用的结果是在不影响现有销售额和利润水平的前提下，创造新的可能的销售和利润增量。显然，这对厂商来说是充满诱惑的。与此同时，我们也注意到，无论是在对消费者的了解程度、传播的精准性要求，还是实施过程中对执行的可控性、运营系统的协调能力方面，价格歧视导向都比前两种导向的优惠券运用提出更精细、更高的要求。要使商家和消费者在这个过程中实现双赢和利益最大化，关键在于"让最合适的人获得最合适的差异价格"能否实现。这种实现是否符合效率和效益原则以及数字新媒体和传统媒体在实现这些功能时是否存在差异？以下，我们就来一步步打通以价格歧视为导向的电子优惠券在营销传播过程中的各个"关节点"。

二、电子优惠券的五个实施要点

（一）对消费者的了解程度决定了价格歧视政策的精细程度

正如《价格歧视：优惠券的经济学本质分析》里所说，价格歧视策略的根本目就是"从那些不准备以高价购买的人群中判断谁会购买"，争取那些还在门口犹豫的人。问题是，你怎么知道谁是那个会因为某个特定优惠而掏腰包的人呢？你应该按照什么标准来划分消费者等级进而决定优惠的差异额度呢？你如何判断会有多少人对你的优惠政策感兴趣，这个比例值得你为此做一次大规模的活动吗？能够支撑你作为长期执行的一项定价策略吗？要系统地回答这些问题，除了个人的行业经验和直觉以外，还可以借助科学的研究和数据作为参考。

在普遍规律的探索上，国外的学者作了比较深入的研究，包括不同消费者人口统计特征、品牌忠诚度、消费者心理特征对优惠券促销效果的影响。例如，有研究表明具有优惠券使用倾向的家庭主妇一般年龄较大，购买的产品种类较多，而且品牌的转换率较高。对某一类产品具有优惠券使用倾向的消费者，对其他品类的产品也有较强的优惠券使用倾向，具有优惠券使用倾向的消费者大都拥有较好的教育、较高的收入、较低的品牌和商铺忠诚度。①近年国内学者也对此进行了初步的研究。例如对买赠、返券、打折三种促销类型对消费者价值感知和购买行为的影响研究，结果显示消费者对打折的评价最高，但是打折对消费者内在参考价格的负面影响也最大②。国内一家专门做电子优惠券的网站也在经营中进行这种尝试：酷鹏网试验性地推出了找乐网，找乐网的核心是"懂你"—消费者，而"乐型测试"就是一种了解消费者并且将消费者分类的简单测试工具。消费者注册成为找乐网会员之后，当他们选择进行"乐型测试"时，页面上会有几张图片让消费者选择他们最喜欢的，这些图片有些是品牌的广告画，有些是品牌 logo，还有一些是比较普通的图片。通过两组这样的测试，找乐网可以对消费者的消费能力、经常活动的区域、喜欢的品类和情感偏向有一个大致了解。再根据这四个因素的不同组合，推算出消费者的五种乐型（慢乐型、享乐型、狂乐型、随乐型、偷乐型）。之后，找乐网会根据分类提供给消费者与之对应的推荐优惠，不仅让访客第一次登陆就能看到自己感兴趣的优惠，而且为厂商找到与差异价格匹配的消费者提供了依据。

---

① 龚艳萍，许志忠. 优惠券促销有效性的影响因素研究 [J]. 全国商情（经济理论研究），2008（2）.

② 韩睿，田志龙. 促销类型对消费者感知及行为意向影响的研究 [J]. 管理科学，2005（2）.

　　然而，具体到某个行业、某个特定的时期、某个特定的区域市场，厂商能够用于决策参考的依据迅速地回缩至个人经验和直觉。当然，厂商可以委托专业的调查公司开展专项调研。而事实上，如果技术可以帮助厂商记录下与消费者接触的各种细节，细节中的数据背后就隐藏着最精确最丰富的信息。例如，每次开展优惠活动，是哪些人增加了消费量；不同的优惠额度和方式，对不同的消费者产生了哪些不同的影响；优惠券是在哪些地区被使用得最多……如果厂商使用的是纸质优惠券，这个数据的统计量将庞大得令任何一个营业终端都无法承受。而如果优惠券的信息设计、传达、保存直至在营业终端被使用都以数字化的方式实现，背后是完整的数据库系统作为后台支撑，那么消费者在消费轨迹中留下的所有痕迹都将变成可供挖掘的数据。

　　优惠券绝不是商家拍脑袋的宣传单张，也不是商家促销策略的"试错纸"，每一张优惠券背后都应该有一个科学周密的差异价格方案。而这一切，都必须以行业消费规律的深刻认识、消费者信息的精确统计和消费心理的准确判断为基础。

（二）优惠券的券面信息会对消费者的价值感知和行为产生影响

　　优惠券是价格歧视政策在每一个消费者终端呈现信息的载体，一方面，优惠券的券面价值大小、价值表现形式、附加条件等反映了价格歧视政策的精细程度；另一方面，消费者对优惠信息的最直观感知和判断都来自于此，如何选择合适的呈现形式就成了优惠信息传达中的一个关键。

　　优惠券所传递的信息会对消费者心理产生影响，进而影响消费预期和消费行为。券面价值，就是优惠券抵扣商品或劳务价格的那部分价值。国外有研究发现，消费者一般会将高的优惠券折扣和高的产品价格联系起来，优惠券券面价值提高的结果是消费者内部参照价格也随之提高，从而影响优惠券的使用[①]。但是另一项研究则建议食品、饮品类优

① 龚艳萍，许志忠. 优惠券促销有效性的影响因素研究. 全国商情（经济理论研究），2008（2）.

惠券的最理想面值应该是零售价格的 26% ~ 50%。[1]

价值表现形式包括折扣、金额、买赠、返券等。假设一件衣服 100 元，"凭券打 8 折"与"凭券减 20 元"的优惠价值是一样的，但消费者对于这部分价值的感知会不会由于表述的不同而产生不同的反应呢？又如对于"买二送一"和"买满 100 元送 50 元购物券"两种优惠信息，消费者会产生什么不同的解读呢？目前还没有相关的研究回答这类问题。

附加条件则是指消费者在使用优惠券时需要符合的条件，一般包括有效期、适用地点、适用人群等条件。一项研究表明，如果指望回收超过 2/3 的优惠券，那么有效期必须在 6 个月以上。而对于护肤、美容类产品来说，这个有效期数字要提升到 10 ~ 12 个月。即使是快速消费品的优惠券，有效期也不应该短于 6 个月，否则优惠券的回收率将仅有较长有效期情形下的一半。[2] 上述研究都是基于纸质优惠券的，电子优惠券会有不同吗？我们知道，不同于纸质优惠券的"偶然获得—保存—伺机使用"模式，电子优惠券的获取基本上都是以消费者的主动请求为前提的，也就是在消费者自我感知到有此类消费需求的时候为寻求价值剩余而产生的行为。我们推断，对于电子优惠券来说，过长的有效期也许会对促进消费者的立即行动产生负面效应，如果真是这样，电子优惠券的有效期是否应该成为可以"随时"调节的因素呢？由于与"即时消费行为"密切相关，电子优惠券的"地点"要素设置是否应该体现最合适的"生活半径原则"。这些都还需要研究者和电子优惠券运营商认真思考与探索。

（三）精确而隐秘地传达目标消费者

这是关于优惠券的发放渠道和传播载体的选择问题。我们这里所探讨的是价格歧视导向的优惠券，同一种商品或劳务，对不同的人给予不同程度的优惠。这些带有差异的优惠信息必然要求精确而隐秘地传达到

---

① 本刊编辑部. 优惠券如何才能四两拨千斤？[J]. 成功营销. 2008（1）.

② 本刊编辑部. 优惠券如何才能四两拨千斤？[J]. 成功营销. 2008（1）.

我们的目标消费者。以价格歧视为导向的优惠券在"传递—接收"过程中，表面是消费者的主动搜索获取，而实际是有计划、有针对性的差异性投放，也就是能够自动识别不同类型的消费者，进而在同样的查询中导出不同的优惠信息。精准和隐秘是传递过程的关键，这就意味着优惠信息A"一定"且"只是"传达给目标消费者（群）A，特定的优惠信息是与特定的消费者（群）相匹配的。

为什么那么强调精确和隐蔽呢？那是为了防止转手倒卖和收益抵消。例如，如果穷人以低价买进产品，然后转手以高价卖给富人，那么，以低价向穷人出售商品就不能带来任何利润的增量。再如，如果航空公司简单地列出两种价格，对商务出差者收取高价，对个人自费旅游者收取低价，那么恐怕所有的乘客都会以个人旅游者自称。所以，执行价格歧视策略的关键，要么用一种客观的标准区分这两类顾客，要么通过隐秘的方式精确地传达。如果可以找到一种客观的区分标准当然好，但如果必须通过传播渠道去区分不同的消费者（群），那对传播渠道的要求就非常高。

传统纸质优惠券的发放渠道通常有几种：大众报纸、杂志、随产品包装、单张、DM等。除了杂志和DM能够对消费者进行简单的区分以外，其他的大众媒体都是广泛的随机覆盖，既不精准也不隐秘。而就算是目标明确的杂志和DM，也只是在一些人口统计指标上对消费者进行了区分，并不能识别购买和使用次数不同的消费者。这些都为数字新媒体技术带来了新的机遇和挑战。我们并非指以数字新媒体为发放渠道和承载体的电子优惠券已经具有这种精确和隐蔽的传播特性，恰恰相反，这是数字技术隐含的能力，只是目前没有充分体现。

（四）在信息获得和使用上寻找最优成本收益比

如果换一个角度思考，从优惠信息在传递和接收过程中的成本收益来考虑，数字新媒体又能够体现何种优越性呢？古典经济学暗含的一个假设是：信息是充分的、无代价的。现代经济学否定了这一假设，这就导致信息经济学的产生。信息是有代价的，获得信息需要付出金钱、时间以及机会成本，这是搜寻信息的成本。信息也会带来收益，有更充分的信息可以作出更正确的决策，这种决策会使经济活动的收益更大，这是搜寻信息的收益。人们是否搜寻信息、搜寻多少信息，取决于"搜寻成本"和"搜寻收益"的比较。优惠信息能够直接给消费者带来收益，也能够给厂商带来客源，联结两者遵循的是"效率原则"。

在数字新媒体上使用优惠券信息服务，消费者一般是经过"搜索—点击—查看—收藏—比较—使用"这个过程，那么在第一步"搜索"之后所呈现信息的"准确性"、"丰富性"就非常关键。不像纸质媒体的资源局限性，数字媒体拥有无限的储存空间，这就给我们增加信息曝光率提供了基础。观察一些电子优惠券网站，我们发现一个独特之处，就是商品劳务的各个类目设置并非互相排斥的，常常是互有包含甚至交叉。例如"中餐—川菜"、"面食—快餐"，前者是包含关系，后者是交叉关系。还有就是一级、二级类目并置现象，例如"餐饮—中餐—川菜"三类并置。这样的设置意味着同一条信息可以通过几个路径搜索得到。这种设置方式，一方面保证了良好的消费者体验，因为消费者常常并不了解信息之间的结构关系，而只有模糊的、以某几个关键字呈现的需求，这种信息的交叉覆盖最大程度满足了消费者信息比较的需求；另一方面，能够在不增加资源投入的前提下使每条优惠信息的曝光率大大提高，也给厂商带来了加倍的收益可能性。

在电子优惠券分类搜索方面，有四个要素：时间（发布日期、有效期）、地点（商圈、地理位置）、人物（商家信用、顾客评价）、事件（优惠方式、优惠额度）。高效便捷的电子优惠券信息提供商，应该能够实现以上四个维度的交叉查询和搜索，甚至在获得消费者许可的条件下实现主动推送。

（五）以"闭环通路"实现优惠券的有效回收和数据循环管理

优惠券作为一种涉及价格、投入和收益的营销手段，是必须参与财务核算环节的。纸质优惠券对于消费者来说就是一张厂商给予的"优惠凭证"，而对于厂商来说则是财务审核做账的依据。因此，任何一个优惠券实施方案，都必须考虑到优惠券的回收问题，必须设计一个从发出到回收的"闭环通路"。然而，优惠券仅仅是"优惠凭证"和"财务核算单"吗？能不能在回收的环节发挥更大的作用呢？数字技术为这种企图提供了可能性。电子优惠券能够通过二维码、近距离无线通信技术（Near Field Communication，简称 NFC）等技术，承载包括消费者本人和优惠券券面在内的丰富信息，并且通过营销终端的机器快速识别，从而把各种信息以数据的方式存入后台数据库系统，成为日后新一轮优惠策略制定的决策依据。

三、结语：不超越，毋宁死

　　电子优惠券是数字新媒体"促销"功能的集中体现，也是信息广告的典型代表。我们认为，信息广告的运行模式与传统的形象广告不同，后者的核心是"意义"，遵循的是社会解释性原则，而前者的核心是"信息"，遵循的是经济上的效率原则，即用最有效率的方式联结商品劳务的供需双方。在电子优惠券领域，就是用最有效率的方式向目标消费者传递差异化的价格信息，从而实现供需双方的价值最大化。电脑、智能手机、多媒体终端打印机、识别器等多种数字新媒体协同应用，形成了遍布消费者生活轨迹的应用终端。

　　然而，仅仅充当消费者和商家之间一个更便捷的促销信息供需平台的角色，对于数字新媒体来说是远远不够的。一种新的技术要获得广泛而持久的应用，必须要能够在经济层面创造不可或缺的价值。从技术层面来说，数字新媒体完全具备重建企业营销系统的潜力，它不是一个如传统报纸、杂志一样的单向媒体渠道，而是一个互动的营销传播平台。电子优惠券的出现，也不仅仅是承载优惠信息的形式、载体、渠道发生了变化，而是整个客户关系数据库在以价格歧视为导向的促销策略作用下的系统改造。在大众传播时代，要实现如上文所说的精细的价格歧视策略，是不经济的，但是在数字新媒体为这种精细化的营销带来了可能性，而这也将是数字新媒体在这个领域的核心优势。

　　如本文一开头所指出的，优惠券有三种营销导向，如果是在"变相降价"和"宣传推广"的目标下，数字新媒体并没有比报纸、杂志甚至宣传单张更大的优势（设备的投入、网络的铺设、消费者习惯的培养等都给电子优惠券带来了庞大的推广成本），而只有在以价格歧视为导向的前提下，数字新媒体才显示出不可替代的价值。由庞大的数据库系统连接着消费者个性需求和精细的差异价格体系两端，外接一个即时性的信息推送平台和搜索终端，这将是未来电子优惠券的理想模型。

　　目前，电子优惠券俨然成为众多网络服务提供商、电信运营商瞄准的掘金热土，但是我们必须冷静地提醒一句，如果不能在新的功能层面产生突破性应用，那么，广告商最终还是会把钱留给印刷厂的，因为那样更划算。

（原载于《现代广告·学术刊》2009年第2期）

对 3G 手机作为营销传播媒体的理论性研讨

李 苗

（暨南大学 新闻与传播学院 广东 广州 510632）

随着社会的进步，人类的社会活动和交往越来越频繁，对于便携式的移动通信产生了更多的需求。20 世纪末到 21 世纪诞生的第三代移动电话，集多媒体通信、互联网、娱乐、游戏、智能工具等于一身，成为 21 世纪现代生活的必备品。当手机成为多媒体沟通工具，其对人类社会生活的影响和意义十分明显地显现出来，随时随地的传播，媒体与人的零距离接触，使商家和企业对它充满期待，渴望能够近距离接触消费者，对其市场目标群进行"一对一"的有效传播。

可以随时随地与消费者接触，随时随地地进行沟通与传播，随时随地地进行反馈，是手机媒体最能够成为营销传播媒体的理由，也是其最有研究价值的关键点。

在信息社会，"媒介即信息"（麦克卢汉语），信息工具也成为媒介，3G 手机在这方面已经展示出很强的媒介功能，正在成为受商家青睐的直效媒体。

根据国家信息产业部公布的权威数据，在中国，目前（2005 年）已有 3.6 亿手机用户。如此庞大的移动手机用户群体，一旦进入 3G 时代，产生的将是庞大的个人化的移动媒体市场。开发和运用好这一大众化的个人移动媒体，首先需要对本媒体有一个科学而全面的认识。

一、从传播学视角看 3G 移动电话的媒体特征

在现代消费社会，作为媒体的第三代移动电话，就传播形态而言，

它既区别于人际传播时代的小众传播，又区别于大众传播时代的泛传播；既是一对一的人际沟通工具，同时由于能够随时随地链接移动互联网，又具备了大众传播的一些特征。但是它与传统的大众传播拥有完全不同的传播模式和传播性质，颠覆了传统传播的大众媒体的概念，是全新的个性化、大众化的个人媒体。其存在的价值就在于提供个人生活沟通便利和娱乐、资讯消费和信息智能服务。

（1）手机是大众化的个人通信、个人娱乐的媒体。首先，从媒体的个人拥有量来说，它绝对是个大众化的媒体，远远超过一个电视台信息传达的个人有效接触率，超过一份报纸、一本杂志的发行量，超过互联网的网民数，成为消费大众的日常工具；其次，从文化圈来说，它又是一个由共同需求和共同爱好群体构成的小众化的传播圈，是个体与个体之间，个体与互联网之间的移动媒体平台。

走在世界移动通信市场前列的日本、韩国的发展经验表明，手机媒体生来就是为个人沟通服务的，手机发展到今天，其功能性的不断增加，更加强化了为个人娱乐和资讯需求的服务（技术及服务的开发商以个人娱乐和功能使用作为手机服务的开发目标）。

（2）手机是连接虚拟社会与真实社会的媒体。手机与互联网有很多相同之处，但是与互联网的虚拟传播环境相比，手机媒体在现实生活中的实用性，体现出其既可以创造一个虚拟的传播和娱乐环境（比如游戏、流媒体享受），同时又能够提供随时随地的功能性服务（比如电子钱包、拍照、发邮件）等。与互联网相比，其在现实社会中的实际价值和意义更加凸现。

（3）作为大众的个人化的传播媒体，其传播模式呈网状的、原子分裂式的传播形态，有些信息可以知道起点，有些信息却无从寻找源头在哪，信源是谁。由于手机一方面具备人际间的电话沟通功能，另一方面具有独特的信息转发（群发）功能，谁也不会知道信息终点在哪里，可以说它的传播范围的扩展，类似于几何基数般的增长，但它是不规则的，是"一传十，十传百"式的传播递增形态。这个现象需要从理论数学的角度去建立一个传播模型。

二、3G 的 1P 4M 传播特征

"3G"是 Third Generation 的缩写，是"第三代移动通信"的简称，意即"第三代数字移动电话"，指的是宽频无线通信技术。其核心技术是 IP 封包（因特网协议）技术，可以实现实时高速获取因特网服务。[①]

从 3G 手机与互联网使用同样的核心技术这一点看，第三代手机在方便的基本通信功能之外，实质上还成为一个移动的带微型便携互联网功能的 PC。不过在技术性能特征和媒体特征上，二者还存在很大的差异性，这一点，日本 Cybird 公司在 2001 年就提出了移动电话的四大特征说。能否正确理解这四个特征，是能否用好移动媒体的关键。

手机的四大特征：①技术性特征；②功能性特征；③媒体性特征；④使用性特征。

技术性特征	输入特征：十个键，一个拇指，不同于 PC 的几十个键
	显示特征：与 PC 相比，屏幕明显小和分辨率低
	通信速度特征：（略）低于 PC
	处理特征：低于 PC
	形态特征：所有功能内藏于 10 平方厘米的手机里
功能性特征	①电话机功能；②E-mail 功能；③Web 浏览功能；④信息记忆功能；⑤位置信息功能；⑥影像记录功能；⑦互动功能等
媒体性特征（MIP）理论	M（Media Memory）——作为媒介记录的工具：①视觉性；②范围性/到达性；③丰富性；④便携性；⑤检索性
	I（Internet）——作为互联媒体：①交互性；②实时性
	P（Personal Tool）——作为个人工具：①个人化；②即时行动性；③地域性
使用性特征	①时间的概念＝何时使用；②场所的概念＝在哪里使用；③如何使用移动服务；④近身性；⑤感应性；⑥移动的自由性

[①] http：//www.ctm.com.cn/ctmphp/rcp.php？paper_id＝32.

通过与互联网 PC 终端的比较，可以认为，3G 手机是另一类的移动通信终端，它既不同于传统的移动电话，也不同于电脑终端，可以理解为它是一个个人化的移动互联媒体与信息智能应用的集合体。其特征主要体现在：

（1）个人化。

即个人化的通信工具。手机是完全私人化的通信工具。3G 手机则成为完全私人的信息库，用手机做什么事，移动上网时选择什么内容浏览和下载，全由自己掌控，从这点上看，手机媒体是一个个人化媒体，同时也是选择性很强的互动媒体。

（2）移动性。

移动特征带来的是通信的革命，个人生活和群体生活的变革，在移动传播的环境里，信息更快，无形的生活圈子更广，沟通方式更多，人们从封闭的小圈子，由移动互联带入一个社会信息圈，信息的直接性和快速性，更使得人们可以"随时随地感知生活，享受娱乐"。

（3）通信性。

3G 手机的基本功能是移动电话，其次是多媒体的通信平台。

（4）微型性。

微型移动媒体是 3G 手机的另一个特征。首先，它不仅体现在手机体积的 Mini 化及方便携带上，更主要表现在资讯的浓缩化、凝练化。新闻消息通常一百字内，短信、短 E-mail、商务小广告 50 字以内，影视精彩片断、视频广告通常 30～60 秒时长等。其次，Mini 手机在处理复杂的信息事务上，充分发挥了微机般的数据处理能力，为用户提供精密的智能信息服务。

（5）Multi-。"多"的意味包含四个方面：

①细胞分裂式的传播模型。这是手机作为个人媒体的一个非常显著的特点，典型的"一传十，十传百"，多次的重复传播，信息复制，是一个不断扩大的信息圈。不但使传播量呈不规则的几何基数增长，而且在复制过程中，信息本身还会被再放大，再创造。在移动通信时代复制信息成为一种"复制"的文化现象。

②传播手段多媒体。文字、影像、图片、声音多种信道多种传播手

法在移动电话上集成。

③内容服务多类型。新闻、商务信息、交易、游戏、娱乐等都有包括在内，可以说是"麻雀虽小五脏俱全"。

④应用多功能。手机搭载的高科技微型芯片，使手机成为收音机、音乐播放器、微型电视机、照相机、游戏机、刷卡机和"电子移动钱包"等不同类型的应用工具。

三、日本学者对于手机作为媒介的看法

(一) 电话作为媒介

"电话基本属于个人型的电信网络，象征性地表现在信息化社会中各种各样的新媒体以及个人与媒体，社会与媒体的关系上。因此应该关心的不仅是新媒体本身，更重要的是关心新媒体对于社会带来的变化。"①

上述对于作为个人媒介的电话的认识，正在颠覆传统的大众传播理论的观点，从而给我们研究手机时代的媒介规律，提供了先导的理论依据。同时，从中我们认识到，个体化的新媒体，将是一个随时空变动而随时更新的信息源，传播的模式不再是传统媒体中的信源—编码—信宿—反馈的闭合模式，而是一个全开放的、看不见起点也不知终点的原子爆炸式的传播模式。

(二) 手机作为个人媒介

东京经济大学的关泽英彦教授对于手机作为媒介的看法是，从手机发展的历史脉络来考察，手机的出现并不是人与人之间真实感情的结束，而恰恰是人与人之间沟通方式的改变，改善了因电视而疏远的家庭成员之间的联系。日本移动通信的第一个转折点，是 1985 年"电电公社的民营化"，它直接导致了移动通信的市场化发展。其成功的传播策略，始于大型广告活动"回家电话"，即"非用件"电话，没有要紧

① ［日］吉见俊哉，若林干夫，水越伸. メディアとしての电话. 东京：弘文堂，1992. 14.

事，也可以打个平安电话。这个传播活动引起全社会的反响，开启了电话的社会化、家庭化、私用化消费市场。此外，在 BP 机兴起的 20 世纪 90 年代，意味着有了个体随身的媒介，通信业者首先想到的还是个人化的"非用件"，就是让电话除了商谈工作要事之外，可以作为家庭个人沟通联系的媒介，可以给家里人留个短信，可以给家里人打电话报个平安。这就是一个革命性的观念变革，为通信媒介的社会化服务和商业性开发提供了有价值的启发。

关泽英彦教授认为手机作为媒介的另一个转折点是 1995 年的阪神大地震。在一场突如其来的人类大灾难来临之时，亲人朋友下落不明，音讯全无，此时如果能有一个随身的通信工具，相互报个平安，就显得非常重要。个人移动电话的重要性在这场灾难中凸显出来，市场有了主动需求，由此在社会上掀起了一次移动通信业的消费高潮。①

关泽英彦教授对移动通信市场发展重要事件的梳理，向我们展示了两个观点：第一，民营化道路，是移动通信走向商业市场的快速发展之路，并且是能够为民众提供良好服务的最好模式。第二，移动电话成为个人通信媒体后，市场空间便彻底开放，移动通信本身也改变着经营的观念，消费需求引发了市场变革。

（三）　手机作为营销传播媒介

东京法政大学的福田敏彦教授则通过四个方面的比较，对手机媒体作了分析。②

第一，市场的新发展推动了手机内容服务的展开。作为内容的广告，手机媒体的资讯广告和创作广告都可列为内容营销的范畴，只不过一般手机内容的消费需要付费，比如歌曲下载，发送短信、照片，移动游戏等，而广告内容则是免费的，这是广告内容与一般内容的最大区别。

第二，关于媒体内容的时间消费、地点消费和关联消费。福田教授

---

① 根据与东京经济大学传播系关泽英彦教授的访谈整理。
② 根据与东京法政大学福田敏彦教授的访谈整理。

认为，影视媒体作品的内容时间长，可以 1~2 个小时看一部电影和电视剧，而手机的消费时间则只有很短的几分钟而已；在内容效果上，大剧院可以让观众尽情感受情节音效和影像的震撼效果，而手机只能作精彩镜头的预告，效果还必然受到屏幕分辨率和屏幕大小的限制，难以展示更精彩的内容。

第三，手机消费的时间和地点与其他媒体不同。影视是固定时间固定地点的消费，而手机媒体的消费，则是"时间流"中间的一个点，以及移动的场所和位置。现在业界的媒体企划，受移动媒体影响，已经应用"Contact Point"接触点理论。如麦当劳的策略，就在传播策略中提出，时间带——饿的时间；地点带——麦当劳附近，关键词就是"接触点"，在消费者能够接触到的时间地点，对其进行广告诱导。只有手机媒体可以达到这样的深度接触，并产生即时消费行为。

第四，手机内容消费的几个方面。手机作为个人化媒体，内容上体现实用性和娱乐性是非常必要的。因此，手机内容的几方面主要包括：手机游戏、歌曲下载、商品服务资讯、网页浏览、电子优惠券等。

"时机就是销售，场所就是销售，顾客就是销售。"在业界人士竹林一先生和西田彻先生合著的《移动营销进化论》中，提到上述具有独到见解的口号，这一口号，核心地概括出手机属于直效（直销）媒体的属性。这本书中，尽管作者没有用抽象理论界定和阐述"直效媒体"这个概念，但作者从营销实践和消费行为分析的角度，审视了手机如何成为促销的媒体，会产生什么样的促销效果。特别引人瞩目的是"时机就是销售，场所就是销售，顾客就是销售"这个观点。实际上这句话是对手机媒体性能的最好诠释，凸显了手机媒体的地域性和即时性特征，作为即时的消费反馈的直效性，商家应该牢记"10 秒钟就能决定胜负"的瞬间。

（四）NTTDoCoMo 的理论

对于移动媒体的看法，曾任 NTTDoCoMo 公司 i－mode 企划部部长夏野刚先生认为，与 PC 时代不同，在 Internet 时代，由于有了互联网的技术平台为其他媒体提供了"无缝设置"，其他多种媒体终端的技术差异性并不是很大，不同的只是为终端设计的应用软件而已。

　　"与以往电信电话不同的是，手机成为移动互联网后，二者在媒体平台的差异已经不存在了；由于手机用户的互动参与，服务开发商更加注意为用户提供便利性，使得互联网服务更贴近现实，缩短了与使用者的距离。而 i-mode 本身也成为沟通手机用户与手机生产商、业务服务商之间的平台。"[1] 这意味着移动公司更加注重消费者的需求和反应，及时反馈给生产商、内容商，使移动公司与用户之间，移动公司与手机生产商之间，移动公司与内容供应商之间，都形成双向互动的沟通合作关系。取得满足需求—开发创新—收益递增的良性循环。

　　几位学者专家，对来自最前沿的实践而作的总结和理论概括，其新理念、新提法，都属于"世界初"的概念，如关于"接触点"的概念，手机的"时间流"特征，以及"时机就是销售，场所就是销售，顾客就是销售"的观点等，对手机作为营销传播媒体的理论探讨意义深远。

四、3G 手机作为营销传播新媒体，还有很长的路要走

　　根据电通的媒介广告情报统计资料，截至 2004 年底，与其他媒体相比，互联网新媒体的广告总量增长了 53.3%，互联网广告费总额为 1 814 亿日元，比前一年增长了 153.3%，明显超过其他媒体。按媒体市场份额，2005 年上半年的媒体广告费显示，互联网广告费的市场份额上升为 3.1%，首次超过广播媒体，而移动媒体广告费占互联网广告费总额的 10%。[2]

　　然而，当我们乐观地分析了手机新媒体的种种特点和长处，看到其迅猛发展的势头后，反过来考察企业对于这个新媒体的利用情况时，却比较尴尬地发现，目前企业还没有对这个新媒体投入很多，广告市场份额还十分有限，这是我们不得不思考的问题。

　　作为新媒体的互联网也好，3G 移动互联网也好，学者普遍给予很

---

①　[日] 夏野刚. i-mode 策略. 东京：BP 企画，2002. 75.

②　http://www.dentsu.co.jp/marketing/adex/adex2004/_media.html.

高的期待。然而，在广告实践领域，显示的数据却是，从 1996—2003 年的八年间，互联网的广告总量一直徘徊在 2% 左右，直到近两年因为手机移动互联网服务的开发，用户可以移动链接网络之后，媒体广告总量才在 2004 年底首次达到 3.1%，仅仅与衰落的广播占同样的份额。

虽说这几年广告量和广告费的成长幅度很大，但是总体而言，3.1% 的市场份额离营销传播媒体商的理想目标仍差很远。究其原因，首先，由于 3G 移动作为营销传播媒体刚刚起步，无论是网络还是终端手机，还没有发育完善；其次，作为个人工具，尽管日本的手机媒体广告，必须是经过消费者的许可才能发送到手机上，并且是以营销信息服务消费者，然而消费者对于不期而至的广告仍有很强的抵触情绪；再次，目前大众还是更愿意接受传统媒体的广告传达。习惯心态和媒体消费习惯并没有多大改变。而喜欢新媒体的一族，目前在多类的商品消费中还没有成为市场的主力；最后，3G 媒体目前还存在着屏幕小、字数有限、分辨率不高、移动上网速度慢、只能在线享受流媒体、下载还有限制、不能像 Internet 那样欣赏全片等缺陷。

因此，对于 3G 手机作为新的营销传播媒体的认识，首先需要理解手机媒体是刚刚开发出来的新媒体，无论从技术保证上还是广告方式上，都还处在探索期，也就是初级发展期。

五、结论

通过研究日本 3G 移动电话作为营销传播媒体功能的开发和应用，使我们对 3G 媒体的概念有了更深刻的理解：它不是简单的通信工具，不是简单的多媒体移动互联网，也不是游戏机、MP3 或视频、照片的组合体，它正在成为一种多功能的智能信息工具。不仅可以实现移动互联，更为重要的也更方便用户的是它的信息读取功能，真正实现信息流的对接。作为营销传播的新型媒体，它还有很长的路要走；作为一种传播通信媒介，3G 是个可变的象征符号。今天是 3G，明天是 4G，后天就可能是 5G，但作为一个信息的载体，作为一个互动的移动媒体，其核心是不变的，即它是一个纯粹的个人化媒体，方便和满足信息社会中每个人的沟通、娱乐、资讯、交易等需求。只要科学开发合理应用，

3G 技术将给消费者、企业和市场提供更有效的服务。

（原载于中国广告协会学术委员会年会论文集：《和谐与冲突——传播中的社会问题研究》，中国传媒大学出版社 2006 年版）

日本移动营销传播市场的业务开发模式

李苗

（暨南大学　新闻与传播学院　广东　广州　510632）

在信息渠道多样化的今天，大众媒体对受众的吸引力逐步降低。互联网的快速、多媒体和不受时限，尽显新媒体优势，形成与传统媒体分庭抗礼之势。目前互联网前端又延伸至移动无线网络，使手机在通信工具的基础上，进一步演化为移动手机新媒体。在考察移动商务开发的先行市场日本时，我们发现移动市场和无线商务平台的开发，更成为网络时代的新经济亮点。而移动电话从 2.5G i - mode 模式开始，到今天的 FOMA 3G 模式，又搭建了无处不在随时可连通移动互联网的个人终端平台，丰富了以互联网为代表的新媒体。随时通信，随时上网，随时娱乐的新便携移动媒体，使广告主发现了一片广告传播的新天地。从广告效果传播效果角度看，它带来的是随时随地与消费者的接触，随时随地的沟通与传播，随时随地的反馈，这是手机媒体最能够成为营销传播媒体的理由，也是其最有研究价值的关键点。

一、从日本媒体广告量的推移看手机媒体的广告前景

日本广告媒介研究权威机构株式会社电通，在 2005 年 6 月出版的《情报媒介白书——日本的广告费》中，分别登载了过去三年几大媒体广告费的增长情况，作为年轻的新媒体 Internet（移动媒体），其市场份额还十分有限，值得欣喜的是其年增长率是各媒体中最高的。

2002—2004 年日本几大媒体广告费的增长情况

媒体广告费	2004 年		2002 年		2003 年	
	广告费（亿日元）	环比增长（%）	广告费（亿日元）	环比增长（%）	广告费（亿日元）	环比增长（%）
电视	19 351	−6.4	19 480	0.7	20 436	4.9
报纸	10 707	11.0	10 500	−1.9	10 559	0.6
广播	1 837	−8.1	1 807	−1.6	1 795	−0.7
杂志	4 051	−3.1	4 035	−0.4	3 970	−1.6
互联网	845	15.0	1 183	40.0	1 814	53.3

（根据《情报媒介白书——日本的广告费》提供的数据整理）[1]

上述数据资料表明，2002—2004 年日本总体的媒体广告经营以成倍的增幅迅速增长，而互联网新媒体广告量的增长率，又远远超出传统媒体。另据最新资料，2005 年日本媒体广告费总额达 5 兆 9 625 亿日元，约合人民币 4 173.75 亿元，而据电通总研预测，其中手机的广告费将以每年 50% 的增长率增长。

电通总研在 2005 年 7 月 20 日，发表了从 2005 年到 2009 年的互联网广告费的预测结果。据预测，互联网广告费总额将从 2004 年的 1 814 亿日元增加到 2009 年的 5 660 亿日元。[2]

（亿日元）

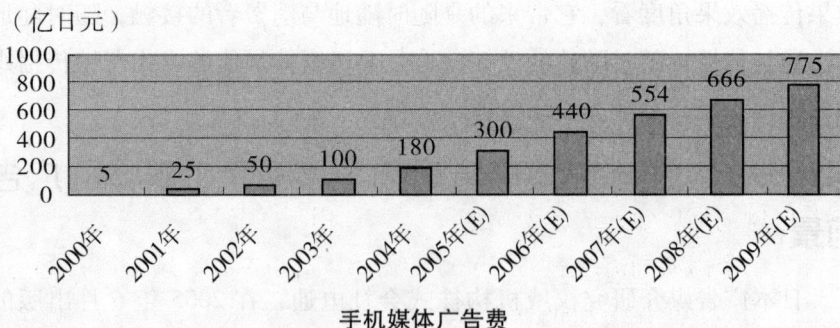

手机媒体广告费

（数据来源：根据电通总研公布每年数据推移制图）

① 情报媒介白书——日本的广告费［M］. 东京：株式会社电通，2005.
② http://k-tai.impress.co.jp/cda/article/news_toppage/24914.html.

根据电通的估算，2005 年至 2009 年，互联网广告费预计每年将有 50% 的增长率。从 2004 年到 2009 年的 5 年间，将有 3 倍以上的增长，到 2009 年将达到 5 660 亿日元的规模。其中手机媒体广告费，2005 年会达到 300 亿日元，到 2009 年则将达到 775 亿日元的规模。其中的主要因素，就是在手机的移动互联网和 3G 手机的定额包月消费制的推行，这将大力推动移动广告的发展。除此以外，由于 FeliCa 手机的普及，店铺和 EC 站点的会员邮件扩大，以及手机与数字广播的联合广告登场，移动广告费可能会有所提高。

互联网的发展，移动网用户的增加，给 3G 移动广告媒体带来了广阔的发展空间，移动广告的发展势头强劲。保险、旅行、饮料、汽车、优惠打折销售等市场活动都在有效地利用移动广告进行宣传。

二、3G 手机媒体的营销传播特性

在现代消费社会，作为媒体的第三代移动电话，从传播形态而言，既区别于人际传播时代的小众传播，又区别于大众传播时代的泛传播；既是一对一的人际沟通工具，同时由于能够随时随地链接移动互联网，又具备了大众传播的一些特征。但是它以与传统的大众传播完全不同的传播模式，不同的传播性质，颠覆了传统传播的大众媒体的概念，是全新的个性化、大众化的个人媒体。其存在的价值就在于提供个人生活沟通便利和娱乐、资讯消费以及信息智能服务。

（1）手机是大众化的个人通信、个人娱乐的媒体。首先，从媒体的个人拥有量来说，手机绝对是个大众化的媒体，它远远超过一个电视台信息传达的个人有效接触率，超过一份报纸、一本杂志的发行量，超过互联网的网民数，成为消费大众的日常用具；其次，从文化圈来说，它又是一个由共同需求和共同爱好群体构成的小众化的传播圈，是个体与个体之间，个体与互联网之间的移动媒体平台。

走在世界移动通信市场前面的日本、韩国的发展经验表明，手机媒体生来就是为个人沟通服务的。手机发展到今天，国外技术及服务的开发商，更多的是以个人娱乐和功能使用作为手机服务的开发目标，功能的多样性，内容的丰富性仍在不断增加，更加强化了为个人的娱乐和资讯需求服务。

（2）手机是连接虚拟社会与真实社会的媒体。手机与互联网有很多相同之处，但是与互联网的虚拟传播环境相比，手机媒体在现实生活中更具实用性，它既可以创造一个虚拟的传播和娱乐环境（比如游戏、流媒体享受），同时又能够提供随时随地的功能性服务（比如电子钱包、拍照、发邮件）等。与互联网相比，其在现实社会中的实际价值和意义更加凸现。

（3）形成流行病毒式传播链。作为大众的个人化的传播媒体，其传播模式是呈网状的，原子分裂式的传播形态，有些信息可以知道起点，有些信息却无从寻找源头在哪，信源是谁。由于手机一方面具备人际间的电话沟通功能，另一方面具有独特的信息转发（群发）功能，谁也不会知道信息终点在哪里，可以说它的传播范围的扩展，类似于几何基数般的增长，但它是不规则的，是"一传十，十传百"式的传播递增形态。这种现象被商家加以开发利用，形成流行病毒式营销的传播效果。

（4）信息直达与即时反馈。在探讨手机的使用特征时发现，其即时性特征十分明显，主要表现在：①时空不限的自由移动性；②贴身性；③感应性。这些特征对于要求反馈的销售或服务来说是最有效的。"接触点"的资讯传达，直接导致消费者去试试的行为。如电子优惠购物券、电子奖券等。从手机媒体的特征可以看出，针对这样一个新媒体，其媒体价值首先体现在资讯内容、广告内容与手机使用者个人的关联性如何。关联度高的信息，终端互动反馈就高。因此，对手机使用者个人信息（基本情况、消费习惯）的调查了解就显得十分重要。

（5）有效接触率高。许可营销，协议的广告服务，是日本移动市场的基本规则。由运营商主导掌控，消费者根据需求自愿订制，一方面使得广告商在掌握客户数据资料的基础上，利用其数据库分析筛选手机使用者的消费取向，进而发布有效信息，效率高；另一方面，消费者主动订制信息，情报随时更新，满足了消费者的需求，直接导致商业情报和广告得到有效阅读。

三、手机用户对移动广告的点击情况和态度

从手机的信息服务对消费者购买行为的影响，可以看出手机媒体的广告效果。据日本总务省情报通信政策课编写的《2005 年手机白皮书》提供的调查统计数据，手机广告的影响力体现在以下几方面。

（1）对邮件广告。在对 2 300 个调查样本的统计中，有 55.6% 的手机用户有过点击邮件广告的经历，其中男性当中 30 岁和 40 岁的人点击过邮件广告的比例最高，分别是 71.5% 和 63.1%；而女性当中，则是以 10~20 岁和 40 岁左右的人点击过邮件广告的比例最高①。这表明通过手机发送邮件广告，是有效果的，50% 的点击率，说明很多人并不那么抗拒邮件广告。这可能与这项服务展开的时间短，很多企业尚未看中这个新媒体有一定关系。

（2）对于有奖促销的反应。日本手机的一个很重要的广告形式就是有奖促销广告，这类广告并不是硬广告，而是一些促销让利情报，以"toku 菜单"等形式常设在手机的 TOP Page 上。主要有 i - mode 的"toku 菜单"（惠利菜单），Ezweb 的"优惠情报"，Vodafone 的"惠利情报局"，还有三家共同开发的"3toku"，等等。

这些服务得到消费者的热烈响应。据《2005 年手机白皮书》的统计，在订制包月和没有包月的手机用户中，利用手机参加有奖应征的消费者，其中订制包月服务的人占参加过有奖应征人数的 90%，就是没有订制包月服务的，也有 72.7% 的人参加过有奖应征。② 可见对于手机媒体来说，这种有奖的服务是非常有效的广告方式。

（3）在定额制或是非定额制的情况下，邮件广告的点击率显示，订了包月定额的手机用户 80.8% 会去点击邮件广告；即使在没有订制包月的客户中，也有 49.8% 的人点击过邮件广告。③

---

① 日本总务省情报通信政策课.2005 年手机白皮书［M］.京都：株式会社 IMPRESS，2005.191.

② 日本总务省情报通信政策课.2005 年手机白皮书［M］.京都：株式会社 IMPRESS，2005.193.

③ http://www.jmobile.co.jp/.

由此可见，要想让手机用户对广告服务有兴趣，并且点击它，第一是要通过一定的手段去抓住用户；第二是再让他们得到真正的好处，要有利益诱惑；第三便宜的服务费（包括移动上网、下载的费用），要让消费者没有消费顾虑，这样才会吸引更多的手机用户关注广告。

四、3G FeliCa 功能带来的广告商机

由于 FeliCa 新机型投放市场、入网者可凭旧机型以优惠价换取新机型、家族间定额话费制等新市场措施的出台，再加上夏季密集的广告宣传推动，手机市场显示出活力，日本 2.5G － 3G 的手机用户总数达到 8 499.72 万。这组数据显示出 3G 移动在日本的广泛普及程度。

消费者通过手机的扫描读取功能，可以通过印刷物的二次元识别码，对网站进行访问，使用附置 FeliCa 芯片，可以进行移动电子结算，这不仅仅增加了手机的魅力，也改变了人们传统的媒体接触方式，在"接触点"感受广告和情报资讯，并即时消费。"时机就是销售，场所就是销售，顾客就是销售。"更多的企业和商家认识到手机作为个人交流工具，已经发展成为不可缺少的个人化媒体，移动广告的开发价值日益凸现出来，每一个移动的时间和场所都可以成为一个广告接触点。"花钱的时代到来了。"

宽带移动的使用（au 提供的 20001X），推进了连接速度的高速化和大容量化，各种新机型的投入，加上 FeliCa 技术的多种功能被广泛认识和应用，包括 Flash 和动画、歌曲下载等，都包含了丰富的广告发展空间。

五、移动媒体特色服务项目解析

（一）"3toku"（3 优惠服务）

"3toku"服务，是由 DoCoMo、au 和 Vodafone 三家公司，于 2002 年 11 月共同推出的一个内容服务品牌，目的是为 i － mode、Ezweb、Vodafone Live！的用户提供企业让利促销和娱乐内容的平台。目前由于

Yahoo mobile 的加入，现在有四家服务商在利用。这个为企业促销提供的移动媒体平台，目前已经吸纳了 300 多家企业，面向 8 000 万的消费对象，为用户提供最新的优惠、打折、奖励等企业促销活动信息，成为移动媒体平台成功运作的一个内容服务。

在 3toku 的品牌之下，有分品牌"优惠号码"、"优惠快餐"和"广告牌"等。这些服务在 i－mode、Ezweb、Vodafone Live！同时刊载，能够在同一时间段覆盖 8 000 万的手机用户，如此明确的受众人数，如此高的有效到达率，能够迅速帮助企业推广新的品牌。

据日本"Video Research"机构于 2004 年 9 月对消费者使用 3toku 服务的情况调查显示，使用 3toku 服务的重点人群是 20～34 岁的女性群体，在职业构成中，公司的职员占了近 1/2，反而最受期待的学生族对"优惠服务"的资讯并不怎么感兴趣。由此可见，年轻的上班女性，既是手机内容消费的主力，又是具备消费力的手机一族，所以，商家企业的让利促销对她们最有诱惑力。

"3toku 面向约 8 000 万人手机用户，成为性价比高的大众传播媒介。"① 根据市场调查的结果，61% 的女性利用率，作为广告服务产品，这是一个能够符合企业传播需求的受众数量。

（二）i－mode 的"DoCoMo Coin"

"DoCoMo Coin 是 D2C 为 i－mode 媒体量身定做的一项特色服务。"②

在 D2C 作为为 DoCoMo 提供专业移动传播服务的公司，目前已经为 i－mode 开发了两大类六个品种的广告服务。第一类是广告类，主要开发了图片广告、内容（资讯）广告、mail 广告和免费短信广告。第二类是解决方案类，主要开发了惠利幸运号码（Toku Number）和 DoCoMo 币两项服务。

2005 年 4 月开发的"DoCoMo 币"新服务，其特点是，用电子奖券

---

① 根据对 D2C 公司 CEO 藤田明久先生访谈记录。
② 根据对 D2C 公司 CEO 藤田明久先生访谈记录。

兑换成能用的手机储值通信费。具体方法是：在企业促销活动期间，如果中奖，可以立即登录 DoCoMo 服务网，按照程序进行手机操作，就地完成转换手续，换取 DoCoMo 若干分钟的通信费，充当电子货币，储存在客户的账号中。这个服务操作快捷方便，用户得利机会多，因此对手机用户很有吸引力，同时也受到商家企业的欢迎。从 2005 年 4 月开始实施，到 8 月底，已经有 100 多家企业申请使用，订制服务的手机用户也达到每月 100 万人。①

（三）Mediba 的新服务——"新菜单"

"新菜单"服务，是 Mediba 公司 2005 年 7 月推出的，为 KDDI 的"Ezweb"客户群提供的特色服务。

所谓"新菜单"是 Mediba 为 CDMA1XWN 系列提供的广告内容服务。新型网络提供了与以往不同的表现平台，可以运用彩色设计、Flash、图像等表现元素进行广告设计，优点是元素组合的传达效果好，容易理解。此外，在内容提供方面，"新菜单"为客户提供商务和资讯、社区、趣味和文化、购物、生活五个方面的内容。在设计风格一致的前提下，新菜单分"特集"、"特别推荐"、"菜单"3 个栏目，其下还有 8 个子栏目。在新菜单提供的 20 个内容中，每周将更换 5 个内容。

新菜单是为手机用户提供免费的信息服务，目标主要针对几千万的 au 用户，力求成为一种信息源，成为生活中的必需品。②

"新菜单"的特色服务，能够让 au 的用户，特别是注册了 Ezweb 服务的用户，可以"每周一部，每天随时"地享受到 5 个栏目的服务，如"商务与资讯"、"社区"、"趣味和文化"、"购物"、"生活"消费者感兴趣的栏目。

从 au 提供的特色服务来看，抓住年轻消费者，提供定额制服务，加入免费的广告……各种各样的表达手段，目的都是给手机用户提供足够的娱乐和有用的广告信息，进而促使消费者成为 KDDI 公司的忠实客户。

---

① 根据对 D2C 公司 CEO 藤田明久先生访谈记录。
② http：//www. mediba. jp/company/.

充满生机活力的新媒体市场，刚刚进入生命周期的前导阶段，市场实践才刚刚开始，研究理论尚未完全建立。这是一个需要不断创新的广告市场，需要开发新的服务，开发新的吸引手机用户的内容。通过对媒体市场环境公司提供的特色服务的分析，可以发现手机媒体市场的发展和开拓空间还很大，尤其是作为内容开发的广告，可以充分利用先进的技术，不断进行创新，因为年轻的消费者就是需要新鲜感，不这样做就会流失客户。

日本 3G 手机媒体的广告开发原则，一是从方便消费者的生活入手，为消费者提供有用的生活消费资讯；二是提供价格优惠甚至免费服务，让消费者乐意去体验消费信息享受带来的实惠；三是运营商把关，以不骚扰手机用户为原则，提供契约服务和许可营销。日本的 3G 技术已经深入生活的方方面面，以青年时尚群体为主。

在中国，3G 的技术尚未成熟，产业政策尚不明朗，但是业界已经以 2.5G－2.75G 的技术模式，开发出很多比较成熟的商业模式，或针对企业的商务开发，或针对终端消费者的生活开发。其中，以先行的日本移动服务市场为经验，一切以满足消费者需求的服务开发，才是真正有市场和有持续消费力的商业模式，基于这些平台的广告效果必然会显现出来。

（原载于《广告研究》2006 年第 5 期）

基于即时网络技术之上的流动营销平台发展观

——3G 时代运营商赢利模式探寻

万木春　姜云峰

（暨南大学　新闻与传播学院　广东　广州　510632）
（中国联通广东省分公司　广东　广州　510602）

【摘　要】本文针对国内三大移动通信运营商的 3G 手机推广情况，提出了目前 3G 发展的三大问题，即作为运营商，应当如何面对这种大规模的亏损？在 3G 时代应当如何定位？其赢利模式和赢利对象当如何调整？作者认为，治本的方法应是构建基于即时网络技术的流动营销平台，以组织创新为最高准则，从而实现企业目标、市场需求、产业链结构的全面升级。

【关键词】3G　流动营销平台　赢利模式

自 2009 年 1 月工业和信息化部颁发 3G 牌照以来，运营商在 3G 上的投资已经超过千亿元（2011 年将达到 4 000 亿元），随着 3G 覆盖面的进一步扩大，大规模的投资还在滚雪球式的增长当中①。然而，飞速增长的投资并没能有效拉动需求，投资与收入之间的巨大失衡造成了利润的大幅下滑，包括吸金大户中国移动在内的三大运营商的赢利首次亮起了红灯：三大运营商披露的半年报显示，中国移动上半年净利润增长

---

① 今年 3G 投资 1 700 亿三年内投资预计约 4 000 亿元［EB/OL］. http://it. people. com. cn/GB/1068/42905/8715473. html. 人民网，原载于 2009 年 1 月 23 日《新快报》第 6 版.

仅为 4.2%，远低于去年同期，中国联通净利润同比下降 62.1%①。

　　作为运营商，应当如何面对这种大规模的亏损？在 3G 时代应当如何定位？其赢利模式和赢利对象又当怎样调整？本文将就这三个重要问题作出探讨。

一、3G 发展的现状

　　2008 年 12 月中国电信高调推出天翼品牌，打响了 3G 营销的第一枪；中国移动紧接着推出了 3G；联通经过半年的蓄势后，也在 2009 年的 5 月推出了"沃 3G"品牌。运营商对 3G 倾注了大量的心血，但事实如何呢？

　　1. 雷声大雨点小，用户增长乏力

　　在 3G 发展之初，三大运营商均放出豪言，中国移动曾声称在 2009 年发展 1 000 万 TD 用户，2010 年至少发展 3 000 万用户；中国联通也曾信心满满地表示每月发展 100 万户 3G 用户不在话下。然而令三巨头紧张的是，截至 2010 年 6 月底，三大运营商累计发展 3G 用户虽然超过 2 520 万②，但离年底的 3 000 万仍有一定距离，这还不包括中途流失的用户和实际未产生 3G 流量的用户。市场开拓速度远低于预期。

　　2. 3G 产品当 2G 卖，大量用户被 2G 分割

　　无线上网速度快，数据处理能力强，适合移动办公和即时娱乐，这是 3G 有别于 2G 的最大卖点。在最初的产品设计上，三大运营商均给予用户高额的免费流量，然而在实际执行中，一线销售人员宣传的却是全国接听免费、长途市话漫游一个价（当前仅 3G 套餐有这一优惠），对于无线上网只是顺带提及。相应地，3G 用户数据使用量极低，以全国 3G 发展最好的广东联通为例，截至 4 月，3G 的户均流量仅为 75M，超过 30% 的用户没有使用任何流量（这类用户实际上是"被 3G 的"），

---

　　①　三大电信商出齐半年报 3G 用户破 2 500 万［EB/OL］. http：//finance. sina. com. cn/stock/s/20100827/03078556955. shtml. 新浪网，原载于 2010 年 8 月 27 日《上海证券报》科技要闻版.

　　②　3G 用户数仅 2 520 万发展低于预期［EB/OL］. http：//business. sohu. com/20100721/n273646798. shtml. 搜狐网，原载于 2010 年 7 月 21 日《上海证券报》科技要闻版.

而当时联通 3G 套餐最少也包含 300M 的免费流量。对此，联通总部也只好在 5 月推出了所谓的 B 套餐，在套餐月租一致的情况下大幅度减少套餐包内的流量并增加语音通话分钟数，这与其说是丰富了产品线，不如说是对现实的无奈妥协。若是比通话，2G 已经完全可以满足用户需求，3G 与 2G 没有本质上的差别。

也正因为如此，3G 在发展的同时也出现了用户高流失的现象，许多冲着 3G 高速上网的用户尴尬地发现所谓的 3G 其实没有什么特色，也因此在兴冲冲试用了一段时间后黯然转回了 2G，这也让本来跃跃欲试的 2G 用户采取了继续观望的态度。

3. 以工具为导向，本位主义营销观严重

一线销售人员将推广诉求由高性能转为低话费，这倒并不完全是基层人员阳奉阴违，最主要的还是由于当前 3G 数据应用极度匮乏、用户感知度不高。事实上对于任何高科技产品，消费者关心的不是"我买到什么"，而是"我能拿这个产品做什么"①，再先进的技术如不能应用则毫无意义。因此，企业关心的不应该是提供什么样的产品，而应该关心能提供什么样的服务去满足用户需求，以及为了提供这些服务，在营销的各个层面需要作出怎样的改进。当前运营商一方面重金宣传 3G 是多么的先进，但另一方面又不能提供实至名归的服务，这就使得 3G 的应用显得愈发苍白。

4. 户均 ARPU 值并未大幅提升，运营商收入欠佳

三大运营商在发展之初将 3G 的目标群锁定在高端用户，意图靠收取用户高额的费用来弥补用户规模的缺陷，这在短时间内似乎取得一定的效果。3G 用户的 ARPU 值（每位用户的收入贡献）确实比 2G 高，但这在很大程度上是由于运营商对 3G 套餐设置了较高的门槛（移动的 G3 最低消费 98 元，联通的 3G 套餐最低消费 96 元，电信的黑莓政企套餐最低消费 189 元），运营商实际上是把 2G 用户中的高端消费者从一个篮子搬到了另外一个篮子，用户对于运营商的贡献并没有很大的变化。其实这也是必然的，因为 3G 套餐依旧主要提供语音通话服务，数

① [美]菲利普·科特勒. 市场营销 [M]. 俞利军译. 北京：华夏出版社，2003.8.

据流量还没有做起来，而用户的语音通话需求却是相对固定的，因此很难带来 ARPU 值的大幅度提升。当然，三大运营商各自 ARPU 值的增减是客观存在的，比如联通 3G 凭借技术和终端优势吸引了大量中国移动全球通高端用户而造成 ARPU 值大幅提升，但这不过是各个运营商之间的利润转移，通信行业的整体盘子并未做大。

综上所述，3G 推出后运营商表面上红红火火，实则苦不堪言。正如一位业内人士指出的那样，3G 的启动是网络建设的夏天，是终端企业、内容服务企业收获的秋天，却是运营商的冬天。

二、3G 时代运营商角色转型的必要性

但运营商已经没有退路了，毕竟 3G 是个大趋势，无论前景如何都得硬着头皮继续做下去。对此，有一种乐观的论调认为亏损只是暂时的，随着用户规模的扩大、固定成本的摊薄，3G 的赢利只是时间早晚的问题。

然而事实未必如此。

首先，与 2G 相比，3G 基站频率更高，耗损更大，而且数据应用带宽消耗极大，需不断地扩容。用户规模扩大后固定成本固然会摊薄，但经常性地扩容带来的投资压力会更大，运营商在资本市场上的平淡表现反过来又会制约扩容的速度。西方发达国家 3G 运行多年，但赢利状况也不尽如人意，如，在欧洲率先提供 3G 服务的和记黄埔集团（实际为和记黄埔控股的股份制公司，欧洲当地运营商也占有部分股份），运营 5 年后仍然没有取得正 EBITDA（税息折旧及摊销前利润）；而被行业公认运营最成功的日本运营商 NTT DoCoMo 的 3G 的净利润复合增长率也仅为 2.91%。

其次，从产业外部来看，3G 的产业链是完全开放的，不再像 2G 那样是半封闭的。3G 的手机制造商、软件提供商的话语权在扩大，运营商很难像过去那样拥有全盘的掌控力。在这样一种大背景下，运营商如果不顺势而变，很有可能会沦落为单纯的通道，如此下去赢利的前景只会更加惨淡。

再次，随着信息化的加速，用户的选择权在增加，网络电话、即时

通信软件（如腾讯 QQ、MSN、飞信）等通信工具对运营商业务的分流日益加剧。

3G 的技术特点必须由相应的服务体现出来，从技术到应用的过程也必须以消费者的所需所欲为基础。营销框架下的应用产品开发的不足——尤其是创新型应用产品的开发不足，以及在营销范围内价值链的不完整，是三大运营商在高端产品导入期无法获得高额溢价的重要障碍。

因此，对运营商而言，放弃 2G 时代"建网—放号—收钱"的旧赢利模式、改变定位、寻找新的赢利点、拓宽价值链已经迫在眉睫，而 3G 划时代的技术革新也为此提供了可能。

三、3G 时代运营商新赢利点的寻求与模式构建

综上所述，寻找新的赢利点，构筑新的赢利模式已成为运营商迫在眉睫的事情。

而事实上，关于转型、改变定位的口号三大运营商早已提及。早在 2006 年，中国移动就提出了要从通信专家向信息专家转变；中国电信也很早就对外宣称要做综合信息服务的提供商。但时至今日，这一转型并未真正实现。3G 的位置服务、手机电视、手机搜索等信息应用并未迅速普及。这就直接造成了 3G 用户和 2G 时代一样"通话"更多，"信息"的使用依然很少（在运营商的 3G 收入构成中，语音与数据业务的比例是 7：3）。

我们认为，这里存在着战略与战术两个方面的失误：

在战略方面，运营商始终没有跳出"向用户要利润"的怪圈。事实上，用户≠客户，运营商掌控着丰富的用户资源，而用户本身就是财富，数据库就是资源。利用 3G 的技术优势，运营商可以搭建一个平台，为用户提供信息服务，为企业营销开辟新的工具，从"向用户要利润"朝"向用户和客户要利润"转变。从这个角度看，3G 手机不仅仅是通信工具，也不仅仅是通信工具＋流媒体，而是基于即时网络技术的流动营销平台。

在战术方面，目前运营商采用了"以空间换时间"的做法，以发展

用户数量、抢占市场份额为短期营销目标，这个思路本身没有错，但如果 3G 新业务不能对用户产生足够的吸引力，用户就会向 2G 或者替代品退缩，这就如同一个蓄水池在以同样的速度进水出水一样是徒劳无功的。

因此，只有以提升 3G 应用——提高用户流量、培养数据使用习惯、增加黏性为切入点，进而上升至战略层面搭建营销平台，方能打破现有的战略、战术上的失误。具体方法如下：

（1）弱化"手机 = 便携式电话"的认知模式，强化手机信息处理功能。

随着手机游戏和无线网络的普及，手机作为单纯通信工具的概念正在被弱化，但通信以外的功能还只是"临时性替代品"的辅助角色，尚没有独立成为一种必需。也正是这种"临时性替代品"的尴尬身份使得运营商转型时缺乏足够的筹码来整合其他力量。

但改变固有认知模式（不仅仅是改变消费者的认知，也需要改变企业的认知）是非常艰难的任务，单靠运营商很难完成，必须发动全产业链的力量。这有赖于手机制造商、软件设计商、内容提供商等提供快捷的数据处理器和更强大的娱乐功能以创造更智能、更独特的用户体验。

在市场培育阶段，运营商最主要的目的是让用户体验到手机通话以外的强大的功能，以提升 3G 产品的黏性和用户的兴趣（这对于提升数据使用流量和降低流失率是大有裨益的），并最终引起营销界的关注。在这一阶段，运营商不应该急于收费，而是要通过大量的优惠政策吸引产业链的上下游提供新型的、独特的 3G 服务（比如仅允许在手机上使用的小游戏、小视频等），并以免费体验的形式鼓励用户参与。

（2）运营商应把自己定位于企业客户的"战略同盟者"，利用手机的特性和庞大的数据库为企业搭建营销平台。

在上一阶段，运营商解决的只是流量与黏性问题，利润从用户而来的状况并未发生根本改变，但市场培育期也为日后平台的搭建提供了足够的筹码。这个平台是多方参与的，但运营商可以处于绝对的主导地位，因为 3G 技术使得运营商牢牢地把控住"注意力"和"即时购买"这两大法宝。

首先，手机是"带体温的媒体"，现代人（特别是东方人）普遍对手机有依赖症，用户随时随地都可能将其带在身边，其关注度、依赖度之深是其他工具无法比拟的。这种稀缺的"注意力"是企业极度需要的。其次，3G 的无线上网和手机支付功能让物流与信息流融合。传统媒体的营销是 A—I—D—A 式的，物流和信息流分开，其中的噪音和不确定干扰因素很大，但 3G 手机使得用户可以随时随地关注企业营销并即时完成购买，这种"一站式"的销售更是企业渴求的。

当然，3G 营销平台不能再走传统媒体无差异信息轰炸的老路。手机是一个私密性极强的个人工具，无差别的信息覆盖会造成大量的信息垃圾，既浪费又不讨好，但运营商可以利用庞大的数据库资源分析用户的消费特性，有的放矢地向户推荐信息，使得企业的广告成为用户需要的有价值的信息。这一方面要求企业细分用户群和用户的需求；另一方面要洞察企业的营销需求，在 3G 的技术层面开发匹配度极高的营销策略，甚至进行更深层次的战略协作。比如，以 AR 扩展现实、动态捕捉、GPS 等技术为基础的应用，可以为客户的各种展示活动增色不少，无疑也为 3G 手机找到了新的用户群；以 GPS 和电子虚拟人物、电子优惠券以及 SNS 进行配合，又可以为旅游营销开发新的营销手段，进而寻找更高层次的合作机会。

（3）运营商必须改变现行的基于"用户"的架构，构建全新的基于"客户"的新型企业架构。

这就需要组建专门的企业营销运作团队，招募一批既懂媒体运营又有电信背景的复合型人才，以京津、沪杭、深广、蓉渝四大联合营运为中心，根据当地特色实施营销方案推广。

（4）必须建立效果评估机制。

电信媒体收费、运营模式有其独特性，不能像传统媒体那样通过千人成本等工具来计算成本核算效果，电信行业需尽快与各方建立起可测量的多方信服的效果评估体系。

（原载于《现代广告》2011 年第 7 期）

广告新聚焦

港台电视广告的后现代叙事话语

杨先顺

（暨南大学　新闻与传播学院　广东　广州　510632）

【摘　要】受西方后现代主义思潮的影响，港台电视广告中后现代叙事话语业已形成。它在叙事模式上呈现出反讽与戏仿的特征，在叙事结构上出现了零散化与拼贴化的倾向，而话语的深层意义被削平，其宏大意义也被消解。

【关键词】后现代主义　叙事　话语　电视广告

20世纪50年代末，后现代主义思潮在西方兴起，一时间"后现代"、"后现代性"和"后现代主义"成为学界的热门话题，并引发了广泛而深入的讨论。王岳川先生认为："后现代性的显著标志是反乌托邦、反历史决定论、反体系性、反本质主义、反意义确定性，而倡导多元主义、世俗化、历史偶然性、非体系性、语言游戏、意义不确定性。"① 后现代主义思潮迅速在各个领域产生了全球化的影响，对处于后工业化时期的香港与台湾也产生了重大影响。作为消费文化透视镜的电视广告自然会折射出这种绚丽多姿、令人眩晕的后现代景观。这一现象值得广告学研究者关注。

另一方面，在20世纪60年代末，叙事学作为一门学科正式形成，但由于早期的叙事学理论过分强调形式结构的研究，而忽视了文化语境、意识形态和社会现状对文本（或话语）的影响，所以在20世纪80

---

① 王岳川. 中国后现代话语［M］. 广州：中山大学出版社，2004.3～4.

年代走向低谷。到了 20 世纪 90 年代，叙事学自觉接受后现代主义的洗礼，呈现出"多样化、解构主义和政治化"的倾向。① 赫尔曼将这一时期的叙事学称为"新叙事学"，而柯里则称之为"后现代叙事理论"。这就为后现代主义广告研究提供了新的工具和手段。本文试图借鉴有关"后现代主义"的研究成果（以下简称"后学"）和后现代叙事理论，对港台电视广告的后现代叙事话语进行分析和探讨，以就教于方家同仁。

一、反讽与戏仿：叙事模式的裂变

反讽（Irony）是西方文艺理论的一个重要概念，它源于希腊文"Eironia"。"反讽的基本性质是假相与真实之间的矛盾以及对这矛盾自身无知。"② 而戏仿（Parody）是对既有作品的戏谑性模仿，它可以说是一种特殊的反讽。反讽叙事并非后现代主义所独有，但后现代反讽与传统美学的反讽有截然不同的艺术取向。美国后现代主义研究者哈桑认为，后现代的反讽是一种由阿兰·王尔德所界定的"悬置式反讽"（Suspensive Irony），此种反讽充斥着荒诞性、多重性、随意性以及或然性等征兆的暧昧态度。③

在信息技术占主导地位的后工业社会，人们的消费行为发生了深刻变化，消费呈现出象征化、符号化和娱乐化的倾向；同时由于网络媒体的普及，人们的传播观也在转变，传统大众媒体的话语霸权受到冲击，年轻一代更喜欢用网络媒体的个性化来对抗传统大众媒体的大众化，用网络媒体的互动性、游戏性来逃避传统媒体的强迫性和正统性。在此背景下，如果电视广告一味扮演消费专家和话语权威的角色，必将会引起新一代消费群体的厌烦和反叛。因此，电视广告中传统叙事模式的裂变就不可避免，而悬置式反讽和戏谑性模仿正是这种裂变的"怪胎"。这一变化在近年来的港台电视广告中显得尤为突出。

① ［英］马克·柯里. 后现代叙事理论［M］. 北京：北京大学出版社，2003.
② 沧海. 论中国近期小说的反讽现象［J］. 廊坊师专学报，1994（2）：12～16.
③ 路文彬. 游戏历史的恶作剧［J］. 中国文化研究，2001（2）：99.

台湾意识形态广告公司创作的斯迪麦桔色口香糖电视广告《体罚篇》播出后曾引起社会上的强烈反响，该片向人们展示了这样的情景：在以紫色为主的色调中，一群小女生神情茫然，她们有的哭泣，有的惊恐，显然是受到了体罚的折磨和惊吓。正当观众以为她们要大声申诉时，画外音却传来小女生怯生生的问话："请问（教育）部长，哪种护手膏比较有效？"由于斯迪麦桔色口香糖的目标消费者主要是高中以下的小女生，因此广告以她们所关注的问题——体罚作为创意的题材是顺理成章的，但是广告片却没有表现体罚的过程，画面甚至有唯美的倾向，而最后问"教育部长"的那个有关护手膏的问题更是让人不可理解。其实，这是一种典型的后现代悬置式反讽，它语表冷漠、态度暧昧、荒诞随意，受众从广告片中感受到的是困惑和压抑。在传统的反讽叙事中，对于体罚这种有悖现代教育理念的行为，一定会极尽讽刺之能事，用冷嘲热讽的手法批判、挖苦，态度非常鲜明。但是在这里创作者没有用体罚的场面激发人们的震怒，没有用滑稽的场面调侃体罚学生的老师，而似乎是中性、冷漠地保持"情感零度"的叙事状态。在广告片的最后非但没有喊出谴责这种行为的煽情口号，反而说了一句无关痛痒的话，一个非常重要的社会性话题就这样被轻描淡写地解构了。但是，如果我们反过来思考一下，这恰恰体现了另外一种"真实"，对于体罚这样一个令当局颇感头痛的问题，一个小女生如何去义正词严地抗议呢？一个商业广告如何去展开"宏大叙事"，从而最终解决这一社会性问题呢？

戏仿叙事在近年来的港台电视广告中也经常出现。它有两种方法，一种是在原有叙事文本的基础上进行创造性的改编，使目标受众获得轻松、戏谑的快感。例如台湾老虎牙子有氧饮料电视广告《司马光篇》，便是篡改了司马光砸缸的历史故事：一个小孩不慎落入水缸中，别的小孩惊慌失措，叫人救命，这时少年司马光走了过来，只见他拿起一块石头，似乎要向水缸砸去，但镜头一切换，人们看到司马光没有砸缸，而是把石头放在水缸旁，然后踩着石头把头探到水缸口，问落水的孩子："你缺氧吗？"之后镜头切换到该饮料。这种戏仿是对经典的解构，它消解了原故事中劝喻、说教的话语功能。其作用是先用受众所熟悉的故事造成似曾相识的亲近感，然后"偷梁换柱"，使原故事出现意外的结局，让受众在戏耍和娱乐中接受产品。另一种方法并非以已有的文本为基础进行仿造，而是以历史人物为主角，以历史事件为依托，编撰一出当代消费的喜剧。如台湾道地 Walk Tea 饮料电视广告《国父篇》，描述的是孙中山和革命党人正在开会谋划推翻清政府，这时清兵赶到要搜查会场，孙中山与部下急忙收拾桌子上的文件和道地 Walk Tea 饮料，并庆幸地说："好在道地 Walk Tea 可以随身带着走。"这时画外音又借机告诉观众："喝茶不革命行吗?!"这里的历史人物是真实的，历史事件也是有依据的，但情节和细节是虚构的，严肃的历史被戏说，革命的崇高意义被化解。然而产品的突破性变革却能给人留下深刻的印象。香港电视广告也有类似的手法，例如某洋酒广告便是截取张艺谋导演的《大红灯笼高高挂》中的一个片段来进行戏仿的，限于篇幅这里不再赘述。

由上述广告我们可以看出戏仿叙事的两个重要特点：一是新文本与作为戏仿对象的文本（或历史事件）应具有惊人的表象同构性，即表面看来十分相像，让人有似曾相识的熟悉感；二是新文本的意义或价值取向要彻底颠覆戏仿对象原有的意义或价值取向，以产生强烈的戏谑感。

二、零散与拼贴：叙事结构的离析

后现代叙事还可以通过秩序和逻辑的破坏来实现，取而代之的是反秩序、反理性、反逻辑的零散化和互不相关的叙事碎片的拼贴。以查特曼、波特和拉森等为代表人物的电视叙事理论认为，大部分叙事体一般按线性结构，每一叙事体都由故事和表述组成，故事又分为两种成分：事件（行动、事情）和存在（人物、环境）。事件又分为核心场景和附属场景，核心场景具有动荡、阻碍、复杂、对抗、危机、大团圆六大功能，而附属场景又有注释、戏剧提问、介绍人物等十二种功能。[①] 可见，传统电视叙事话语是一个结构严谨、逻辑缜密的符号系统，它遵守

---

① ［美］M. J. 波特，D. L. 拉森等. 叙事事件的重新诠释：电视叙事结构分析［J］. 电影世界，2002（6）.

"时间、地点、情节"相统一的"三一律"。再看电视广告的叙事结构，尽管传统电视广告也有不同类型及表现手法，但总体上体现了和谐和完美、秩序和理性。如情节式电视广告，总是遵循"开始—发展—高潮—结束"四个环节来推进，故事的起承转合相当完整。而实证式电视广告更是将严密性、理据性推向极致，如宝洁公司的化妆品广告的三段式法"美女—动画—美女"已成为化妆品广告的叙事范式。即使是这种幽默式的富有想象力的电视广告也有较为稳定的章法可循，即主要以不和谐或意外制造幽默效果，要求既在意料之外，又在情理之中。

但是，在后现代电视广告中这些法则都受到前所未有的挑战和冲击。在后现代电视广告中我们难以看到完美的情节，难以看到实证的逻辑，难以看到镜头语言的明晰与流畅，难以看到情感之渠的有序流淌，也难以看到古典式的幽默（代之以黑色幽默）。用符号学观点看，在后现代电视广告中能指和所指的关系被隔离与肢解，能指最终没有指向所指，突显所指，而是从所指那里游离出来，这种现象即法国结构主义符号学家巴特所说的"能指的漂移"，正如吴文虎先生所分析的"符号所指——意义使人难以辨认，而能指则像万花筒一般令人眼花缭乱，无所适从"①。

例如，台湾维力茶怪兽饮料电视广告《三只怪兽篇》展现的是一系列怪异行为的随意剪接，广告片结尾的那个阴阳怪气的男声又将这种怪诞与产品强行拼贴在一起："谁在享受怪怪的自己，茶怪兽在这里！"由于能指和所指的分离，茶叶和茶饮料的传统文化内涵荡然无存，人们在"怪怪的"能指中体验到一种精神分裂式的错乱感。这种错乱感在香港 Sunday 电讯的减价电视广告中得到更为强烈的印证：在万籁俱寂的深夜，某司机打开车门，准备开动汽车，这时车窗外出现了一个女鬼，她把脸贴在车窗上，司机被吓晕了。创作者的意图是用极端恐怖的手法表现"价格减到吓死人"的主题。这里"女鬼"和"减价"是表面上无关联的异质之物，当他们被拼贴在一起时，能指的冲击力远远超出了所指本身。但广告也因此产生了负面效应，许多观众忽视了广告所

---

① 吴文虎. 电视广告的社会文本解读［J］. 现代传播，2002（2）：89.

传达的意义（所指），却被怪异的能指所惊吓，于是他们纷纷向有关部门投诉，致使该广告被停播。

台湾意识形态广告公司为中兴百货创作的电视广告堪称华人后现代主义广告的典范。以许舜英为代表的意识形态广告创意人主张"影像就是商品"，认为广告表现已进入艺术定位时代。① 在此理念指导下创作的中兴百货电视广告，没有故事情节的架构，没有产品功能的图解与论证，也没有形而下生活场景的营造；而是注重以零散化的唯美画面进行抽象化、符号化的拼贴，风格鲜明，但意义模糊，让受众在能指的层面上享受视觉的盛宴，体味影像符号所传达的格调与感觉。

零散与拼贴化叙事为何产生于后现代文化语境中呢？原因在于后工业社会出现的"技术异化"现象：技术原本是人发明的、为人服务的，却异化为一种异己的力量统治着人，控制着人，使人的主体意识逐渐丧失。人处于"非我的'耗尽'（Burn-out）状态"，"体验的是一个变了形的外部世界和一个类似'吸毒'一般幻游者的'非我'"②。在这样一种后现代语境中，非理性的、混乱的、不确定的零散化与拼贴化叙事似乎更吻合后现代人的精神分裂式的心态。但在电视广告的实际操作中，我们必须首先确定目标消费者是否真的具有后现代的意识和潜意识，否则就会出现上述 Sunday 电讯电视广告的失范与失宠现象。

三、削平与消解：叙事意蕴的搁浅

削平，即杰姆逊所说的"平面感"，指的是文本深层意义的取消。这里我们将消解界定为消除文本的象征意义、价值意义和历史意义。如果说削平是拒绝意义的深刻性，那么消解就是抛弃意义的宏大性。在后现代叙事话语中，本质与现象、深层与表面、真实与非真实、能指与所指的二元对立和对应已不复存在。因此文本没有必要制造"表层意义"和"深层意义"的分隔，受众也没有必要透过"表层意义"发掘"深层意义"，因为两者之间的区分已不存在。同时由于个人对文本的解读

---

① 唐忠朴. 广告创意策略与表现［M］. 北京：中国友谊出版公司，1996.
② 王岳川. 后现代主义文化研究［M］. 北京：北京大学出版社，1992.

是仁者见仁，智者见智的，所谓"一千个读者就有一千个哈姆莱特"，因而文本的象征意义和价值意义也是不确定的、难以掌控的，这样倒不如不去寻找这些意义。而所谓历史意义更是因为后现代语境中历史的"非连续性"（杰姆逊语）造成的"符号链条的断裂"（拉康语）而丧失殆尽。下面我们分析港台电视广告的一些个案：

在台湾摩托罗拉中文传呼机电视广告《八卦篇》中，镜头将中国古今有关"八卦"的零乱画面拼贴在一起，并配以戏说意味的旁白："自从盘古开天辟地以来，中国人就沉浸在八卦的世界，古代人用八卦算八卦，现代人用 Call 机传八卦。大地频道一本延续中国固有传统美德，运用最新科技为大家戏说八卦。发扬国粹，让八八……八卦艺术化！"其实，在汉语中"八卦"一词本身就具有相互消解的二重意义，一是指《周易》中的八卦，它体现了中国古代玄妙神秘的哲学思想，属于宏大叙事话语；二是指生活中的"八卦"，意为"无聊、下流的东西"，如绯闻之类，属于微小叙事话语。上述广告语言便是用后者对抗前者，从而削平了"八卦"的深层哲学含义。有趣的是当这种意义消去后，叙事者又煞有介事地宣称"发扬国粹，让八八……八卦艺术化！"这其实是用能指的戏说性（调侃、结巴的语调），消解所指的崇高性和严肃性。而在香港 Sunday 电讯企业形象电视广告《示威篇》中我们看到了更具颠覆性的削平与消解：一群示威者唱着雄壮的歌曲，举着标语牌，浩浩荡荡地走向与他们对峙的警察，相持数秒后，示威者竟拿出手机纷纷扔了出去。但我们不要以为这是一场争取自由平等的社会运动，也不要以为是工人抗议资本家的罢工行动，这些深层的社会意义统统被 Sunday 电讯"独立日"的浅层含义注销了。更离谱的是 Sunday 电讯在另外一个电视广告中，竟然用一个衣冠楚楚的中年男子在大街无人的时候痛快地放了一个屁来表现 Sunday 电讯出位的个性。该广告以平庸、粗俗和丑态消解了传统美学中崇高、典雅的价值意义，充分体现了后现代主义蔑视宏大意义的世俗化取向和打破一切准则的叛逆思维。在这里，后现代广告就像哈桑所描述的后现代艺术那样，"通俗与低级下流使艺术的边界成为无边的边界。高级文化与低级文化混为一谈"①。

四、小结

从以上分析我们确实可以看出港台电视广告叙事话语的后现代主义倾向，但是它能否成为主流叙事话语？能否与传统叙事话语彻底决裂？大陆在电视广告创作过程中能否以及如何借鉴港台的经验？这些均值得我们进行深入的研究和讨论，对此笔者想提出两点初步看法：

首先，港台电视广告中的后现代叙事话语无论是现在还是将来都难以成为主流叙事话语。这是因为叙事话语的演变受社会环境、传统文化和文本自身等各种因素的综合影响，那种认为后工业社会必然是后现代主义文化抢占话语霸权，因而必然导致电视广告中后现代叙事话语占主导地位的想法，是幼稚的直线思维方式，况且在香港和台湾目前尚没有全面进入后工业社会。更重要的是后现代叙事话语着眼于对现代及以往叙事话语的解构和反叛，其本意是倡导一种多元化的叙事话语，而不是让自己取代现代及以往叙事话语的霸权地位，占山为王。

其次，大陆电视广告虽然可以借鉴港台电视广告中的后现代叙事话语，但是我们必须清醒地看到大陆和港台的深层文化心理、社会环境和社会制度还存在着差异。在大陆传统文化的积淀较为深厚，具有后现代心态的消费者还相当少。所以，尽管大陆广告人都比较欣赏港台优秀的后现代主义广告，但如果真的把这类广告移植过来，消费者将难以产生共鸣。如香港生力清啤系列电视广告，就是用卡通人的恶作剧来消解现行的道德准则。其中一则广告表现的是卡通人在椅子下偷看女同事的裙底风光，另一则广告表现的是卡通人脱下裤子将尿射到挂在墙上的画布上，广告却美其名曰"行为艺术"。这里的广告显然没有去批判那些有悖道德准则的行为，而是以一种调侃和黑色幽默的方式进行叙事。该产品的目标消费者是青少年，在香港没有人批评这些广告模糊了道德的界限、误导青少年做坏事，因为人们已习惯了周星驰式的无厘头的搞笑。

---

① 转引自曾耀农. 中国近期电影后现代性批判［M］. 武汉：华中师范大学出版社，2004.

同属粤语区的广东人也可能会以宽容的心态对待这些调侃人性阴暗面的广告。但如果是在大陆其他省份播放，想必会招来众多非议。

后现代主义电视广告能够在港台立足并形成流行文化的一股旋风的深层原因在于，台湾、香港的文化语境和社会环境为此提供了适宜的"气象"条件。在台湾，"从60年代开始，台湾在衣食住行、娱乐出版、生命遗传工程等方面都出现了后工业社会信息膨胀和标新立异的新症候"①，20世纪80年代台湾"解禁"以后社会思潮更为庞杂，文化上呈现出传统文化、西方文化、日本文化和当地少数民族文化多元并存、杂乱无序的格局，加之后工业社会给人造成的迷惘、困惑的心态，后现代主义电视广告更能引发他们的共鸣。在香港，长期的殖民统治对传统文化造成了严重的压制，按市场逻辑运转的无深度的都市世俗文化大行其道，消费意识弥漫，精神价值流失，影像符号随意复制，文化领域的后现代倾向较为明显，所以后现代主义电视广告就不难为那些受西方文化浸染的消费者所接受。然而，在大陆却与港台有很大的差异，尽管传统文化曾受到"文革"的冲击，尽管西方文化（包括后现代文化）对意识形态造成一定的影响，但传统文化和现行的政治文化仍然处于主导地位和核心地位。因此，虽然大陆电视广告可以汲取港台电视广告那种追求新奇、不断求变的创新精神，可以借鉴港台电视广告的表现手法（甚至后现代叙事手法），但后现代主义电视广告在大陆却缺乏相应的文化语境、社会环境和消费形态，因而难成大器。

（原载于《暨南学报》（哲学社会科学版）2005年第5期）

---

① 王岳川. 后现代后殖民主义在中国［M］. 北京：首都师范大学出版社，2002.252.

被凝视的女权奇观

——后现代视野中的女权广告话语①

杨先顺　潘莹耀②

（暨南大学　新闻与传播学院　广东　广州　510632）

【摘　要】为了迎合女权主义，广告中出现了颠覆男权制传统的"女权"形象，并受到女性的欢迎。然而，在后现代主义消解、批判、否定、超越近现代传统的情境中，女权广告话语中性感、苗条、美丽的"女权"形象，只是后现代式的文本游戏，并不是女权主义的革命性胜利，反而以男性隐性话语的方式，将女性再次置于被凝视的客体地位。

【关键词】后现代主义　女权主义　消费社会　女权广告话语

20 世纪六七十年代，女权主义运动在西方兴起。广告由于长期展现了女性作为男性凝视的客体形象，强化了"男主外，女主内"的父权制观念，无视女性地位和观念的改变，成为女权主义者批判、声讨的对象。为了争取女性消费者，广告不得不向女权主义妥协，越来越多地出现"女权"形象。我们将呈现"女权"形象的广告运动及广告创意表现称为"女权广告话语"。值得深究的是，女权广告话语真的冲破了男权主宰的藩篱吗？女权广告话语中的女性是真正的女权主义者吗？

---

① 本文系广州市哲学社会科学规划项目"广告话语符号系统理论研究"成果之一，批准号：06 - YZ13 - 5 。

② 杨先顺，暨南大学新闻与传播学院教授、副院长；潘莹耀，暨南大学新闻与传播学院研究生。

一、广告与西方女权主义

在传统广告中，女性主要以这几种形象出现：料理家务、相夫教子的主妇，为了取悦男性而打扮自己的性感尤物，工作中担任秘书或需要男性帮助的"辅助性"职业女性。这些形象常常受到女权主义的指责。广告创作者不得不小心翼翼地对待女性形象，并开始迎合女权主义者的口味，创造出一些"女权"形象。

早在 1968 年，弗吉尼亚苗条香烟就在电视广告中展现了妇女地位的上升，以讨好女性消费者。广告的主要情节是："1910 年，Pamela Benjamin 在凉亭抽烟被撞见，受到了严厉的斥责，被罚没有晚饭吃；1915 年，Cynthia Robinson 在地下室抽烟被撞见，尽管她已经 34 岁了，但丈夫径直把她带回自己的房间；1920 年，女性赢得了她们的投票权。"[①] 该广告引起了强烈反响，尽管仍受质疑，但并不妨碍它受到广大女性的欢迎。弗吉尼亚苗条香烟由此打开了女性消费者市场。从此，挑战男权主导地位的广告逐渐流行。而当今的西方广告甚至走向另一个极端：玩弄男性、把男性当作嘲弄对象已然成为表现"女权"的一种方式。法国女装品牌 Kookai 以"女人是世界的主角，男人尽在我掌握"为广告理念，完全颠覆了男权价值观，其推出的电视广告《马桶篇》还曾获奖。在广告中，三个小矮人大小的男性在水中挣扎，浮上水面后发现自己身处一个年轻女子寓所的马桶中，面对男子求救的神情，女子不以为然地按下马桶的抽水开关并转身离开。男性在这里成了落难者，女性可以选择不去拯救他们，"女权"色彩颇为强烈。创立于 1983 年的 Kookai 发展至今，不仅增加了香水作为产品，其销售网络也遍布全球。可见，Kookai 的品牌理念是受女性消费者欢迎的。

李斌玉认为："广告业和女权运动之间的互动与博弈主要经历了被动接受、主动迎合和参与合作三个阶段。"[②] 可以说，广告为了商业利

---

① 李斌玉. 论广告业与女权主义运动的关系 [J]. 山西经济管理干部学院学报，2007 (6)：96～97.

② 李斌玉. 论广告业与女权主义运动的关系 [J]. 山西经济管理干部学院学报，2007 (6)：96.

益，是愿意做任何事情去讨好女性消费者的，然而，这些广告话语中的"女权"形象，是否真正改变了女性作为男性欲望、凝视客体的地位呢？

二、"女权"的诱惑——后现代与消费主义交合的话语策略

（一）后现代主义与女权主义之交集

20世纪50年代末60年代初，后现代文化思潮在西方兴起，西方几乎所有的文化领域都受到后现代主义的冲击。后现代主义具有反对同一性、去中心性和拒绝终极价值观的特点，具有消解、批判、否定、超越近现代传统的倾向。王岳川先生指出："后现代不重过去（历史），也不重未来（理想），而重视现实本身。这一特点，使后现代主义背叛了现代主义对超越性、永恒性和深度性的追求，而使自己在支离破碎的语义玩弄中，仅得到一连串的暂时性的空洞能指。"①

女权主义反男性中心的核心理念本身就是对传统及现代思想的反叛。20世纪六七十年代，西方第二浪潮女权主义兴起，通过大规模的妇女运动，西方妇女在公、私领域的地位得到了极大提高。同时，第二浪潮女权主义又受到来自西方国家处于边缘地位的妇女群体的批判，如少数种族妇女和劳动妇女。她们认为，第二浪潮女权主义仍在用一种"元话语"述说妇女的解放，其主要为白人中产阶级妇女服务，并未看到各妇女群体的差异，种族歧视和压迫使得处于边缘地位的妇女群体并没有得到重视。② 女权主义者由此开始反思，寻找新途径发展女权主义。后现代主义与女权主义在本质上有着较高的一致性，如颠覆传统思想、反对二分法思维模式、反对本质主义和普遍主义、强调差异性、多样性等。因此，女权主义批判地吸收后现代主义，形成了后现代女权主义。后现代女权主义否定宏大叙事，同时强调差异，认为差异是文化

① 王岳川. 后现代主义文化研究［M］. 北京：北京大学出版社，1992. 15.
② 苏红军，柏棣主编. 西方后学语境中的女权主义［M］. 桂林：广西师范大学出版社，2006. 241～243.

的、非生理的。对福柯"话语即权力"理论的吸收，是后现代女权主义的一个重要特点，后现代女权主义由此提出发明女性话语的任务。①

后现代主义与女权主义一起，对有关女性的各个领域产生了不可忽视的影响。广告创意通常来自并体现大众文化，后现代主义与女权主义自然也渗透到广告中并折射出来。

（二）被凝视的"女权"形象

在福柯那里，"凝视"是社会对个人进行管制的方式："用不着武器，用不着肉体的暴力和物质上的禁制，只需要一个凝视，一个监督的凝视，每个人就会在这凝视下变得卑微，就会使他成为自身的监督者。"他指出：社会通过纪律管束人的身体，通过话语定义何为正常、何为反常，通过标准化或正常化过程要求人们遵守规范，自己制造出自己驯服的身体。② 借鉴福柯的思想，后现代女权主义认为，使女性处于被凝视的从属地位的，就是无处不在的男权中心文化。男权的凝视，使女性自觉将自己规训于男权的规范下。这是一种非暴力、非物质的规训方式，即使女性已在政治、经济地位上取得独立，也难以逃脱深深根植在社会文化生活中的男权阴影。

同样以 Kookai 为例，其"你不过是我的玩物"系列广告中，女性均以大比例占据画面的主要部分，男性则变成了小矮人般的玩物。如一幅平面广告中，一个化着浓妆的年轻女子站在自动售货机前，自动售货机里的"商品"是一个个玩具大小、不同外形风格的男人；女子穿着半透明的衬衫，衣领开至胸部下面，露出红色的内衣，她正在思索，要买哪一个男人。广告仿佛在说，女性拥有了更多独立自主的权利，可以自主选择衣服和男人。但这些广告里的女性均是性感苗条的形象，与小矮人身材的男性对比，女性的身体反而成了特写。表面上男性被奴役和玩弄，实际上女性的身体被放大而置于男性凝视的目光中。裸露的身

---

① 张广利，杨明光 . 后现代女权理论与女性发展 [M]. 天津：天津人民出版社，2006. 58～75.

② 张广利，杨明光 . 后现代女权理论与女性发展 [M]. 天津：天津人民出版社，2006. 63.

体、性感的身材、诱人的容貌，仿佛变成一种有力的工具，让好胜、敢说敢做的女人征服男人，获得"权力"。但是，这不过是消费文化的创造。它表达的是：在女性获得政治、经济上的解放后，哪怕是自愿成为性客体，也不用担心失去权力，而消费能使她们获得性感——这是女性的有力武器。① 这一类"女权主义"恰恰是被女权主义所批判的。

消费社会确实生产了更多商品供女性选择，许多女性有独立的经济能力，可以根据自己的喜好进行消费也是不争的事实，并在某种程度上改变了女性不能展露自己的落后观念，然而这逃不出福柯的"环形监狱"式的监视系统。在大多数情况下，女性在消费的同时也在用男性的标准消费着自己。诚如鲍德里亚所说，一切在名义上被解放的东西——性自由、色情、游戏等——都是建立在"监护"价值体系之上的，消费所提供的自恋式的"解放神话"，抹杀了真正的解放。② 在消费主义竭尽全力开发女性身体的每一寸肌肤时，女权主义在此成为消费主义的一个市场，流行文化收编了女权形象，将其置于被凝视的状态下，使其变成一道奇观。

（三）"女权"外衣下的后现代式戏谑

戏谑、反讽的话语方式，是后现代主义颠覆传统的常用方式之一，并为女权广告所用。对父权制而言，女性身体是男性欲望的客体，被父权制控制的女性，会为满足男性欲望而主动规训自己的身体。在后现代主义那里，女权主义反抗性别规训，成了一种戏谑、反讽。台湾"每朝健康"绿茶饮料电视广告《女杀手篇》是一个很好的例子：一年轻女子与男友分手42天后，穿着黑色风衣去到他家门前，男友不耐烦地看着她，她突然打开风衣，露出仅仅穿着比基尼泳装的身体，火辣的身材令男友猛流鼻血；在男友为分手后悔时，女子任由他倒在地上痛苦地捶胸顿足，自己却自信地微笑着离开，拿出"每朝健康"绿茶饮料喝了

---

① 苏红军，柏棣主编. 西方后学语境中的女权主义［M］. 桂林：广西师范大学出版社2006. 234～236.

② ［法］让·鲍德里亚. 消费社会［M］. 刘成富，全志钢译. 南京：南京大学出版社，2008. 130～131.

起来，字幕上出现"鸣谢体脂肪杀手每朝健康绿茶，一天一瓶，连续六周，享受你要的好看"。该广告对身体的性别规训功能进行了游戏式的颠覆：女性利用完美的身材去刺激男性，原因是之前不完美的身材被男性摒弃，而在新的完美身材勾起男性的欲望时，她并不满足于此，而是转身离开，不让男性从自己身上得到满足，以此报复男性。

后现代女权主义者露丝·伊丽格瑞曾提出，在努力成为自己的过程中，女性可以把男人强加于女人的滑稽剧再用滑稽模仿的形式表达出来，夸张强调这些形象以达到拆解阳具中心话语的效果。然而她也承认，模仿（mimicking）并非没有危险，模仿父权制给女性的定义以便颠覆它与仅仅是满足于这一定义，二者的区别是不清楚的。在试图夸张地模仿父权制定义时，女性也许反被其支配。[①] 从文本来看，"每朝健康"广告中的女子是在颠覆父权制，而当把整个广告的理念放到消费文化中去观照时，它无疑是在劝诱女性：你想拥有让男人欲罢不能的完美身材吗？那么喝"每朝健康"绿茶吧。广告中女子主动向男子展现身材，反而是女性主动将自己向男性做了放大的展示，男权制对女性身体的规训，在看似颠覆的反讽中反被强调了。

再看意大利品牌 Candy 洗衣机在中国大陆用西方模特儿做的电视广告《男人被扔进洗衣机篇》：下班归来的女人看到男人在家把衣物满地乱扔，顿时火冒三丈，男人马上手忙脚乱（旁白：不仅仅是意大利的男人才会这样）；女人看到 Candy 洗衣机，一把将男人揪住，连同衣物一起扔进洗衣机（旁白：也不仅仅是意大利的女人才可以这样）；按下清洗按钮，女人舒心地笑了；结尾为一个女人在 Candy 标识下享受地张开双臂。女人洗衣服是父权制"男主外，女主内"的教条的产物，中国没有发生过女权主义运动，而中国革命用一种宏大叙事的方式在某些程度上解放了中国女性，使她们的政治、经济地位与男性同等，但父权制在文化生活中仍然有着深刻的烙印，这也许是 Candy 用西方模特儿表现来自西方的品牌与女权主义观念的原因。中国女人也可以像意大利女人

---

① ［美］罗斯玛丽·帕特南·童. 女性主义思潮导论［M］. 艾晓明译. 武汉：华中师范大学出版社，2002. 298～299.

一样，把男人扔进洗衣机，惩罚不帮忙做家务的男人以示反抗，那为什么还要向女人兜售做家务用的洗衣机呢？将男人扔进洗衣机，不过是对他们想象性的惩罚，借着这种想象，女人得以从家务带来的劳烦中感到暂时的放松，所以——女人，还是买洗衣机吧，它能让你洗衣更轻松。

当然，不能否认这些女权广告在某种程度上能冲击传统的性别刻板形象，为新的性别陈述带来可能。然而，把这种广告当成是女权的体现，是不现实的。它既是广告劝服的一种话语策略，也是男权中心文化的隐性话语。

（四）男权隐性话语的诱惑辩证法

鲍德里亚晚期在《论诱惑》一书中论述了后现代的消费社会中诱惑与权力的关系。"权力诱惑人"，但这并不是说权力的显赫地位吸引人，而是说权力恰恰是通过一种可逆性的挑战（如游行示威会对资本主义统治形成挑战，但它是收编在资本主义统治体系之内的被控制的挑战方式）来构成诱惑。"只有当权力重新变成一种针对自己的挑战时，它才具有诱惑力。"张一兵先生对此解释道，"诱惑总是面向可怜的欲望伪主体的，诱惑即是对欲望成因的发现。"[①] 女权广告体现的正是这种诱惑辩证法。男权制表面上展现女权广告对自己的"困扰"，实则是为自己的权力正名。"征服男人"的"女权"形象吸引着女性，女性消费"女权"，貌似获得了话语权，可对男性评头论足。然而，这样的女权主义者形象"永远不是也绝对不是文本的最终意义，这只是某些瞬间的碎片化的面孔，而根源仍然是消费文化逻辑的推动而非女性主义本身的发言"[②]。女权广告中被嘲弄的男性，是为了证明女性魅力强大，但女性是否有魅力，还是得靠男性去判断。不仅女性消费了这些"女权"形象，处于强势地位的男性也将其消费了——性感、具有致命诱惑力的女性形象，不正是男性欲罢不能的"潘多拉"式美女吗？真正占主导

---

① 张一兵．诱惑：表面深渊中的后现代意识形态布展——鲍德里亚《论诱惑》的构境论解读［J］．南京大学学报（哲学·人文科学·社会科学版），2010（1）：5～18.
② 吴菁．消费文化时代的性别想象——当代中国影视流行剧中的女性呈现模式［M］．上海：上海人民出版社，2008.154.

地位的其实是用"隐性话语"言说的男权文化，因为它们已经被人们当作自然而然的东西，在悄然不觉的情况下接受了它①——女性不过是可怜的欲望伪主体。

女权广告的创意虽有颠覆性、创新性，但它的平面化、无深度化，使得它"代替"女性所作的反抗沦为无力的、局限于文本的权力符号游戏，绝不会是改变女性从属地位的动力；相反，还有可能通过这种娱乐化方式，消解了女权的革命性目标。对此，詹姆逊早有论述："如果真正有改变世界的欲望，那么必须进行革命，而广告最终导致的只是商业性目的。真正的革命不能在'想象界'里进行，广告正是把那些最深层的欲望通过形象引入到消费中去。"②

如同后现代主义本身不可能在消解旧有权力的同时建立新权力中心的悖论一样，后现代女权主义若是只通过"解构"的形式去"建构"女性话语，是不明智的。后现代女权主义受到的批评之一，就是被指责"逃离了真正的革命斗争，从游行、运动、联合抵制以及抗议活动中抽身而退，在精神花园里享受思维的乐趣"③。女权广告话语迎合女权主义，提供的也只是一种思维游戏的乐趣，如果要真正为女性争取政治权利、话语权，女权广告话语尚不值得女权主义者兴高采烈地张开双臂去欢迎与接受。

三、理想的广告女性形象

（一）"真实女性美"的广告困境

广告中的女性形象之所以大多都是美丽、苗条、年轻的，是因为20～40岁的女性是最重要的消费者群体，年轻、美丽则是人们孜孜追

---

　①　吴菁. 消费文化时代的性别想象——当代中国影视流行剧中的女性呈现模式［M］. 上海：上海人民出版社，2008.154.

　②　［美］詹姆逊. 后现代主义与文化理论［M］. 唐小兵译. 北京：北京大学出版社，2005.223.

　③　［美］罗斯玛丽·帕特南·童. 女性主义思潮导论［M］. 艾晓明译. 武汉：华中师范大学出版社，2002.302.

求的理想。"美丽女性"的理想，与男权文化早已形成不可分离的关系，女性要挣脱几千年来根深蒂固的男性眼光对自己身体的打量，可以说是比争取女性政治权利更为艰难的事情。而在复制技术发达的消费社会，理想标准的产生更不可能由大众自己决定。在巴特的流行体系中，处于这一体系最顶端的是"流行神话"，消费者是最底层。电视、报纸、杂志和网络等大众传媒，是制造"流行神话"的始作俑者。身体是被商家开发得最彻底的市场之一，而身体标准既会随潮流改变，又不可能让每个消费者达到标准。媒体所展现的理想身体对每个人来说几乎都是可望而不可即的，而媒体，尤其是其中的广告，还要喋喋不休地重复理想身体的标准，依然是为了将人们对身体的管理变成商业消费。"这样，标准已经变成了纯粹的想象，但是并没有因其只是想象而丧失其规范功能"①，媒体的作用反而使得理想身体的规训比以往任何一个时代都要强烈。

　　从1995年开始，美国的妇女国家组织（NOW）在妇女中发起了"爱你的身体"运动，号召女性接纳自我形象，抵制出现消极女性形象的广告。这个运动认为，电影、时尚、化妆品和减肥行业都在努力让女性相信自己的身体是令人不满意的，需要持续不断地改进。广告把女性缩减为身体部位——嘴唇、大腿、胸脯，而这些部位又经过涂涂抹抹和修改来达到根本不可能达到的标准。② 这是美国女性对那些生产所谓"理想身体"的广告的公然抵制。某些商家对此作出了积极回应，如化妆品品牌多芬。2005年，多芬开展了"真实之美"广告运动，对全球3 200位女性进行调查，多数女性认为自己长相"平平"或"普通"，只有2%的女性认为自己是"美丽"的。为了重新帮助广大女性提升自尊，多芬挑战令众多女性自卑的传统"美丽"标准，采用97岁的英国老妇人艾琳·辛克莱和其他几位普通女性作为多芬的广告模特，并让消费者到多芬的网站上投票评论这些模特的照片是"皱纹太多"还是

---

　　① ［挪］拉斯·史文德森. 时尚的哲学 ［M］. 李漫译. 北京：北京大学出版社，2010. 82.

　　② 李斌玉. 论广告业与女权主义运动的关系 ［J］. 山西经济管理干部学院学报，2007（6）：98.

"美丽极了"等。① 多芬这一系列广告获得了突破性的成功，尽管仍被指责有制造噱头的嫌疑、依然以性为卖点等，但采用普通人当模特，宣扬"真实之美"，是值得肯定的。

化妆品品牌 Olay 2008 年在中国所做的"中国式之美"系列电视广告，也对女性真实的美有所表达。广告旨在发现女性多样化的中国式美丽，并将中国女性美定义为"包括传统女性美，以及现代新社会所赋予女性的一些新的特质，不仅仅局限于外表的美丽，还有年轻的心态，积极向上的精神面貌，乐观、正面的人生态度"，告诉女性："你美，而不自知。"其中《水篇》讲述的是，一个女孩在终点等待参加摩托车比赛的男友到来，男友到达后，她将一瓶水倒在男友头上为他洗去疲惫，然后在回去的路上由她驾车，男孩坐在女孩的身后，一脸幸福，字幕是"水般温柔，水般刚强"。女性在这里展现的是一种不需男性来保护，反而能给男性带来依靠的既温柔又坚强的形象。Olay 这一系列广告虽然喊出了女性的精神之美，但还是无法逃出追求外表美的窠臼，如由其代言人、名模林志玲演绎的《瓷娃娃篇》，不仅大现林志玲的身材，更强调"洁净无瑕"的皮肤是"瓷娃娃"的必需要素。另一则"Olay 与中国四亿女性的恋爱"的广告中，Olay 又声称"美，从肌肤开始"。

Olay 的自相矛盾道出了消费社会的事实：作为供女性用来涂抹在身体上以求外表更美的化妆品，不可能告诉女性不靠化妆品来改造的美，是真实的美。因此，只能靠更加强调"精神美"来呈现女性的真实。即使是多芬，也不可能违背自己向女性推销美容产品的最终目的。而如何既不把女性美当作男性凝视的对象来呈现，又让女性愿意购买美容产品，成了一种话语策略，这是消费社会逻辑无法跳出的一个怪圈，也使得许多声称展现女性真实之美的广告难以走出玩弄文本符号的状态。毕竟，对于追逐商业利益的广告而言，起用长相平平的普通人当模特儿，不可能是一种"没有私心"的行为，也不可能是长久之计。当然，我们不能苛求只有非外表的美才是真实的美，也不能认为外表美是应被扬

---

① 李斌玉. 论广告业与女权主义运动的关系［J］. 山西经济管理干部学院学报，2007 (6)：98~99.

弃的，否则会走向另一种极端。笔者要表明的是，对女性美的追求以及如何宣扬女性的真实之美，在后现代的复杂语境中，也变得复杂、含混起来。

（二）女性的理想广告女性形象

曾有美国研究者做过调查，他们把所有妇女归为三种类型：传统女性形象（依靠丈夫生活的家庭主妇），超级女性形象（有能力独自承担工作和家务），平等女性形象（在外工作并与她工作着的丈夫共同分担家务）。调查显示，女性消费者更加认同使用平等妇女形象的广告，并对其产品产生比另两种形象更大的购买兴趣。[①] 另外也有调查显示，70% 的妇女希望丈夫与自己共同承担家务，而不愿做包揽一切的女强人。[②] 显然，当今的女性并没有以打倒男性、成为超级"女强人"为目标。女权主义发展至今，认为女性应像男性统治女性一样去统治男性，并从男性手中夺走权力的观点是不切实际的。"理想的后现代女权主义提出一种新的以性别差异为基础的男女平等观来取代传统的、抽象的男女平等观。它认为，男性和女性的关系不是对立的，而是具有内在联系的、相辅相成的和相互依存的伙伴关系。"[③] 大部分女性更喜欢"平等女性形象"，说明男女伙伴关系确实是值得追求的、富有建设性的关系模式。不再把男人都看作压迫女人的敌人，这也是女权主义从后现代主义汲取的合理思想。

四、结语

从以上分析可见，女权广告话语虽然是广告主动迎合女权主义的行为，受到女性一定程度的欢迎，但其中的"女权"形象并非女性最理想的广告形象；而展现女性真实美的广告话语，也尚未发展成熟。这些广告中的女性形象在一定程度上颠覆了传统的女性形象塑造方式，但只

---

① 邬盛根. 西方女权主义运动与广告［J］. 现代广告，2001（5）：97.
② 邬盛根. 西方女权主义运动与广告［J］. 现代广告，2001（5）：97.
③ 张广放，杨明光. 后现代女权理论与女性发展［M］. 天津：天津人民出版社，2006. 101~102.

是后现代文本中的嬉戏，并无实在的革命意义，女性被凝视的他者地位并没有被改变。后现代式的嬉戏与广告消费文化、女权主义夹杂在一起，使广告话语变得十分暧昧不清，女权主义试图建构女性话语的境况也变得极为复杂。

文中提到的女权广告案例和倡导女性"真实美"的广告案例，目前都还是碎片化的嬉戏式存在。如果要说它们的可取之处，那就是毕竟它们开始为"消解"主流男性话语迈出了一步，为多元化的言说提供了生长的可能性。而对女权主义来说，更重要的在于，如何在这种"消解"的情况下，去建构女性的言说。广告话语无法脱离其强烈商业性和功利性的劝服逻辑，它与女权主义的结合如何能变得更理性、更富有建设性，则是值得学界深入探讨的课题，也是需要业界勇于承担的使命。

（原载于《现代传播》2012 年第 2 期）

广告作品结构论

星 亮 王天权

（暨南大学 新闻与传播学院 广东 广州 510632）

【摘 要】广告作品是广告活动的核心要素之一。本文就广告作品结构的概念和研究意义提出了一些看法，并通过对广告作品内在结构状态的分析，提出了广告作品是一种由多层次结构构成的符号集合体的观点，认为广告作品是一种由物质（理）、语言和意义三个层次构成的符号集合体，是物质（理）、语言和意义组成的信息系统。

【关键词】广告作品 广告作品结构 符号集合体

广告作品是广告活动的核心要素之一。广告作品在广告活动中的重要性，主要体现在两个方面：首先，广告作品是检验广告创作者专业能力和专业水平的试金石。任何广告活动，无论其操作过程是简还是繁，也无论参与活动的队伍规模是大还是小，无论是投入巨资的所谓"大制作"，还是个体单干的"小动作"，广告活动的最终成果总是要归结到广告作品之中，要由广告作品来最后实现的。其次，广告作品是影响广告效果的决定性因素。一次广告活动，无论其计划如何周密，也无论其策略如何巧妙，最终影响受众接收行为并决定广告效果好坏、大小的，除媒介的选择因素外，主要就是广告作品本身。由于广告作品在广告活动中有如此重要的地位，所以，对广告作品的深入研究，就成为广告学研究的重要组成部分。但目前国内广告学界对广告作品的研究，主要集中在各类作品如平面类广告作品、影视类广告作品方面，而对整体意义上的广告作品共性问题，则较少关注。本文试图就广告作品的若干共性问题，通过对广告作品基本概念及其结构的研究，来揭示广告作品的深层结构状态，并希望借此抛砖引玉，引起广告学界对广告作品研究的关注。文中认识有浅陋谬误之处，祈望学界贤达指正。

一、如何界定广告作品

由于国内目前的广告学研究中，对广告作品尚无明确的概念界定，所以，为了下文叙述的方便，这里首先对广告作品的概念作一界定。众所周知，在汉语中，人们所使用的"广告"一词，包含两层意思：其一，是指广告活动；其二，则是指广告作品。人们通常所说的"广告"一词，其实主要就是指广告作品，如报纸和杂志上刊登的平面广告，电视播放的电视广告，以及户外竖立的路牌广告等。那么，什么是广告作品呢？我们认为，对广告作品的概念，应从作品本体出发，由反映其根本特质的角度作出界定。由此，我们从符号学的角度，将广告作品的定义表述为：在广告活动中，由人工创制的、用以表达（现）广告主意图并试图影响广告受众的符号集合体或符号系统。之所以这样表述，主要是基于以下几个方面的认识：

首先，应当看到，就广告作品的表现形式而言，不论是影视广告作品，还是平面广告作品，它们都是某种形式的符号集合体。换言之，在大多数情况下，广告作品总是以一定的符号集合体的形态存在的。当然，作为符号集合体的广告作品，并不是符号的随意堆砌，而是按照一定的符号集合规则组织而成的，并由此成为一种符号系统，因为"艺术越来越经常地被看作为特殊的符号系统……"[1] 其次，就广告作品的产生过程而言，它们都"是人创造的产品"[2]。人创性，是广告作品的一个基本特性。所有的广告作品，都是由人创作而产生的，没有人的主体创作，就没有广告作品的存在。再次，就广告作品的存在价值和实质而言，与一般艺术作品、科技作品、新闻作品相比，广告作品的目的和价

---

① ［苏］莫·卡冈. 艺术形态学［M］. 凌继尧，金亚娜译. 北京：生活·读书·新知三联书店，1986.

② 林兴宅. 艺术是结构性存在［J］. 文艺研究，1994（6）.

值，在于表达和表现广告主的意图，而广告主的意图，无论是明确的显性的意图，还是模糊的隐性的意图，最终都是为了影响广告受众及其消费观念、消费心理和消费行为，并由此促进产品销售和企业发展。

二、用结构的观点研究广告作品

在广告活动中，广告作品是一种非常复杂的要素，其复杂性主要表现在：作为符号集合体的广告作品，在符号类型、作品样式和作品品种等方面，几乎涉及人类所有类型和层次的符号形式。甚至可以说，人类有什么样的符号形式，就有什么样的广告作品，而且这些不同符号形式的广告作品之间的差别之大，从表面看来，几无可以探讨的共性。如在电视广告和口头叫卖之间，在广播广告和路牌之间，就几乎看不到有什么形式上的联系。但是，为什么人们还是以"广告作品"这一概念，将差异如此之大的不同符号集合体联系到一起呢？不单如此，对绝大多数普通人来说，人们不仅可以将这些不同类型的符号集合体以"广告"的名义联系在一起，还可以轻易地将表面看来没有什么差别的"新闻广告"和新闻区别开来；即便是学话不久的小孩，也似乎能区别"广告"与"小品"的不同。这一切都充分说明，在充满形式差别的各种广告作品中，存在着某种反映共同特征的内在联系；而在具有共同表现形式的同一种符号集合体中，则存在着反映不同本质特征的内在区别。那么，人们应当如何认识不同类型的广告作品之间的内在联系，又该如何认识广告作品与艺术作品、新闻作品之间的差别呢？这一问题，曾引起了苏联著名文艺理论家莫·卡冈的极大兴趣。莫·卡冈从艺术形态学角度研究艺术门类的划分时，起初试图将广告归于某一艺术门类之下进行研究，但最终因认识到广告作品的复杂性，他认为无法将广告归于某艺术门类之下，而应作为一个独立的对象，进行专门的研究。他认为："不应把广告看作艺术的一种独立样式，而应视为不同样式的聚集物。"① 我们认为，对莫·卡冈的这一观点，可以从结构研究的角度来

---

① ［苏］莫·卡冈. 艺术形态学［M］. 凌继尧，金亚娜译. 北京：生活·读书·新知三联书店，1986.

认识：即不同类型的广告作品之间存在着一致的内在结构，正是这种一致的内在结构，将不同样式的广告作品聚集在一起。基于这种认识，我们认为，从广告作品的结构分析入手，是深入研究广告作品内在特质的一个有效方法。因为，"'结构'是任何系统对象的基本特征，是某种处于变动中的不变关系的组织性质，是对象系统性的一个表现。凡是揭示了系统的结构，也就认识了这个系统性的对象"①。或者说，"把艺术看成结构性存在，这是理解艺术存在本质的关键"②。正因为结构在艺术作品（包括广告作品）中有着如此重要的意义，本文才作出用结构的观点来研究广告作品的选择。

三、广告作品的一般结构

按照文艺理论的研究经验，对于艺术作品的结构研究，可以从多层次、多角度进行，正如我国著名学者孙绍振所指出的那样，"结构是一个多层次的无限可分的范畴。对于艺术感受系统来说，……整个结构由多种不同的艺术形式组成。一切结构都有多层次、多方位的动态特性……"③而且，不同的研究人员对艺术的结构有着不同的划分。如我国知名文艺理论研究员杨春时就将艺术文本划分为四个层面：第一个层面是物质层，第二个层面是现实意义层，第三个层面是艺术含义层，第四个层面是美学意义层。④ 上述这些观点，对于研究广告作品的结构有一定的参考价值和借鉴意义。换言之，可以认为，对于广告作品结构的研究，既可以从某一具体作品的层次进行，也可以从某种作品的类型（如影视广告）层次进行，还可以把整个广告作品作为研究对象，对其结构上的共同特点进行研究。而本文所要研究的广告作品的一般结构，就是指不同类型的广告作品的共同结构。那么，广告作品的一般结构，究竟该如何划分呢？我们认为，对广告作品的一般结构，可以从以下三个层次进行划分：第一层是广告作品的物质（理）层，第二层是语言

---

① 鲍昌. 文学艺术新术语词典［M］. 天津：百花文艺出版社，1987.
② 林兴宅. 艺术是结构性存在［J］. 文艺研究，1994（6）.
③ 孙绍振. 美的结构［M］. 北京：人民文学出版社，1988.
④ 杨春时. 艺术符号与解释［M］. 北京：人民文学出版社，1989.

层，第三层是广告作品的意义层。

1. 物质（理）层

在文艺理论家们看来，物质是构成艺术的基础。"艺术作品首先作为某种物质结构……被创作出来，存在并出现在知觉面前。……因此，艺术作品的物质结构方面是它的本体论状态，是它的现实存在的主要基础和条件，同时它是它的直接的感性可感的面貌。"① 也有人认为，"艺术作品的物质实在既是媒介手段，又是本体存在，是媒介与本体的直接同一。……艺术品的物质实在是艺术本体的一个构成层次"②。就作品的物质性而言，广告作品与一般艺术作品并无本质上的不同，因此可以明确的是，广告作品的物质（理）性是构成广告作品的基础。任何一种广告作品，都必须是具有一定形态的、能为广告受众感知的物质实体或物理能。对广告作品的物质（理）层面，有两种不同的理解：一是指作品的载体即媒介的物质（理）属性，这也是一般人们所理解的作品的物质（理）属性；二是指作品符号的物质（理）属性，这主要是一般符号学家、结构主义者和某些文艺理论家所理解的作品符号的物质（理）属性。如莫·卡冈就认为，"艺术中的物质结构……主要作为某种艺术信息的载体'工作'，它不仅荷载这种信息，而且要把这种信息从艺术家传输给观众，……因此，外在形式仿佛是一种'两面人'……一方面，它是物质结构，另一方面，它是形象文本"③。这里所说的物质（理）层，主要是从前一种角度的理解。人类用以传达信息的符号，都具有一定的存在形态，有些符号的形态是具体的物质实体；而有些符号的形态，则只是某种物理能，如听觉类符号，就是声音这种物理能。人们接触广告作品，首先就是其物质（理）实在性；人对作品的感受，也首先是对符号的物质（理）感受，然后才是对其意义等的接受。

2. 语言结构层

这里所说的语言，是指广义上的语言，如人们常说的影视语言、文

---

① ［苏］莫·卡冈. 艺术形态学［M］. 凌继尧，金亚娜译. 北京：生活·读书·新知三联书店，1986.

② 林兴宅. 艺术是结构性存在［J］. 文艺研究，1994（6）.

③ ［苏］莫·卡冈. 艺术形态学［M］. 凌继尧，金亚娜译，北京：生活·读书·新知三联书店，1986.

学语言、视觉传达语言等，因为"一门艺术，也是一种语言"①。那么，什么是语言？索绪尔认为，"语言是一种表达观念的符号系统"②，而每一种符号体系，都有其独特的基本符号和符号结构规则。人们从语言的广义意义来理解，将基本符号视作语言要素，将符号结构规则视为语法规则，而每一件作品，就是将这些语言要素按特定的语法规则组织而成的符号系统。如文学作品中的小说和散文就是由词构成句，由句组成段，再由段组成文章这样一种符号系统；而电影作品中的故事片则是由画面构成场面，由场面组成大组合段，再由大组合段组成作品这样一种符号系统。在这里，语言已脱离了具体物质（理）形态的限制而成为一个独立的层次。对广告作品而言，每一种类的广告作品，都是由一定形式的语言要素、按照一定的语法规则构成的符号系统。广告作品的语言结构层，又具体包括以下三个层次的具体语言结构：

（1）媒介语言层。

广告作品的传播，离不开媒介的承载和传播，而每一种传播媒介，都有其专门的传达信息的"语言"形式。如视觉类媒介所使用的语言，就是"视觉传达语言"；而听觉类媒介所使用的语言，被称为"听觉语言"；对影视媒介而言，则有"影视语言"。每一种媒介语言，都有其基本的语言要素及专门的语法规则。各种媒介语言的基本语言要素，也即媒介所能承载和传播的符号形式，是由媒介的物理性质规定的；而其语法规则，即基本符号的结构规则，从一定角度来理解，也和媒介的物理属性有关。如报纸的物理性质，就决定了这种媒介只能以文字和图形作为其基本符号形式；而广播的物理性质，也决定了这种媒介所使用的符号，只能是听觉符号。传播媒介的这种规定符号的特性，一方面决定了一件具体的广告作品的符号体系类型；另一方面又决定了在符号的具体运用上，又因其媒介特征的不同，而有不同的具体要求。如报纸广告作品，就只能以文字符号和图形符号作为基本语言要素，这是对基本符号的规定；但同样是以文字符号和图形符号为基本符号的作品，如报纸

---

① ［法］马赛尔·马尔丹. 电影语言［M］. 何振淦译. 北京：中国电影出版社，1980.
② ［瑞士］费尔迪南·德·索绪尔. 普通语言学教程［M］. 高名凯译. 北京：商务印书馆，1980.

广告作品和招贴广告作品，各自对其所使用的文字的数量，字体大小，对图形的色彩、精度，以及对文字和图形的关系结构等方面的具体要求，就极为不同，这也可以理解为对符号结构规则的独特要求。简而言之，每一种媒介，都有其相对独立的媒介语言系统。

（2）广告语言层。

对所有类型的广告作品而言，无论其所使用的基本符号的差异是多么大，都有一个将它们统一起来的共同的语言基础，这就是所谓的"广告语言系统"。广告语言系统，是构成广告作品的专门语法规则，也是区别广告作品和艺术作品、新闻作品的基础，是反映广告作品本质特征的深层结构。它存在于各种类型的广告作品之中，而且不受媒介语言的影响，为各种类型的广告作品所共有。正是在广告语言系统的基础上，广告作品才被称为"广告"。广告语言系统层，又具体包括以下三种不同的语汇类型：

①识别性语汇。识别性语汇是广告语言系统中最根本、最本源的部分，是构成广告作品最本质的成分，是人们识别和确认广告主（或其产品、服务）的唯一根据。广告作品中的识别性语汇，就是用以标明和识别广告主或其产品、服务的符号的，如企业名称的全称或简称，企业标志、产品或服务的商标、吉祥物等。

②允诺性语汇。允诺性语汇是广告作品中就广告主的形象、产品和服务的质量、价格、交易条件等方面对消费者所作的承诺。这种承诺既可以是直接显性的，如在作品中直接用文字或语言（狭义的）作出的明确承诺表达；也可能是直接隐性的，如通过图形或画面的形式来展示或展现其承诺；还可能是间接隐性的，如在中央电视台特 A 段发布的标版广告作品，虽然仅以识别性语汇作为唯一内容，却容易给人以"企业有实力"的印象，可以认为是一种间接的隐性允诺。

③劝说性语汇。劝说性语汇是对广告受众所作的劝说性的表现或表达。这种劝说，和允诺性语汇一样，既可以是显性的，也可以是直接隐性的，还可以是间接隐性的。在广告作品的创作中，识别性语汇是不可缺少的基本结构内容，而且是必须明确表达的部分，对允诺性语汇和劝说性语汇而言，是否需要明确表达（现），则可以视具体策略和条件来

决定。但即使广告作品中没有明确的允诺性语汇和劝说性语汇，广告创作者一般也会有意识地采取适当的隐性表达（现）方式。

（3）艺术表达（现）语言层。

对绝大多数广告作品来说，其表达或表现的形式，往往具有一定的艺术性，或者说，任何类型的广告作品，都或多或少地采用了一定的艺术形式来予以表达或表现。所以，广告作品的语言结构中，还包括一定的艺术语言的成分。而在现代广告作品中，艺术语言更是作为广告作品必要的表达、表现手段，成为广告作品语言结构中不可或缺的部分。即便是在只有一个字构成的纯文字作品中，这个字的大小、字体等，也得讲究书法艺术，符合视觉设计语言的美学要求和功能需要。而较复杂的广告作品形式，如30秒长度的电视广告作品，则更强调对影视艺术语言的合理运用。

3. 意义层

"意义是符号使用者和解释者之间据以对符号的指涉进行编码和解释的一种既定的秩序。"[①] 文艺作品的意义，在其受众看来，往往会脱离作者的规定，而产生新的解释。如，一部《红楼梦》，在曹雪芹写来是一种意思，在20世纪30年代的人读来是一种意思，而在今天的人们看来又是另一种意思；即便是在同一时期，读者甲关心的是贾府由盛而衰的社会背景，读者乙感叹的是黛玉和宝玉的爱情悲剧，而让读者丙心动的则是尤三姐的刚烈性格。所以有人说，有多少读者，就有多少部《红楼梦》。艺术作品的接受和解释是如此，广告作品的接受和解释也同样如此。广告作品的意义，既是广告创作者在创作中赋予的，也是广告受众在接受中解释的。受众的解释，可能和创作者赋予的意义一致，也可能不一致，有时甚至会完全相反。广告作品和艺术作品在意义层面上最大的不同，或许就在于艺术作品容许多种解释，而广告作品则要尽量避免受众的不同理解，强调受众所理解的作品意义和创作者所赋予的意义应当尽量达成一致。正如美国语言学家威廉·J. 贝克所指出的那样："意义显然只能存在于说话人和听话人的思想中。意义不是词或话

语具有的性质，而是说话人和听话人赋予词或话语的性质。所采用的赋予方式是要达到下面这个目的：希望听话人接收到该话语后，对它的解释跟讲话人想说的意思一样。"① 这也就是所谓"传则求通"的要求。换言之，广告作品所表达或表现的意义，应当是明确无误的，至少在大的理解方向上，不应使受众产生大的偏差。这就要求广告作品的创作者，在创作过程中，认真确定每一种符号在作品中的作用和意义，明确整个作品所要表达或表现的意义，尽量避免使用没有明确作用和意义的多余符号，尽量避免使用作用和意义不十分明确的符号和表达、表现形式，使作品的符号选择适当，艺术表达（现）得体，作品意义明确，整体结构完美无缺。

　　为了方便理解广告作品的整体结构，我们将广告作品的一般结构，用简单的结构关系图来予以直观表示：

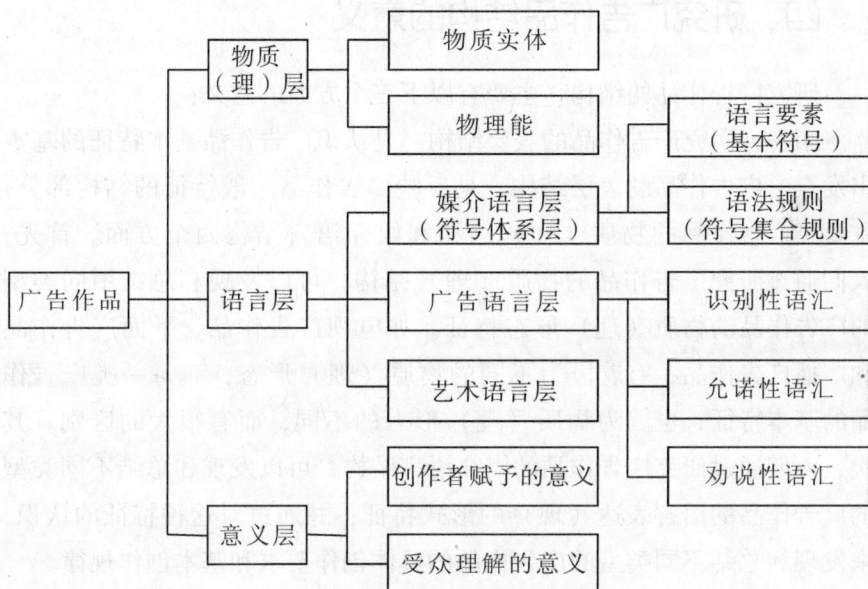

广告作品的一般结构关系图

---

　　① ［美］威廉·J. 贝克. 从"信息结构"的观点来看语言［J］. 陈平译. 国外语言学，1985（2）：9.

在符合作品的一般结构的基础上，各个门类的广告作品的具体结构，又有其独特的表现，这种独特性，主要体现在作品的物质（理）结构和作品的媒介语言结构两个方面，特别是体现在作品的媒介语言结构方面。

在这里，应当明确的是，广告作品的结构，只是我们对广告作品进行系统结构分析时的一种认识，对此，不能机械地将这三个层次分离开来进行原子主义理解，而应当认识到广告作品是由这三个层次的结构构成的有机整体。

综上所述，本文认为，广告作品是一种由物质（理）、语言和意义三个层次构成的符号集合体，是由物质（理）、语言和意义组成的信息系统。对广告作品的内在结构进行研究，是我们深入了解广告作品的共性规律、深入认识广告作品创作规律的基础。

四、研究广告作品结构的意义

研究广告作品的结构，主要有以下三个方面的意义：

第一，研究广告作品的表层结构，是认识广告作品基本特征的基本出发点。广告作品的表层结构，是反映广告作品一般特征的结构部分，主要指广告作品的物质（理）结构和媒介语言结构两个方面。首先，人们通过研究广告作品的物质（理）结构，可以发现和总结不同类型的广告作品的物质（理）形态特征。如电视广告作品、平面广告作品和广播广告作品，有着极为不同的物质（理）形态，而每一类广告作品的基本特征，也因为物质（理）形态的不同，而有很大的区别。其次，人们通过研究广告作品的媒介语言结构，可以发现和总结不同类型的广告作品的语言表达（现）的形式特征，并通过对这种特征的认识，来发现和总结不同类型的广告作品的具体创作要求和基本创作规律。

第二，研究和发现广告作品的深层结构，是人们区别广告作品、艺术作品、新闻作品的重要认识基础。广告作品的深层结构，是反映广告作品本质特征的结构部分，主要指广告作品的广告语言层、艺术语言层和意义层。人们研究和发现广告作品的深层结构，可以从理论上区分广告作品和新闻作品、艺术作品的不同。人类所创造和使用的符号集合体是多种多样的，如就文字符号的文本来说，在同一张报纸上，就同时刊登着新闻作品、文学作品、广告作品等多种不同性质的作品。单从表层结构来看，这些作品不但使用完全相同的符号，而且连符号的基本结构规则，如构词规则、语法规则也完全相同，无法从理论上进行令人信服的区别。那么，人们又是怎样区别这些作品的呢？当然，区别的方式很多，但主要的一个依据，就是这些符号集合体的深层结构的不同。如，新闻作品和广告作品的区别，并不在于使用的基本符号的不同，也不在于符号的结构规则的不同，而在于深层结构的不同，正因如此，即使有人以新闻作品的表层形式来做广告，人们还是一样能区分什么是真正的新闻作品，什么是真正的广告作品。

第三，研究广告作品的深层结构，还是发现和总结广告作品本质特征、认识广告作品创作规律的重要认识基础。由于广告作品的种类涉及所有的符号体系，使用的符号不仅种类较多，而且差异较大，这对深入认识广告作品的本质特征，总结广告作品创作的基本规律有相当大的不利影响。对此，我们只能通过对广告作品深层结构的认识，来提高认识、发现规律。除此而外，别无他法。

（原载于《暨南学报》（哲学社会科学版）2006 年第 2 期，第137～140、152 页）

六大创意策略玩转跨屏互动广告

谷 虹 李雪琳①

（暨南大学 新闻与传播学院 广东 广州 510632）

【摘 要】本文从跨屏互动广告的效果和实现手段出发，对其广告创意策略进行了提炼思考，并通过相应的优秀代表案例来论证其可执行性和有效性，最后提出其目前发展的一些现实局限。随着新型交互广告的腾空出世，我们看到了未来广告发展的风向标。其中，秉着"媒介即人的延伸"的观点，本文延伸出了一系列有助于吸引消费者参与和提高传播效果的广告创意策略，如实时全景视界、隔空动作触控、品牌游戏娱乐、悬念元素吸引、奖励机制刺激、控制剧情体验，意在使跨屏互动广告的营销价值最大化。然而就目前看来，技术成本、受众隐私问题、形式和内容本末倒置等问题还在限制着跨屏互动广告的进一步发展，未来的广告发展形式想要在跨屏互动上延续下去并发扬光大，还任重而道远。

【关键词】跨屏互动 互动广告 创意策略

在读屏时代的大背景下，大众传播正逐渐向"跨屏"趋势发展。现在，手机屏、电脑屏、电视屏等屏幕正以不可抗拒的姿态充斥着我们的生活。随着技术的发展，在不同屏幕间进行内容的衔接已成为可能。而在广告领域，能不能通过两种或两种以上的屏幕端来实现互动呢？在这里，跨屏互动广告是新广告形式的诠释。提高品牌的营销效果，使目

---

① 谷虹，暨南大学新闻与传播学院副教授；李雪琳，暨南大学新闻与传播学院广告学专业 2010 级。

标受众对互动广告的参与度更高，对广告信息的传播意愿更强，是新形式跨屏互动广告的创意策划者的目标。

跨屏互动广告是一种新型的交互广告形式，它基于多维度的信息网络交互技术，使电视屏、电脑屏、智能手机屏（或平板电脑屏）、户外显示屏等数字化智能终端相互连接，消费者通过有意识地参与跨越两屏或两屏以上的广告内容，实现对完整广告信息的接收、衔接、创造以及分享等双向互动。

一、广告为何跨屏

（一）丰富多彩的互动体验

电视屏、电脑屏、手机屏等多种屏幕瓜分消费者注意力已经成为现实，与其相互争夺有限的广告资源，强迫消费者作出非此即彼的选择，何不让多种终端屏幕联合起来，共同为消费者打造全方位的互动体验呢？

（二）你中有我的联动效应

创意的形式会使消费者对品牌的喜爱度和广告的参与度上升。由于当代受众注意力的被碎片化，只有新鲜的东西才能抓住他们的吸引力，才能让他们参与进去，然后在无形中了解品牌或产品的信息。如果是电视屏和移动屏的跨屏互动，则更会增加电视广告收视率。因为消费者有了某种期待之后，对电视广告的厌恶感就会减少，取而代之的是娱乐化的期待感。

（三）一站到底的直效行销

随着时代的变化，现在支付方式更便捷，消费者更易冲动消费。跨屏互动后，移动端获得的某种奖励，就会刺激部分消费者进行下一步购买的行为。这大大缩短了消费者从接收广告信息到产生实际购买行为的过程，时效更强，实效更好。

（四）层层扩散的二次传播

如今的消费者对信息的控制更主动，他们会去主动发现东西，遇到富含趣味性和表现力的跨屏互动广告，他们的分享特质更突出。他们的自主传播能把广告信息层层扩散，能带来新一轮信息曝光的契机。

（五）便捷海量的数据获取

在大数据时代，数据就是资本。由于大多数跨屏互动广告的其中一端是移动端，用 App 等形式实现跨屏时运用的连接技术对于用户基本信息的获取不是件难事，如消费者个人消费行为习惯等数据。通过消费者的主动参与，能够快速建立起消费喜好、行为、态度等的海量数据库，为企业的产品设计、营销以及服务提供有力支撑。

二、广告如何跨屏

（一）多点触发

实现互动连接的触发点有扫二维码、音频自动识别、输入匹配号码、操作系统同步四种方式。二维码技术被看作是移动互联网的入口；而基于语音的交互技术是继二维码之后的一项有着广阔发展前景的技术，它可以结合自己的侦听技术自动识别标记电视节目和广告的音频，将电视广告与应用相结合，使音频触发成为可能；还有匹配号码的运用可以直接实现用户手机与电脑端的同步连线，触发下一步互动；最后有些软件会有自身的同步操作系统，利用不同屏幕端同款操作系统自带的同步功能可以轻松实现连接。

（二）多维互动

在跨屏互动的维度方面，体感技术、AR 增强现实技术能将互动体验上升到立体层次。体感技术，在于人们可以很直接地使用肢体动作，与周边的装置或环境互动，而无须使用任何复杂的控制设备，便可让人们身临其境地与内容进行互动。而 AR 增强现实技术将计算机生成的虚拟物体或关于真实物体的非几何信息叠加到真实世界的场景之上，实现了对真实世界的增强。同时，由于用于与真实世界的联系并未被切断，交互方式也就显得更加自然。

（三）多彩空间

互动效果呈现的空间也有多种载体，如 App、活动网站或 Mini Site。其中 App 是最常见的互动载体，无论是电视屏与移动屏的互动，还是电脑屏与移动屏的互动，客户端应用程序都有其无法比拟的优势。而活动网站或 Mini Site 普遍应用在电脑端与智能手机端之间的互动，通常在品牌官网下建立的活动网站或者在其他网站上如 Facebook、人人网、豆瓣等建立的活动主页进行，而且一般需要结合 App 的使用。

三、吸引消费者跨屏参与的六大创意策略

麦克卢汉在《理解媒介：论人的延伸》中提到，媒介即人的延伸。他认为，媒介是人的感觉能力的延伸或扩展。印刷媒介是视觉的延伸，广播是听觉的延伸，电视则是视听觉的综合延伸。每种媒介的使用都会改变人的感觉平衡状态，产生不同的心理作用和对外部世界的认识与反应方式。

这个观点说明，不同的媒介具有不同性质的社会影响，但它并不是严密的科学考察的结论，而是建立在"洞察"基础上的一种思辨性的推论。既然不同媒介的使用会影响消费者情绪、情感以及心理上对外界的感知，那么跨媒介、跨屏之后的结合会擦出怎么样的火花呢？如何运用延伸的观点吸引消费者参与跨屏的互动呢？

（一）实时全景视界：延伸视觉

人的眼球有一定的局限，有盲点，不能同时全面地观察体验周遭的事物，所以我们要延伸人的视觉。延伸了以后你就仿佛有了第三只眼，可以体验到全新的视界。如果跨屏互动体验能为消费者提供不一样的视角，无论是 3D 立体效果还是 360 度全景效果，都能给消费者带来独特的体验，引起他们参与的兴趣。

比如 BBC 电视节目 Gadget Show 的 iPad 双屏互动广告。Gadget Show 是由 BBC5 频道推出的近年来在英国颇受欢迎的电子科技节目。代理商利用 360 度视频技术，结合 iPad 设备，用户在看电视的时候，可以通过 iPad App 来观看节目现场 360 度的景象，这样有趣的形式足以吸引大

量的极客关注这档电视节目。①

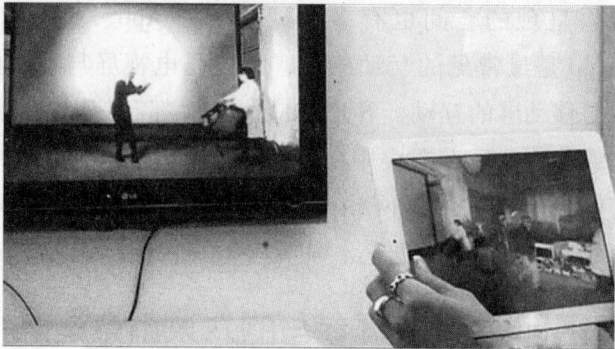

图1　BBC电视节目的 iPad 双屏互动观看节目现场360度景象示意图

再举一个例子，日本谷歌浏览器 Chrome 可把任意网站转变成3D网页。将电脑端的 Chrome 与移动端的 Chrome 同步，跨屏连接后就能帮你把任意网站转变为一个3D的迷宫，你可以利用移动设备来控制小球，体验这个3D迷宫游戏。

运用这个策略可能在技术方面要求比较高，要有这个需求的时候才考虑，例如对电子科技方面有需求的品牌。不过随着技术的进步，未来的实时全景等方面技术应该不是难题，而且涉及面会更广。要实施该策略，无论是实时现场还是虚拟全景，都需要有良好的表现力和趣味性。表现力在于逼真的身临其境的感觉，趣味性则可以结合下面要介绍的隔空动作触控、品牌游戏娱乐等的体验。

（二）隔空动作触控：延伸触觉

想要在跨屏互动广告中脱颖而出，广告策划者应该考虑消费者在触觉动作方面的体验，从而延伸人的触觉。通过延伸触觉，我们能使肉体和神经系统增加力量和速度的延伸。动作感应技术在市场上占有一席之

---

① 网络广告人社区. BBC 电视节目 Gadget Show 创新 iPad 双屏互动广告［EB/OL］. (2013－06－25)［2014－02－28］. http://iwebad.com/case/2163.html.

地，就像"摇一摇"的功能，消费者在心理和生理上都有执行动作的需求。如果有些现实生活中不能使用的动作能在虚拟互动中得到满足，消费者就能体验到愉悦感。

例如 TNT 功能饮料双屏互动活动网站，消费者可以体验逼真的虚拟拳击，通过感应技术的跨屏连接，手中的移动端就变身为拳头，每一击都能测量出不同的力度和展示被击者被击打后倒地的效果。现实中的暴力是违法行为，消费者能在虚拟拳击中获得快感，更能赢得拳击赛的入场券，何乐而不为呢？

图 2　TNT 功能饮料双屏互动活动虚拟拳击示意图

再比如可口可乐的"Chok！Chok！Chok！"活动。"Chok"，在广东话里有两个意思：一是动词，指用手将物件高速向下摇；二是形容词，形容一个人故意摆出耍酷的样子。

结合可口可乐的电视广告，当广告播放出现瓶盖的时候，用手机靠近电视（其实是让手机听声音），手机识别特定的频率，如果这时候用户同时摇一下手机，那么在手机 App 上面就可以激发某个"游戏机关"，让用户获取到瓶盖，而对于用户来说，就跟真的抓住了电视中出现的瓶盖一样。[①] 通过"Chok"的动作来捕捉虚拟瓶盖以换取奖品，在动作体验上给消费者带来前所未有的动感。

————————————

① 网络广告人社区. 可口可乐香港创新 App 用手机抓电视广告信息［EB/OL］. (2012 - 06 - 20)［2014 - 02 - 18］. http：//iwebad. com/case/1475. html.

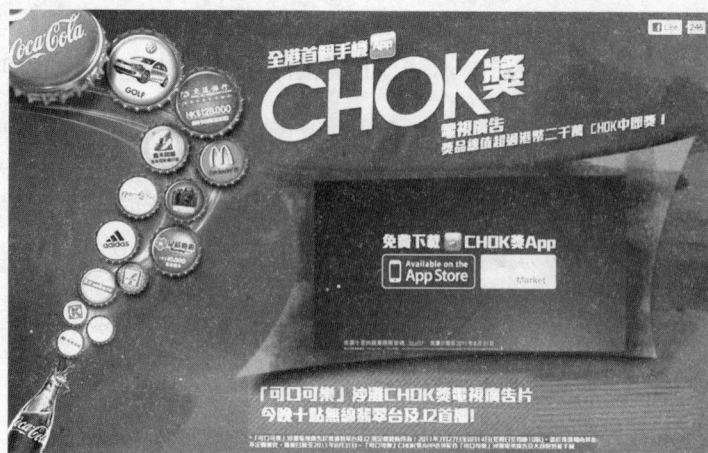

图3　可口可乐的"Chok！Chok！Chok！"活动广告示意图

执行该策略要注意的是隔空的动作必须是简易的，人人都可做到的动作。像是瑜伽之类的高难度动作就不在考虑范围之内。当然，加入力量与速度的元素也是策略要点之一，还有动作应尽可能带有某种含义，如"击"、"抓"、"Chok"等。而实施该策略的难点在于动作感应的精准度，如测量每个动作的力量值、完成动作的时间等，在某种程度上来说还是技术方面的问题。

（三）品牌游戏娱乐：延伸心智

在信息时代，大量的广告充斥着消费者的生活，他们难免会产生逆反心理，排斥广告，如何把广告伪装成不像广告的形式呢？游戏化体验可以帮助你化解这个难题。人的心智对混乱和复杂深恶痛绝，所以进入心智最好的方法是简化信息，消费者在游戏娱乐中释放了自己的警戒心理，趋于惬意的状态，这是延伸了人的心智。

例如卡萨帝的智能双温区酒柜跨屏互动体验，设计了"酒柜遥控器"的 PC + 手机的跨屏互动游戏，并且选择了一种特别的"独占富媒体"，上下广告位刚好模拟了双温区，用户用手机扫描广告中的二维码后便可以分别控制广告位中上下酒柜的温度。然后通过一位美女模特增减衣服的视频来表现温度变化，当然广告里的环境也会随之变化。[①]

这款跨屏互动游戏以"双温区和手机遥控"为主要诉求，通过双广告位和手机跨屏互动，通过美女模特来表现温度变化，每次通过手机调节都能看到不同的广告状态和提示语，将产品的双温区和远程调控的卖点传达得非常清楚，从而加强了受众的品牌记忆。[②]

图4　卡萨帝的智能双温区酒柜跨屏互动示意图一

图5　卡萨帝的智能双温区酒柜跨屏互动示意图二

在运用这个策略的时候，关键是要找到品牌或产品特性与游戏设计

---

① 艾瑞广告先锋．卡萨帝：智能双温区酒柜跨屏互动体验［EB/OL］．（2013 – 11 – 12）［2014 – 02 – 26］. http：//case. iresearchad. com/html/201309/0505590413. shtml.

② 艾瑞广告先锋．卡萨帝：智能双温区酒柜跨屏互动体验［EB/OL］．（2013 – 11 – 12）［2014 – 02 – 26］. http：//case. iresearchad. com/html/201309/0505590413. shtml.

的契合点，如上述例子中双广告位模拟产品的双温区特性，又如多乐士的刷墙游戏，无一不紧扣产品的性质。只有更形象才能发挥更强的说服作用，这样消费者在体验游戏的过程中，才会潜移默化地加深对产品的印象。而该策略的难点在于游戏的趣味性和独特性，没有自己的特色就会跟普通的网络游戏一样，用在哪个品牌或产品上都行，最终消费者记住的只会是游戏而不是品牌或产品，宣传效果会大打折扣。

（四）悬念元素吸引：延伸心理

每个人都有好奇心，出其不意才能捉住消费者的注意力。什么都展示出来，都告诉你了，就没多大意思。而悬念，就是这样起作用的。这就是近期侦探剧和密室逃脱游戏大受欢迎的原因。追求真相，是消费者潜意识里的观念，当潜意识浮出表面并主宰行动的时候，就是人心理的延伸。

在跨屏互动广告领域，加入的悬念化元素并不像传统的悬念广告有设悬和结悬的过程，结悬的角色由受众承担，让受众在悬念中通过广告的指引自行寻找线索，由此来达到广告主想要的让消费者记住广告信息的效果。

例如，美剧《猫鼠游戏》（*White Collar*）讲的是破案的故事。广告主在 iPad 客户端上投放了一款基于 HTML 5 的富媒体广告，消费者可以拖拽广告中的框进行线索查找，从而破案。

图6 美剧《猫鼠游戏》投放 HTML 5 富媒体广告示意图

通过找线索破案来做广告，这确实让你意想不到。这个案例虽然只是在 iPad 屏上进行，但是若能在 PC 客户端上运用感应技术，然后改装成与移动端跨屏互动的广告的话，这种内容悬念化设计就值得借鉴。

悬念化策略也可以与上一点游戏化策略结合，即设置关卡，过关了才能得知下一步操作。然而，悬念化策略切记莫太复杂，毕竟是广告形式，消费者不愿意花太多时间在其上。而且，解悬的过程应有指引，否则，互动操作半途而废的消费者就接收不到完整的广告信息。

（五）奖励机制刺激：延伸情绪

想要提高跨屏互动广告的参与度，最有效的方式就是加入奖励机制。奖励机制分为很多种，有商品优惠、积分换取奖品、参与有机会抽奖等形式。各种各样的机制都有，针对不同消费者采取不同的奖励策略尤为重要。就像人的神经受到刺激会有反应一样，消费者的情绪会因受到奖励机制的刺激而高涨，这就是人的情绪延伸。

例如泰国 711 声音识别跨屏互动，就是与游戏化策略结合，采用抽奖的奖励机制。猜中感应后弹出的猜谜游戏答案，就有机会参与抽奖获得 135 个精彩奖品的其中一个，包括每周一个的 The New iPad。

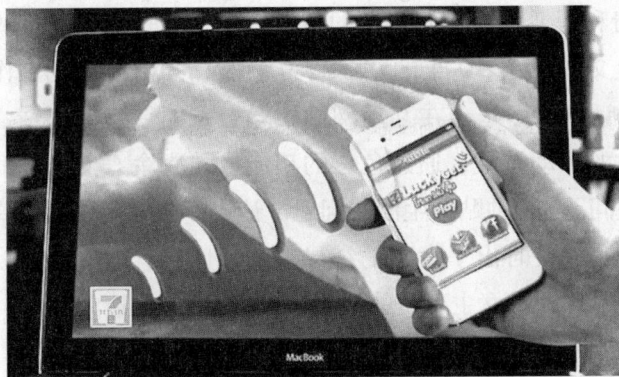

图 7　泰国 711 声音识别跨屏互动示意图

再如多乐士的"一百万个多彩开始"活动。通过参与互动游戏，除了可以改变男女主人公的剧情，还可获得涂刷面积积分，可兑换真实的"家易涂"服务面积。这就是积分奖励机制，用于累积分数，换取奖品，也有利于用户忠诚度的维持。

该策略中奖励机制的设计是关键，除了有商品优惠的奖励、积分换取奖品、参与有机会抽奖等的形式外，还有些设计奖励机制时可以运用的点子，例如用虚拟奖品代替实物奖品、增加奖品的获取难度、设计奖品的分享机制和附加值等。如果意在维持用户黏性和对活动或应用程序的热度，则可采用积分换取不同层次的奖品、增加每个关卡获取奖品的难度等机制；如果旨在传播广告信息，则可尝试分享机制获取附加值的方法；如果想要实现产品直效营销，则商品优惠的奖励会比较有效。

无论是哪种奖励机制，最好是奖品与品牌或产品相关，这样所获得的奖品也能承担进一步推广的作用。如果是像奖励 iPad、iPhone、现金、旅游之类的与产品关联不大的奖品，就只是在提高参与度方面有一定的帮助，消费者可能会忽略与该品牌相关的信息。

（六）控制剧情体验：延伸情感

不可否认，人都有一定的控制欲，有想要左右这个世界的野心。然而现实世界并不能满足我们的欲求，所以角色代入，控制剧情发展的体验方式在吸引受众方面有一定的作用。而且人是情感动物，天生多情，亲情、友情和爱情是人世间永恒的主题，这里更是延伸了人的情感。

例如上文提到的多乐士的"一百万个多彩开始"活动。作为中国首个线上互动话剧，多乐士在互动网站中融合了超炫互动剧情、色彩的力量以及有趣的互动游戏，通过色彩的正能量，消除"下班沉默症"带来的 5 种家庭问题。5 种贴合生活的问题，让人产生共鸣，还有奇妙有趣的色彩人设置和通关时出乎意料的结局，满足你所有的好奇心。通过参与互动游戏，可以让男女主人公的距离越来越近[1]，创造"happy ending"。

---

① 互动中国．琥珀传播：多乐士——"一百万个多彩开始"数字整合传播［EB/OL］．(2013－07－11)［2014－02－27］．http：//www.damndigital.com/archives/91245．

图 8　多乐士的"一百万个多彩开始"活动跨屏互动示意图

图 9　多乐士的"一百万个多彩开始"活动跨屏互动闯关示意图

运用这个策略要注意切入点，必须弄清楚目标消费者是谁，他们会关注怎样的剧情，这些必须贴切才能契合。再者，戳中他们的情感敏感区并给他们足够的话语权，也是让策略有效的做法。

其实，在实际运用中，常常是多种策略并举。不仅仅是人的情绪、情感、心理的延伸，而且是人视觉、触觉、听觉的延伸。不难想象，延伸得越多，跨屏互动的效果就越好，即越有趣味性，就越有表现力。

四、憧憬与现实的距离

我们憧憬着跨屏互动广告领域的发展，其前景尚算乐观，这将会是未来广告发展的风向标。本文拟出了一系列有助于提高传播效果的创意内容策略，如奖励机制刺激、品牌游戏娱乐、隔空动作触控、悬念元素吸引等，意在使跨屏互动广告的营销价值最大化。

然而多种现实问题依然限制着这类广告的普及，像在技术、形式效果、用户方面依然存在一定的局限性。在技术方面，开发成本比较高，尤其是体感技术、AR 技术等。而且，云端和网络技术发展尚未全民普及，并不是每家每户都有 WiFi，无线网速有时候也无法直视；在形式效果方面，跨屏互动广告有着因形式特别而使消费者过于关注形式而忽略广告信息的风险。另外，有一些单屏多任务的富媒体互动广告更便捷，其效果不亚于跨屏互动的广告，这是对跨屏互动广告的冲击；在用户方面，主要的问题是隐私问题，在形成连接状态的时候，会自动获取消费者手机里的资料如地理位置、消费习惯等。不可否认，获取信息是构建消费者数据库的必要手段；而在如何保护用户隐私的同时，让用户自愿互动、自愿提供资料，则不是一件容易的事。

所以这是机遇与挑战并存的领域。只有在技术不断发展的基础上选择最能实现广告目的的形式，处理好用户隐私和用户维持的问题，才能抓住机遇，勇往直前。

（原载于《销售与市场》（管理版）2014 年第 7 期）

再论创意产业与广告学创意人才培养模式

莫智勇

（暨南大学　新闻与传播学院　广东　广州　510632）

【摘　要】信息社会迎来了以数字媒体为标志的网络传播方式和以个人才艺为主的创意产业化经济新浪潮。创意产业是信息社会的基础性产业，创意产业内容形式、制作方式、传播媒介、产业形态与经营思路都发生根本的变化。广告业也是创意产业的核心组成部分。创意产业化对广告产业升级换代产生了深远的影响，改变了业界对广告专业人才的需求模式。创意产业发展为广告专业教育提出了新思路、开辟了新路径。

本文解读数字时代创意艺术产业化，由此逻辑对新媒体与创意产业化时代创意广告专业人才的内涵、外延，以及培养文化创意广告专业人才的高教培育模式链进行解读，并提出建立创意产业化中官产学研合作进行专业培养人才联盟模式的可能性。

【关键词】创意产业　广告专业　创意人才　培育模式

一、数字化社会与全球化创意经济

美国麻省理工学院教授尼葛洛庞帝预言人类必将实现"数字化生存"。后信息时代已到来，其根本特征就是"真正的个人化"。① 以信息

---

① ［美］尼古拉斯·尼葛洛庞帝. 数字化生存 ［M］. 胡泳，范海燕译. 海口：海南出版社，1996.

科学和数字技术为骨架、以大众传播理论为依据、以现代艺术理念为灵魂的数字新媒体艺术（Digital New-media Art），是现代科技与艺术形式高度融合的多学科综合交叉的新传播媒介形式。信息艺术形式将被应用到工业、军事、文化、艺术、教育和商业等领域。"艺术与创意"产业化与文化产业化成为新经济时代的重要组成部分。创意作为智力软资源正在成为促进社会经济发展的核心力量。以数字媒体为标志的网络传播方式和以个人才艺为主导的创意产业化已经成为经济新浪潮的重要组成部分。数字化新媒介新形态新产业已逐渐形成一种创意文化景观与经济增长点。在后信息时代，创意产业理论强调的文化艺术与技术融合对经济、社会的发展形成强大的牵引力。发达国家的创意文化产业拉动经济效益的影响力空前巨大。以新媒体为媒介与以艺术设计产业为形式的创意产业化已成为许多发达国家的重点产业发展方向。

创意产业、创意经济（Creative Industry，Creative Economy，或译"创造性产业"），是一种在全球化的消费社会的背景下发展起来的，推崇创新、个人创造力，强调文化艺术对经济的支持与推动的新兴的理念、思潮和经济实践。1998 年，英国政府在全球范围内首次提出创意立国并将个人创意、技巧及才华作为对创意产业源头的界定，通过知识产权的开发和运用，使创意产业成为具有创造财富和就业潜力的产业。文化创意产业可以包括以下领域：广告、建筑、艺术、工艺、时装、电影、电视广播、动漫游戏、音乐、出版、互动软件及数字信息艺术服务等。狭义的数字艺术娱乐产品包括数字互动游戏、动漫、影像艺术、休闲软件、各种触摸屏及其界面、交互信息操作界面、虚拟建筑群和展览馆等。创意产业的发展水平已成为衡量一个国家的软实力和社会经济发展程度的标杆。在数字信息时代中，"全球化"语境越来越明显。创意产业不仅凸显了文化对经济的强大牵引力，也对该国家或地区的文化内涵、社会意识形态和人文价值观产生不可忽视的影响。

在数字技术统领的传播时代，从斯图亚特·霍尔的跨文化理论看来，在国际传播霸权主义的存在与支配下，发达国家的文化精神产品会不断地向弱势技术及市场庞大的国家或地区输出，不可避免地影响着文化产品进口国的国力与其文化文明的正常自身发展。在数字新媒体传播生态下，境外的多元文化产品传播对国内青少年的文化价值观的影响已是不容忽视的严峻现实问题，进一步推断，这已成为关乎青少年一代的文化与价值取向的原则问题。因此，大力发展我国的文化创意产业，培养数字技术各类高层次、复合型、实用型专业人才，开发适合我国国情与文化特色的创意产品，不仅会对我国经济社会的可持续发展产生深远的影响，在产生巨大的经济效益与社会效益的同时，更有利于将创意文化产业的"话语权"掌握在自己手中。

二、新经济下文化创意产业方兴未艾

2002 年 11 月，党的十六大报告在"文化建设和文化体制改革"部分中明确提出要积极发展文化产业，发展文化产业被认为是市场经济条件下繁荣社会主义文化、满足人民群众精神文化需求的重要途径。完善文化产业政策，支持文化产业发展，可以增强我国文化产业的整体实力和竞争力。① 文化部在《文化建设"十一五"规划》（2006—2010 年）中明确指出文化产业创新机制：发展文化创意产业园区，支持和鼓励中小型文化内容服务企业的发展，逐步形成一批以提供文化数字信息、演艺、动漫、文化资讯等内容为主的大型内容提供商。充分发挥文化经济政策和科技政策作用，引导文化企业成为文化创新主体，支持掌握核心技术的文化科技人才创办新型文化企业，扩大原创文化产品与服务的有效供给和销售，大幅度提高我国自主知识产权文化产品的数量和质量。2009 年 7 月 22 日，我国第一个文化产业专项规划——《文化产业振兴规划》由国务院常务会议审议通过。这是继钢铁、汽车、纺织等十大产业振兴规划后出台的又一个重要的产业振兴规划，标志着文化产业已经上升为国家的战略性产业。在这个规划里，国家将重点推进的文化产业包括：文化创意、影视制作、出版发行、印刷复制、广告、演艺娱乐、文化会展、数字内容和动漫等。

文化产业相关政策的相继出台，为广告产业的发展提供了政策保障，同时也为创意产业概念的提出及广告创意活动的展开打开了思路。

---

① 参见《中共中央十六大报告》第六部分（五）。

一系列政策层面的支持与企业的广告创意实践和广告专业人才的培育，从不同角度为创意产业在新时期成为国家经济发展战略的重要组成部分作了新注解。

新媒体艺术（New-media Art）是指基于数字技术传播的各种媒介的艺术新形态。数字化新媒体更深刻的内涵在于它重新定义了媒体，把互动、个人化、个性化和服务引进了媒体范畴。新媒体创意产品的共同特征是拥有知识产权及艺术性，可以通过商业运营形成巨大的经济附加值。数字创意艺术在国际上的通用定义为数字内容（Digital Contents），具体指利用数字技术和信息技术，对图像、影像、文字、语音等加以信息化并整合运用后的产品、技术和服务等。在数字技术的强大支持下，数字艺术产品的使用者的体验性、交互性与易操作性得到进一步加强。通过网络宽带、3G 技术与内容产品相结合，将进一步衍生出各式各样的创意产品线，如动漫网游、数字电影、手机电视和虚拟空间等。

人类社会已经进入了"信息读图时代"。我国不同受众对数码制作的好莱坞进口大片、数字动漫游戏等新媒体艺术的追捧程度，从侧面反映出受众对创意新媒体艺术形式尤为青睐。基于 Web2.0 技术的新媒体传播，其广告传播的基本要素是人的匹配，根据用户的特征、行为模式和社交关系发送相关广告，创意便成为信息受众选择的重要因素。

然而，我国数字艺术创意人才匮乏导致创意产业链条节点常常断裂。以动画产业为例，众所周知，国内动画片收视率不高，受众面狭窄，传播效果不佳。此外，国外动漫文化产品大量涌入，对国内文化产业更是形成巨大冲击，也造成不少优秀创意人才外流或沦为画工。这是对本土数字创意产业化发展更严峻的挑战。近年来，国家创意产业发展规划的提出，明确了创意产业的性质，规划了广告产业的发展方向，使广告产业的共性特征更清晰地呈现出来，因而其对人才需求的目标也就明晰起来。这样一来，无论是从行业的视角来审视广告教育还是站在国家战略的高度来审视广告人才培养，广告创意产业都给出了人才培育新坐标。

三、创意——广告人才培育新坐标与广告业本质重回归

中国内地的广告专业教育是在新闻传播学科建制、在广告专业平台上展开的，其最大优势在于高校能够充分利用新闻传播的综合资源来观照广告专业，而广告专业独立的教学平台也具有很大的延展性，一方面可以依据广告专业的教育规律来安排课程，实施教学；另一方面也可以根据业界的最新发展动态来调整办学方向。高校是广告事业发展的助推器，每一个准广告人都是广告事业的后备军。广告业是一个充满活力的创新产业，我们培养的人才应该是具有中国意识和世界眼光的复合型人才。这就要求高校教育体系是开放的，教育模式是变化的，教育方法是灵活的，教育理念应该和业界同步。

回顾 20 年来中国的广告教育，其教育理念基本以给予学生丰富的人文社科素养、扎实的广告学专业功底、统观全局的眼界和凝聚在身的专业精神为首，这些是学生面对现实挑战能够从容保持自信心的最大资本，也是学生与实战接轨、与世界对话的基本条件。

创意产业还为我们提出了中国制造和世界通用的新话题。多年来广告学界秉承一个理想，就是为广告行业培养合格的专业人才，并力求与业界互动，与业界对接，业界的需求成为高校广告教育的风向标。而中国的广告业界却是一个庞大而松散的群体，阶段性变化和区域性特色使得中国广告市场特色十足、个性十足但缺乏共性。广告行业发展的区域性、差异性和非典型性分布使高校广告专业教育与业界人才需求的对接变得越来越困难，为业界培养合格的专业人才从某种程度上说只能是一种理想。所以，创意产业的提出丰富了信息社会的内涵，也为广告教育的提升和革新提供了理念上的支持，为广告教育核心竞争力的打造和广告专业发展和学科建设奠定了基础。创意产业成为广告教育新坐标的核心问题是广告人才的知识结构问题，这是广告教育发展最为突出的基础性问题，相关的问题则是广告创新人才的培养模式的打造问题。

四、创意产业时代广告专业与创意人才培育模式

联合国教科文组织官员波尼·阿斯科鲁德在 2001 年指出：现有的

教育体系无法在创意产业下提供应有的支持，教育体系并没有为毕业生提供非常安全可靠的就业机会，有关设计过程及质量保障的问题，信息的使用以及信息的交流，不是在短期而是怎样从长期的角度提高他的职业信用程度。

创意产业主要有两大特征：一是以个人创业为动力；二是以知识产权为保障。该产业既是第二、第三产业共同发展的结合点，又是城市经济发展的新内容和新载体，更强调了"人的创造力"与创意思维对经济的渗透和贡献。创意产业化正是在全球化的消费文化社会的大背景下，推崇创新与个人创造力，强调文化艺术对经济的支持与推动的新兴的理念、思潮和经济实践过程。创意产业是一种新的经济理念或者产业模式，是新思维、新技术和新内容的再创造。发展不再是纯粹的技术导向，创意才是文化产业的灵魂。培养拥有创造性的人才，是发展创意产业非常重要的环节。

文化创意产业的核心竞争力是创意人才。人才培养目标应从创意人才的标准出发去构建教育与培养理念，适应创意产业发展的需要。创意产业人才培养模式应达到学校培养与社会需要、知识传授与素质培养、教育过程与教育氛围的协调一致。对创意人才的培养是文化创意产业发展的基础。可以断言，要实现信息时代向创意时代的转变，在价值链上表现个性的自由发挥，技术与艺术、工程师与艺术家只能携手并进。所以，个性和共性的结合，实质就是要协调创造性人才培养和创造性产业发展的矛盾。

中国广告业蓬勃发展了 30 年，中国广告教育也风风雨雨探索了 20余年。伴随着新经济与数字化创意产业的发展，相关业界广告公司的运作日臻成熟。广告专业与经济、创意与人才之间密切的关系日趋紧密，紧扣"源于个人创造力、技能与才华"的创意人才理念，以学生为本，以市场为导向，以创造性思维教育为平台，以"激活创造力"为核心理念，重视观念突破，以官产学研联动为主的新型教学与人才培养方式，将是独具中国特色与符合国情的创意产业的，也与发展时代广告专业和创意人才培育模式体系相契合。

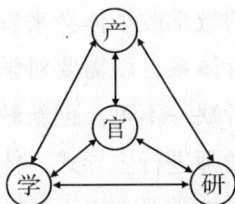

图1　创意产业官产学研关系图

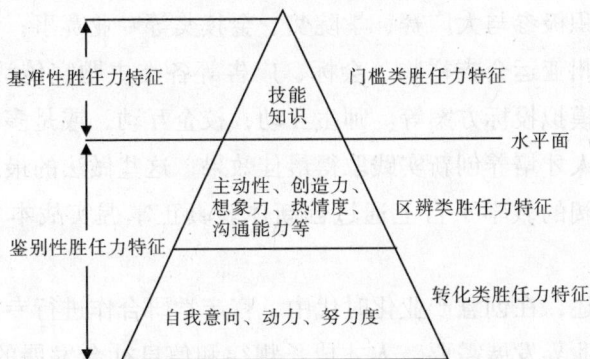

图2　创意产业人才能力特征模型图

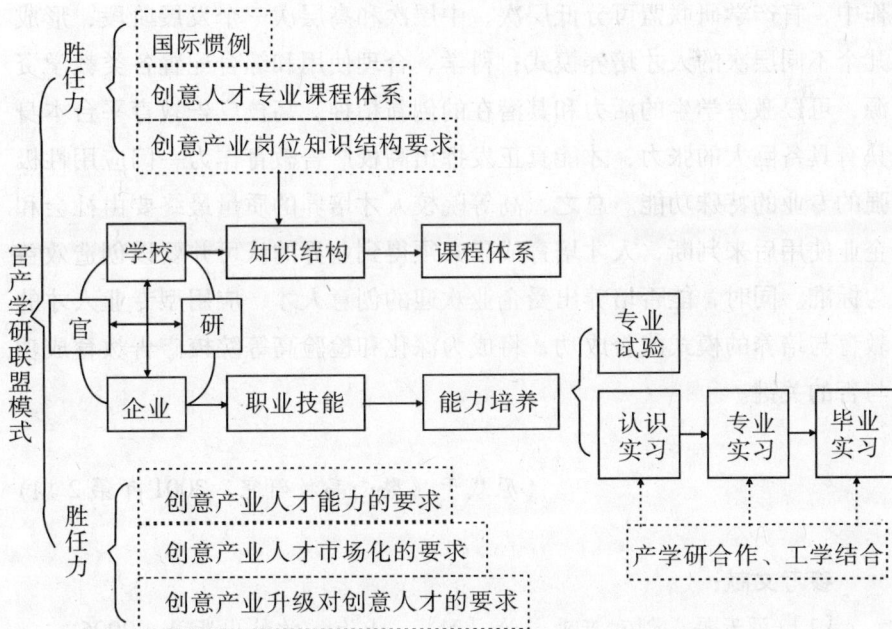

图3　创意产业中官产学研联盟合作培养人才模式体系图

以笔者多年富于特色的教学改革体会来看，要形成对创造性人才与创意广告专业的素养的培育体系，就需要对学生的知识理论构建与思维实战能力进行培养，这两者缺一不可。创新教育首先要遵循高等教育的一般规律、原则和方法。教师进行主导式、体验式、互动式教学；学生进行自主性、创造性、参与性学习。以设计项目训练环节来强化学生的技能与实操能力，为创意思维与解决问题能力的提高提供坚实的基础。如鼓励学生积极参与大广赛、学院奖、金犊奖等专业赛事；让学生参加第十六届广州亚运会吉祥物、会标、广告等各类主题宣传活动的创意、设计项目的模拟投标方案等。师生互动，校企互动，或是多方互动，都能促使专业人才培养创新实践取得最佳效果，这些做法的最终目的还是使学生在广阔的教学平台上通过创新体验真正掌握实战本领与创造性能力。

综上所述，在创意产业化时代中，官产学研合作进行专业培养人才联盟模式是业界发展需要、人才成长规律和信息社会发展的客观反映，也是教育观念、人才观念在人才培养过程中的渗透和综合体现。具体操作中，官产学研联盟可分低层次、中层次和高层次三个发展阶段，形成几个不同层次的人才培养模式；科学、合理使用和综合配置各类教学资源，可以激发学生的活力和其潜在的创新精神。高校广告教育平台本身只有具备巨大的张力，才能真正发挥出高校广告教育作为一门应用性极强的专业的特殊功能。总之，高等院校人才培养的质量最终要由社会和企业使用后来判断，人才培育成果必须得到业界的认可并要以创造效益为标准。同时，能否培养出受企业欢迎的创意人才，应用型专业人才的教育与培养的模式能否成功，将成为深化和检验高等院校广告教育成功与否的关键。

（原载于《暨南高教研究》2001 年第 2 期）

参考文献：

[1] 厉无畏. 创意产业导论 [M]. 上海：学林出版社，2006.

[2] 蒋三庚. 文化创意产业研究 [M]. 北京：首都经济贸易大学

出版社，2006.

　　［3］［奥］约翰·哈特利. 创意产业读本［M］. 曹书乐，包建女，李慧译. 北京：清华大学出版社，2007.

　　［4］参见国家统计局《文化及相关产业分类》、《中共中央十六大报告》、文化部《文化建设"十一五"规划》等文献。

战后日本电视广告视觉符号的变迁

陈桂琴

（暨南大学　新闻与传播学院　广东　广州　510632）

【摘　要】日本电视广告的西方符号与日本传统符号的角力，可分为西方符号占据主导地位、传统符号回归、西方符号和传统符号平分秋色三个阶段。日本电视广告中的符号选择以日本本土传统与西方传统二元对立为基础，其视觉符号的变迁反映了日本消费者在本土与西方二元对立中认知自我的动态过程：由冲突到融合。

【关键词】视觉符号　广告　本土文化　西方文化

罗兰·巴尔特认为，"与看相关联的视觉常常被看作一种可用于真理性认识的高级器官"①。因此他用西方的眼睛"看"日本，"思考东方的时候，能够讲出来的不是其他符号……而是符号系统的正常规范中可能出现的一种差异，一种变革，一种革命"。他毫无西方人的优越感，而是无情地批判西方"自我迷恋的愚昧性"，因为"我们总是用某些已经懂得的语言来迎合我们那种对于亚洲的无知心理"②。当笔者观察"二战"后日本电视广告中的西方符号与日本传统符号（以下简称为"传统符号"），此间消长所呈现出的妙趣横生的日本社会图景指引着我们用全新的视角看待传统与西方的冲突对立。

---

① ［法］罗兰·巴尔特，［法］让·鲍德里亚著；吴琼，杜予编. 形象的修辞［M］. 北京：中国人民大学出版社，2005. 2.
② ［法］罗兰·巴尔特. 符号帝国［M］. 孙乃修译. 北京：商务印书馆，1994. 5.

一、研究方法

本文以 1961 年至 2005 年共 45 年的日本电通广告奖①的 755 个获奖电视广告为样本，对广告中的西方符号、传统符号进行统计分析。本文选择电通广告奖的电视广告作为研究样本的原因有二，一是由于样本的易得性，二是由于电通广告奖的审查标准之一是广告是否能够引领时代。换言之，得奖的广告不仅是对时代的反映，也引导着时代。电通广告奖的广告作品能够反映日本的社会脉搏，因此具有代表性。

本文统计的符号是视觉符号。至于何为西方，何为传统，专家学者各有不同的见解。而且，传统与西方的区分也受到时间维度的影响。咖啡、面包、西服在明治时期被定义为西方的生活方式，如今已是"旧时王谢堂前燕，飞入寻常百姓家"，成为现代日本人日常生活不可分割的部分。因此把这些符号完全归类为西方符号既不合理，也不可行。基于以上考虑，本文关注的西方符号是广告作品中的欧美建筑和欧美人物。日本的传统符号更是纷繁复杂，本文统计的是能够显著辨别为日本传统的元素，包括传统着装（和服、发型、木屐）、传统行为方式（鞠躬、跪坐）、传统建筑（寺庙、瓦房、日式酒馆）、传统的食品（鱼生、饭团）。文章在比较电视广告作品中西方视觉符号与传统视觉符号出现频率的基础上，总结日本电视广告中视觉符号的变迁。

二、日本电视广告中西方符号与传统符号的消长

从统计的结果看，日本电视广告中西方符号与传统符号的角力可分为三个阶段：第一阶段是 1961—1977 年，西方符号占据主导地位；第二阶段出现在 1978—1982 年，传统符号回归；第三阶段是 1983—2005 年，西方符号和传统符号平分秋色。

---

① 广告电通奖是日本最具有代表性的综合广告奖。电通广告奖是电通在 1947 年设立的，颁发给广告主的奖项。凡是在日本刊播出的广告皆可以应征该奖项。其评选的标准包括：①创意是否有原创性；②沟通是否明确；③是否得到广泛的关注；④有没有引领时代的新颖性。

（一）西方符号的主导

统计的结果表明，尽管 1961—1965 年期间，西方符号和传统符号都没有录得露出；1971 年传统符号的出现频率高于西方符号，但从总体上看，1961—1977 年期间，西方符号出现的频率普遍高于传统符号。1966 年、1970 年、1972—1977 年八年间，西方符号的出现频率都高于传统符号。其中，1973 年西方符号的出现频率高达 38%，日本传统符号只有 13%。

西方符号占主导地位还体现在部分广告彻底地依赖西方符号进行信息传播。康泰克的《康泰克在伦敦》（*Contac in London*）和《康泰克在巴黎》（*Contac in Paris*）广告，描述欧美人在伦敦、巴黎的街头各种感冒打喷嚏的场景，向消费者诉求产品的功效。而富士胶卷广告则通过再现欧美人的水上运动、自由女神、大峡谷以及欧美摄影师在野外拍摄的生活来传递富士胶卷的信息。多次获得广告电通奖的 Suntory （中文译名：三得利），广告中的人物都是欧美人，并把三得利啤酒（1972 年）、威士忌（1974 年）的诉求纳入欧美人的航海、钓鱼、运动、嘉年华、游行等生活方式当中。

也许有人要争辩说，康泰克是西方的产品，啤酒、威士忌也是西方的舶来品，广告完全使用西方符号不是理所当然的么！但这种说法在以下的事实面前经不起推敲。首先，广告的沟通对象是日本的消费者，选择传统符号进行沟通也有其合理性。其次，1998 年的 NIKE （中文译名：耐克，美国的品牌）以及 20 世纪 70 年代末 80 年代初的三得利、威士忌都抛弃西方符号，而选择传统符号来沟通（详见下文）。事实上，具有西方特征的产品、品牌进入日本市场时有两种沟通策略以供选择：一是使用西方符号，继续强化产品或品牌的西方渊源；二是使用传统符号，显示产品或品牌的本土适应性。但这个时期的康泰克等广告却彻底地抛弃了传统符号，毫无保留地投入西方的怀抱。更加合理的解释是，不仅是广告选择了西方，更重要的是当时的日本消费者也选择了西方。消费者的选择导致了该时期西方符号在广告中占主导地位。

西方的生活方式被认为是一种时尚潮流而在广告中宣扬，是西方符号占主导地位的另一个表现。例如，1966 年，资生堂的口红广告塑造了独立自信、敢于对男性说"不"的女性形象，这是西方女性主义思潮在广告中的再现。① 事实上，直到 20 世纪 80 年代，日本才开始在法律层面上实现男女同工同酬。这表明上述案例中所包含的女性主义思潮与日本的社会现实相距甚远。这里的女性主义思潮被日本广告当作一种潮流或者时尚而被广泛传播着。相似的案例还包括 1970 年资生堂的咖啡广告。该广告展现的是时髦女郎使用资生堂指甲油的场景。广告最后一个镜头是女郎喝了一口咖啡，但是对咖啡的味道却直皱眉头。这里的咖啡不是作为一种饮品被消费（因为难喝），而是作为一种西方的生活方式，代表一种时尚的符号被消费。

（二）传统符号的回归

在西方符号占据主导的时期，传统符号并非悄无声息，而是偶尔"一枝红杏出墙来"。1968 年的广告中首次出现了"和服"。而且，该年没有录得西方符号的露出。1970 年，"和服"再次出现。1971 年和1972 年，松下电器广告《电灯》、《日本的色彩——京都》、《日本的色彩——鹿儿岛》中再现了大量的日本民族传统符号：和服、日本汉字、武士刀、菊花、漆器餐具、寺庙、盔甲。

传统符号最终战胜西方符号，并主宰电视广告的时期是 1978—1982 年。1978 年，传统符号的出现频率是 40%，而西方符号只有30%。1979 年和 1980 年，传统符号的出现频率为 30%，但西方符号的出现频率只有 10%。1981 年，电视广告中没有出现西方符号，但传统符号的出现频率高达 42%。除了传统符号的出现频率高于西方符号外，电视广告还大量描述了日本的饮食（例如日式食品和日式酒馆）、居住（例如榻榻米）等传统生活方式，而西方的生活方式则逐渐在广告中淡出。传统符号在两种生活方式的扬抑中回归。1981—1985 年的日清制油之色拉油广告——《熊本莲藕》、《京扬豆腐》、《京之光扬麸》、《年

---

① 根据纪廷许对现代日本社会、社会运动及社会思潮大事年表的总结，1970 年日本社会的流行语是女权运动。经廷许认为美国兴起的女权运动波及日本是发生在 20 世纪 70 年代。引自纪廷许. 现代日本社会语社会思潮［M］. 北京：中国社会科学出版社，2007. 419.

糕》、《烧》在介绍熊本、京都、北海道、秋田等地方的传统菜肴时，广告中不断出现樱花、寺院、和服、瓷器等符号，大力渲染日本食物的美，渲染日本传统的美。

受日本传统符号回归热潮的影响，以往采用西方符号进行广告诉求的品牌纷纷转变诉求策略，运用传统符号和消费者进行沟通。资生堂、三得利就是这些品牌的代表。如上文所述，三得利的电视广告一向以来采用西方人物进行广告诉求，但是 1979 年三得利的《屋根（屋顶）》、1983 年 Suntory Red 的《言归于好》、1988 年 Suntory Reserve 的《鱼丰》等广告却在日本的青瓦房顶、和式家庭以及抬神祭祀、供神的传统料理等民族传统场景中实现信息的传递。

（三）西方符号与传统符号平分秋色

1983 年之后，西方符号与传统符号总体上势均力敌，平分秋色。1983—1985 年、1987 年、1997 年、2006 年这六年间，两种符号均录得相同的出现频率。此外，西方符号的呈现有两个高潮：一是 1984 年，有 33% 的广告出现了西方符号，但是也有 33% 的电视广告出现了传统符号；二是 1999 年，有 28% 的广告出现了西方符号，但传统符号的出现频率只有 6%。虽然从数字上看，仿佛电视广告中又出现了大量西方符号，但是这时候的语境已经发生了变化。这些变化具体表现在以下几个方面：

首先，传统符号继续保持较高的露出，而且是作为美的象征而出现的。例如，日清制油之色拉油广告（1992）中使用樱花、和服、寺庙、瓷器等传统符号表达日本食物之美；资生堂的广告《四季》（2002）描述了日本春季的樱花、夏季的竹子和锦鲤、秋季的红叶、冬季的松树，展示日本四季的美。东日本旅客铁道新干线和东海旅客铁道的广告通过介绍京都醍醐寺等日本名胜古迹展示日本人文景观之美；三得利響（响）牌威士忌广告通过日本人生活中的和服、日本传统舞蹈展示日本生活方式之美。除了以上的传统符号外，电视广告还运用日本传统文化与消费者进行沟通。1987 年富士通的《葛饰北斋①》、1988 年富士通的《芭蕉》、1995 年东日本旅客铁道东北新干线的《芭蕉②的路》分别使用了日本江户时期的画家和俳句诗人为其品牌代言。1987 年麒麟啤酒的《麒麟传说——祇园祭》③ 向消费者展示的是日本历史悠久的宗教仪式，而且这种宗教仪式也是目前日本人日常生活中的一部分。总而言之，这个阶段的日本电视广告中传统符号的运用更加丰富，更加多元化。

其次，电视广告中传统符号与西方符号之间实现自由穿插。其中，三得利的广告《门》（1992）充满了隐喻的色彩。广告中各式各样的门（其中也包括日本的和式趟门）被一一推开，从而进入日本人喝威士忌、西方人喝威士忌、日本人和西方人一起喝威士忌的生活场景。这里的"门"隐喻着商品所通往的生活方式，不同的生活场景的穿插则隐喻着日本消费者自由地来往于西方文明和日本传统文明之间。这种话语在电视广告中一再出现。例如 1998 年 NIKE（耐克）广告中，日本女性既有穿和服练书法的一面，也有参加女子足球运动的一面；在日本电器 NEC 科技的帮助下，日本学生可以和大洋彼岸的西方学生进行课堂之间的互动讨论；三得利威士忌的广告《自由女神》向消费者展示了日本男性在纽约的海湾驾驶游艇、享受钓鱼的休闲生活。这个时期，西方符号和传统符号之间对立的情绪缓和，取而代之的是两种符号之间的自由转移。

再次，在电视广告中的人物角色安排上，日本人是主角，欧美人物是配角。此时电视广告中的日本人物形象处于视觉中心，西方人物则围绕在日本人物的周围。西方人物出现的目的是表现西方人对在日本生活的向往。1999 年松下 DVD 广告中的欧美人物是以松下 DVD 产品展示馆中的观众身份出现的，广告的主角是松下的退休工程师（日本人）。日本卫星放送广告 *The Birdman* 中描述女朋友（欧美人）百般阻扰男朋友（日本人）回国，让男朋友弃女朋友而去的原因竟是日本卫星电视。广

---

① 葛饰北斋（1760—1849），日本江户时代的浮世绘画家。
② 松尾芭蕉（1644—1694），日本江户时代的俳谐诗人。
③ 祇园祭是指在京都举行的具有千百余年历史的八坂神社的祭礼。

告使用西方人对日本文化的羡慕对受众进行说服的叙事逻辑最早见于 1973 年的丰田汽车广告。日本人驾驶丰田（型号 MARK Ⅱ）汽车，引起一群骑马的欧美人对丰田汽车的围观、赞赏，而驾车者却幽默地拿起后座的高尔夫球棒轻拍车门扬长而去。广告充分地体现了日本人的自信以及对西方文明（其象征的符号是高尔夫球棒）自由地把玩。这种叙事逻辑到 20 世纪 80 年代后期才再次出现，并逐渐成为一种主流话语。进入 21 世纪后，对日本羡慕的话语逻辑扩展到对亚洲之美的羡慕。2004 年和 2005 年花王新产品 Asience 的广告让章子怡作为代言人来传递亚洲黑发之美，这种亚洲之美让在场的金发美女黯然失色。

西方符号和传统符号之间的关系变化隐含着这样一种含义：日本的文化为西方所向往，而日本则平等地，而不是仰视地享用西方的文明。

三、对电视广告视觉符号变迁的思考

本文将日本电视广告中西方符号与传统符号的此消彼长分割为西方符号占据主导位置、传统符号回归、传统符号与西方符号平分秋色三个阶段。这样划分的目的在于清楚地梳理日本电视广告中的西方符号与传统符号变迁，并不代表这些西方符号或者传统符号仅仅局限在某个特定的时期出现。上文的论述已经充分说明这一点。那么贯穿"二战"后日本电视广告的西方符号与传统符号以及它们之间的力量对比把我们引向何方呢？

首先，我们必须了解广告是如何被制作出来的。广告是制作者在具体的历史语境下对产品、品牌、消费者之间关系的阐释，这种阐释最终通过符号表现出来。换言之，广告中选择西方符号，还是选择传统符号，是以广告制作者对当时的社会背景中产品和消费者关系的认知作为基础的。朱迪斯·威廉森（Judith Williamson）在《广告解码》（Decoding Advertisements）一书中指出，"意义乃是通过受众创造出来的，而不是直接向受众灌输进去的"。因此，"为了要让受众将相关的讯息（转移的意义）正确地'解码'，广告商必须从对受众的社会认识中取得素材，然后把它们变成讯息（'编码'），形成恰当的格式，创造出恰当的内容。这样，才能完成从受众到受众的传播过程（Hall 1980）"①。那么接下来的问题是，广告商选择素材的标准是什么呢？杰哈利从资本主义生产的生产方式出发，认为资本主义"大众生产的结果，必定是迎合一般的大众口味而不是创造出一些曲高和寡的品位来"②。广告作为市场营销中的环节，必须能够引起大多数消费者的比较整齐划一的共鸣，才能确保大量生产成为可能。据此，杰哈利解释了西方广告迷恋性别和性欲的原因：性是人类最为根深蒂固的特征之一，最能迎合大众的口味，因此被广泛采用。

　　跟随以上思路可以得出这样的结论：日本电视广告中的符号选择是以日本社会的"大众口味"为基础的，这种大众口味就是日本社会普遍存在的传统与西方的二元对立。日本社会中传统和西方的对立可以追溯到福泽谕吉的"万事诸般取法西洋近世文明"③。随着"二战"后美军的进驻，美国成为世界经济强国，传统与西方对立的问题再次摆在日本社会面前，日本必须从二者对立中重新认识自我。索绪尔认为正是由于对立关系的存在，概念才具有意义。"富"与"穷"相对时才具有意义，"喜"与"悲"相对时才具有意义。④传统必须和西方相对时才具有意义。日本电视广告中视觉符号的变迁反映了日本消费者在传统与西方二元对立中认知自我的动态过程。"二战"后日本在战争的废墟上重建家园，而经济发达的欧美国家成为许多面临发展问题国家的追赶目标。在发展过程中，日本社会经历了追赶西方、崇拜西方，最终在自己的日常生活中内化固定种种西方价值观的过程。这时期西方符号在电视广告中占主导地位，广告极少会逆潮流而宣扬传统。当日本实现了经济的腾飞时，日本的民族情感空前高涨；另一方面，日本社会在完全西化

　　①　［美］苏特·杰哈利. 广告符码——消费社会中的政治经济学和拜物现象［M］. 马姗姗译. 北京：中国人民大学出版社，2004.146.
　　②　［美］苏特·杰哈利. 广告符码——消费社会中的政治经济学和拜物现象［M］. 马姗姗译. 北京：中国人民大学出版社，2004.145.
　　③　［日］子安宣邦. 东亚论——日本现代思想批判［M］. 赵京华编译. 长春：吉林人民出版社，2004.9.
　　④　［美］阿瑟·阿萨·伯杰. 媒介分析技巧［M］. 李德刚，何玉译. 北京：中国人民大学出版社，2005.20.

过程中自我迷失的困惑加剧，必须从传统中寻求力量，重新发现和认识传统、民族内在的美，重新建构新的自我。这时期，广告不能远离消费者的传统心理的需求。但日本社会对传统的肯定并不是以抛弃西方为代价，而是传统在西方话语中发展，西方在传统话语中扬弃。日本提出通过"共生"实现文明的对话与融合："日本的共生试图积极地汲取与自己不同质的对方的长处，以开创一个相对更加理想的新的世界秩序理念。"① 因此，这时期的传统符号和西方符号由对立转为融合。日本电视广告的视觉符号变迁为我们展示了一个西方与传统的新未来：由冲突到融合。

---

① ［日］山口定．怎么看战后50年［M］．立命馆大学社会科学研究所编．京都：人文书院，1998.206. 转引自纪廷许．现代日本社会与社会思潮［M］．北京：中国社会科学出版社，2007.335.

微电影

——"微"时代广告模式初探

郑晓君①

（暨南大学　新闻与传播学院　广东　广州　510632）

【摘　要】"微电影"是互联网"微"时代下的产物，与传统的电影有所不同，且有别于传统广告的诉求式、说教式及煽动式的传播方式，微电影创造了全新的赢利模式。本文主要对"微电影"广告模式及理念进行分析，明确其产生的社会条件以及发展的必然趋势，并探讨其创作要素和技巧，进一步挖掘这种介于电影与传统电视广告之间的全新广告模式的现实意义。

【关键词】微电影　故事　广告

一、微电影理念

在这信息飞速的时代，微小说、微博、微电影，仿佛一夜之间都成了热门话题。物质充裕的现代人，更多地开始关注自我价值的实现，"微型事物"的出现正是契合了"微"时代人们追求个性解放和自我表达的强烈诉求。

注意力的碎片化，已成为移动互联网时代的一大趋势，微时代在很大程度上迎合了人们越来越碎片化的需求，娱乐与体验也越来越呈现出

---

① 郑晓君，暨南大学新闻与传播学院广告学系助教。

即时性，人们已很难抽出一大块时间，安静地做一件事情，反而上下班途中、无数等待的时间、特定的封闭时空成为人们获取信息的有效时间。碎片化的时间带来了碎片化的媒介使用方式，"微媒体"是"微"时代的必然产物，而就在这种"微媒体"的土壤之下，诞生了以"微电影"为创作手段的广告模式。

微电影又称微影，即微型电影，一般在各种具有视频功能的移动设备新媒体平台上播放，通过网络平台进行传播，具有完整的故事情节，片长一般在 30 ~ 300 秒之间，以产生话题为目的而植入广告。微电影可称为信息技术革命下的 Web3.0，它的低门槛、广谱性与互动性，正符合当下人们对于精神自由的进一步追求和交流体验的感性诉求，将微电影作为一种广告模式，能在丰盈人们碎片时间的同时使电影艺术真正回向大众。在国外，这种微电影的广告模式正成为丰富广告形式、开拓网络广告资源的重要战略，也逐渐成为树立品牌文化和个性的重要手段，这种新形式的广告传播模式正以不可遏制的惊人速度在发展。相比之下，因互联网的普及度等多方因素的影响，我国的微电影广告正处于起步阶段，是广告人对新的营销方式的初步尝试。

与传统的电影有所不同，微电影创造了全新的赢利模式，它可供人们从网络上免费下载观看，不必成天为票房提心吊胆，其服务的企业也不靠作品本身挣钱；与传统的电视广告也有所不同，微电影广告是电影艺术与广告的结合体，它甚至不需要花费任何的投放费，就可以进行大范围的潜移默化的广告宣传。

二、微电影的必然趋势

"还没有上'微博'？没听说过'微小说'？还没感受到'微'时代的魔力？……广受期待的首部'微电影'巨制——《一触即发》将向全世界影迷和网友掀开神秘面纱，以'微电影'的独特身份加入《让子弹飞》、《非诚勿扰 2》等贺岁大片的角逐中，该片三大看点绝对会让你震撼！"① ——这是微电影《一触即发》的宣传词。该片源自同名微小说，

---

① http：//ent. qq. com/a/20101227/000300. htm.

电影模式是"微"的，但效果却大气十足，豪华汽车品牌凯迪拉克与好莱坞著名创作班底联手制作，剧情运用好莱坞大片的叙事风格，通过90秒的"微时间"讲述了吴彦祖在一次高科技交易中遭遇敌手突袭，联手女主角施展调虎离山计，几经周折最终成功达成目的的故事。全片场面恢宏、制作精良，作为互联网时代的产物，这是一部集电影艺术与商业广告于一身的大制作，在让观众大饱眼福的同时，不知不觉地使企业的品牌形象在受众心中扎根生长。预告片登录网络之后，短短一周点击量便超6 000万次，而2010年12月27日——正式全国首映日那天，凯迪拉克的官方网站浏览次数竟过亿，微电影广告模式的影响力可见一斑。而这种全新的广告模式必将成为互联网时代广告竞争的新趋势。

图1　《一触即发》微电影推广海报

在商品流通过程中，"实物陈列广告"及"叫卖式广告"形式的出现，是广告正式产生的标志。而这种广告主单方独白的叙事方式，在以消费者为中心的销售时代显得疲软无力。强调功能固然是产品推销的重要内容之一，而在商品经济高度发达的今天，这种被重复了无数遍的陈旧传统的广告形式，其全部内容仅局限于产品的信息本身，似乎与人们的审美追求无关，因而显得乏味无力、毫无生气，难以赢得消费者的认同与好感，拒绝接受往往成为受众的第一反应。而微电影广告应时而生，为广告形态注入了新的血液。

（一）受众心理需求

在商品经济高度发达的当下，广告信息无处不在，让人目不暇接。曾有人做过统计，一般人一年要看数千条广告，一生可能就要看上数万条广告，正如法国广告评论家罗贝尔·格兰所说："我们呼吸着的空气，是由氮气、氧气和广告组成的。"① 繁重的压力与激烈的竞争，对人们的生活方式与消费习惯都有着潜移默化的影响和改变。在传统的广告创意中，常见的广告形式是通过无谓的重复和无聊的强调，强迫性地让观众记住自己的品牌，比如"恒源祥"和"脑白金"的广告，这类广告虽在较短时间内被人们所熟知，但对企业品牌形象的塑造来说只是小利，"填鸭式"的僵硬的灌输式诉求广告往往会引起受众的逆反情绪。若能将商品置于特定的故事情境之中，使受众产生对产品的信赖与亲近，引起某种情感共鸣，再配以整合营销传播，那就比呆板的说教和直白的叫卖方式更能起到事半功倍的效果。而小电影式的广告也被越来越多人所欣赏和接受，这种微电影式广告可在短短数十秒钟内演绎一个完整的故事，或感人至深，或诙谐幽默，或悬念丛生，或出人意料，通过生动感人的画面和引人入胜的情节，赢得受众的心理认同，引起受众的情感共鸣。当人们在记住情节的同时也接受了广告信息，记住了产品或服务，便能很好地达到宣传商品的效果。微电影的广告模式即是应受众心理而生，它颠覆了传统的广告创意和模式，能更好地塑造品牌的形象与文化，拉近品牌与观众之间的感情距离，占据在受众心中的感情位置，让观众在故事与品牌上产生感情联系，产生一种品牌情结，以建立和强化消费者对品牌的忠诚度。如联想的《爱在线》将其某型号的笔记本塑造成为一种纯洁伟大的爱情象征，而喜力啤酒更是将其产品和足

---

① 周燕玲．略论广告创意的几种表现手法［J］．湖南涉外经济学院学报，2008（3）：65.

球紧密联系起来。

图2　联想《爱在线》故事广告截图

（二）广告竞争需要

随着产品与服务的日趋同化，要区别于其他同类商品，单纯的理性诉求往往效果不佳，广告大战呈白热化趋势，错位竞争便成为广告主要考虑的一个重要因素。

从广告创作手法来说，传统的广告创意在进行广告宣传时，往往只注重对产品本身的功能、特点及优势等方面进行着力刻画。整合营销传播之父唐·E. 舒尔茨（Don E. Schultz）教授早就说过："在这个媒体权力下移，分众化越来越明显的社会，4P（Product 产品、Price 价格、Place 渠道、Promotion 促销）早已成为明日黄花，4C（Consumer 消费者、Cost 代价、Convenience 便利、communication 沟通）正成为营销传播的主导。"① 在这种转变过程中，广告从自我独白转向与消费者的情感对话，由"请消费者注意"到"请注意消费者"，是广告能否取得效应的关键所在。微电影广告有别于传统广告诉求式、说教式及煽动式的传播方式，不再用惯有的夸耀口吻，没有直白的宣传，而是对产品和服务的商业色彩进行淡化处理，把品牌自然地融入电影的情节之中，在故事中表现品牌形象与价值，而其产品特点的彰显也都是通过影片的细节

---

① 王懔晶. 论中国电视广告叙事中的缺失 [J]. 浙江万里学院学报，2008（6）：2.

来实现的。

从广告创意的观赏性来讲，由于传统广告缺乏观赏性，长时间的狂轰滥炸容易令受众心生反感，进而产生对品牌的厌恶感。国内电视台节目插播广告时，观众的做法往往是换台以规避广告的骚扰。而微电影广告无论从艺术感还是从情节性来看，都具有较强的观赏性，给人以一种视听的享受。微电影式的广告创意形式通过短小精悍的故事，将各种叙事技巧运用于广告诉求之中，使无生命的商品成为富有生命力的角色，增加了广告与受众情感上的互动，增强了广告效果的生动性和观赏性，使消费者更好地理解和接受并牢记该品牌。受众对于广告，不是纯粹被动地接受，反而会主动去搜索，这就是一种对品牌概念的强化和品牌好感的积累，也是对品牌美誉度的一种有力塑造。耐克广告就经常拥有这种待遇，消费者经常把耐克广告自行制作成各种视频短片，在互联网上进行传播和交流，有的甚至购买专门的耐克广告光碟进行观赏和收藏。其实在他们看来，这已不是简单的广告，而是具有实体意义和价值的文化载体，观看耐克广告不是一种负担，而是一种享受。

图3 耐克世界杯广告 *Write the Future* 截图

从广告的投放推广方式来看，微电影广告的产生和兴起，得益于如今高度发达的互联网时代。"2010年，全球互联网用户人数已突破20亿，而我国的互联网用户也达到了2亿，并且这些数字每年都以几何级数增长。"① 作为一种新兴的广告创作模式，也作为一种新兴的营销传播模式，微电影广告的传播方式有别于传统广告的宣传方式，往往不需要昂贵的广告投放和推广费用，而大多利用网民之间的相互传播得以实现最大范围的覆盖。互联网的普及与发展，极大地推动了互联网广告的飞速发展，为微电影广告模式创造了良好的客观环境，提供了广阔的发展空间，使其具备了比传统的电视广告更强的竞争力。

在信息膨胀的今天，让消费者对广告过目不忘，并对广告感兴趣而有所期待，是商家和广告人所共同追求的理想广告营销效果。遗忘与记忆的原理告诉我们，往往是有故事情节的广告更能被人们所记牢，"首先一个原则是有意义的比无意义的事物更容易保持记忆，正如小说比散文容易让人记忆深刻一样"②。微电影广告自身的特点正是其自身发展的主要原动力，微电影为广告创造了一定的场景，并赋予其故事性，其中的各种电影元素的应用丰富了广告的内容，给观众带来精彩的视听享受和与众不同的广告体验，能更好地吸引消费者的注意力，强化消费者对其广告的认知度与认同感。由于微电影广告主要运用网络作为传播平台，全世界的受众均能接触得到，所以在广告的覆盖面上要比其他的媒介方式都大。百度就曾使用这种推广模式，分文未花却取得了极大的广告效益。2005 年底，"百度，更懂中文"之《唐伯虎篇》推出，故事以周星驰式的幽默叙事风格展开：风流才子唐伯虎通过几度"知道"、"不知道"的不同方法的分词断句，抢走了洋人的众多女粉丝和亲密女友，致其吐血。这个片子是在百度上市前制作好的，传播方式非常简单，那时 Web2.0 还不成气候，甚至难以找到播放它的视频网站，刚刚冒出的"土豆网"也还没有什么影响力，所以它最初只是靠由百度公司的员工和制作该片的广告公司员工共两三百人，每人用电子邮件发给两个朋友的方式来传播，甚至没有直接拿到网上传播推广，两星期之后百度搜索显示其传播量已过 80 万，但百度对此没有做任何新闻宣传，传播量超千万时也未见相关报道，这是中国广告人早期对网络电影广告

---

① 边祎明，韩亚飞. 电影广告发展探析［J］. 新闻世界，2011（4）：121.
② 陈培爱. 广告学概论［M］. 北京：高等教育出版社，2004. 208.

的一次尝试。一般的传统广告效果是封闭性的，过了一个固定投放周期如一年、两年之后就结束了，但这种故事性的电影短片有所不同，往往能产生"病毒式"的深层传播效应，从某种意义上可以说是无限期的，其影响是慢慢爆发和延续的，或许十年之后还会有人将它与 Google 作比较。

图 4　"百度，更懂中文"之《唐伯虎篇》视频截图

三、微电影的创作要素

从理论上说，如今电影、电视所能涉及的内容，皆可能成为微电影的话题内容，为其所借用，但内容和表现形式又不可能平移进新媒体时代的微电影，这是由新媒体受众的收视心理和消费行为的特点所决定的。在"超短时间"限度、"移动行进"状态及"休闲娱乐"特征的全新消费模式下，一个怎样的微电影会引起受众的注意和兴趣甚至付费下载？"电影快餐"时代的到来，要求微电影提供者在快餐的套餐设计上要创造有别于传统方式的创意组合。从故事的卖点出发，由情节的展开到矛盾冲突的处理手法，以及结局的设计等方面，引起受众的兴趣并使之有关联甚至是把控的感觉，并能持续地参与，这也是微电影具有商业价值的关键。

（一）强化创意创新

"创意"指创造性的独特主意，具体说来其实是把不同的元素做新的组合；对广告而言，创意是赋予广告精神与生命的活动，具体指表现广告主题的独创性意念或新颖构想。美国著名广告教育家詹姆斯·韦伯·扬指出："创意是一种组合，组合商品、消费者以及人性的种种事项。"① 在信息爆炸的社会里，要想在冗杂的信息大战中脱颖而出，创意是必不可少的，而发散性思维是创意的重要来源，设计者应有敏锐的观察力，打破习惯性的恒常心理模式，将习以为常、看似毫不相干的两个事物，通过某种关联重新结合在一起，发别人所未发，想别人所未想，提出与众不同、别出心裁的创意，从而达到出奇制胜的广告效果。不仅是微电影广告，对于其他一切广告，创意始终是广告的灵魂。

（二）注重内容组构

让微电影本身说话，是组构其叙事内容的关键所在。叙事可以表示成"故事 + 主题"，故事要围绕主题展开，而主题是广告叙事的灵魂。在商品同质化的时代，消费者选择商品时更多是受心理情感的驱动，而理性思考越来越少，强调功能性的广告叙事主题并不能给消费者留下深刻的印象。成功的广告会把商业动机巧妙地掩藏起来，给人以重文化、轻功利的感觉；能打破常规的叙事逻辑，不平铺直叙而使内容平淡无奇；会善于设置悬念，创造跌宕起伏的情境，引人入胜；会像文学艺术那样善于捕捉特征性的细节，深化受众对信息主体的认识感受。广告为消费者提供消费理由，广告本身就是消费者文化消费的对象，文化消费将是广告发展的一个重要趋势，微电影以文化产品的形式出现，在受众进行文化消费的同时，令其主动接受广告的影响。就创作手法来说，微电影广告的故事情境的设计方法有：巧设悬念、制造幽默和渲染情感等。

1. 巧设悬念

闻名世界、擅长于拍摄惊悚悬疑片的电影艺术大师阿尔弗雷德·希区柯克曾经给悬念下过一个著名定义："如果你要表现一群人围着一张桌子玩牌，然后突然一声爆炸，那么你便只能拍到一个十分呆板的炸后

---

① 王茜.广告创意与大众消费心理［J］.潍坊高等职业教育，2007（3）：75.

一惊的场面。另一方面，虽然你是表现这同一场面，但是在打牌开始之前，先表现桌子下面的定时炸弹，那么你就造成了悬念，并牵动观众。"① 微电影广告中的悬念设计，即是把故事的结局所要展现的内容，在开头先埋下伏笔，并作出适当的提醒或暗示，营造紧张的节奏和氛围，在观众心中设疑以激起其好奇心和探知欲，从而增加广告的吸引力和艺术性，使观众产生对广告信息的关切与期待。总之，悬念的设置能激发受众较深程度的投入，而悬念的解决过程则是对受众参与付诸的回应，悬念的结局越出人意料，越能给受众带来满足感。这种悬念一般通过视觉语言、听觉语言和视听蒙太奇等几个方面实现，在此因篇幅有限不作展开。

2. 制造幽默

中国当代著名语言学家林语堂先生指出，在各种风调之中，幽默是最富于情感的。幽默是一种为不同国度和民族的观众所共同喜闻乐见的艺术表现手法，幽默的情节能营造一种无形的亲和力，使受众的注意力变得更为精准而集中，引导受众放下厌恶和抵触情绪，以欣赏的心态去接触广告作品，并产生对商品或品牌愉快而难忘的联想，从而影响受众的消费行为。这也是微电影广告的一种重要表现方式，这种"幽默"的最大难度在于寻找叙事与商品的结合点，而这种关联的核心要素就在于巧妙，生搬硬套则无法实现这种幽默感。泰国的广告在这方面就做得相当的到位，制作出了一批批幽默诙谐，令人捧腹而印象深刻的优秀广告。

3. 渲染情感

研究者发现，"态度蕴含理智，但其根却是扎在情感的沃土之中。对漫天铺地的广告，人们往往来不及进行太多的理智思考，所以在广告说服中，往往'激起人的情感比引起人的思考更重要'"②。感人心者，莫先乎情。情感是广告中重要的心理因素，是联系商品与受众的桥梁和纽带，深入内心的情感认同和无声的情感说服效果往往最好，充分利用

---

① 廖晓玲. 叙事：电视广告的新趋势［J］. 新闻前哨，2010（6）：84.
② 朱月昌. 广播电视广告学［M］. 厦门：厦门大学出版社，2000. 241.

情感因素能制作出感人肺腑的广告。情感的战略方式虽说不是万能的，但叙事中融入与商品和谐且真实的情感，确实能为广告被大众认同与接受创造更多的条件，有了情感的加盟，即便是黯淡无光的产品也会平添亮色。亲情、爱情和友情等情感的融入，不仅使广告和商品拥有了生命力，更重要的是激起了受众与广告之间的共鸣，由此建立起产品或品牌最重要的价值——顾客忠诚度。而一则饱含情感的微电影广告的魅力就在于它不仅仅传递了一种商品信息，更重要的是把一种价值理念甚至是生活方式传递给了受众，从而不知不觉地影响受众的生活。*Leave Me* 是一则关于佳能的微电影作品，故事讲述一个深情的丈夫沉浸在丧妻的悲痛之中，因父亲的操作被意外地摄入相机内，返回到相片的时空里。当他发现后，他在相机的内存里狂奔，直呼让父亲向前翻阅寻找妻子，措手不及的父亲握着即将没电的相机，慌乱地找到了儿子与儿媳相聚湖边的照片。现实残酷地夺走了主人公的最爱，但在这定格的时空里，他却可以真实地和爱人在一起，于是主人公在手心里写下醒目的"LEAVE ME"并举向远方。镜头之外是父亲噙着热泪的绿色眼睛的特写，年迈的父亲叹出一口气之后，选择让心爱的儿子陪着自己的挚爱，永远地留在相机定格的世界里。影片的最后是父亲将儿子的最后一张照片，也就是写着大大的"LEAVE ME"的手的照片挂在了墙上……短短4分钟不到的影片，完美地将爱情、亲情等感人肺腑的情感融入影片的故事当中，也融入产品当中，影片在温暖感人的情境之下，让受众在感动之余，深深地记住了佳能的品牌，无形当中在心里树立了对品牌的忠诚。

图5 *Leave Me* 微电影视频截图

四、结语

不论是叙事学还是当代广告，它们在中国的起步都较晚。叙事学于20世纪80年代引入中国，最初只是在文学领域引起关注；而中国广告业是从20世纪90年代起才逐步繁荣，如今微电影式的广告创作在中国广告界也才刚开始崭露头角。从 USP 到 CI 再到整合营销传播，中国广告业虽发展迅速，却也不可避免地出现了许多问题，尤其是匮乏的创意和枯燥的传播模式使得中国广告不受观众待见，在各项国际广告大赛中也屡屡败北。纵观中国的传统故事型广告，就会发现其存在诸多缺陷，首要一点是制作效果的声音化，即以声音叙事为主而缺乏紧密的故事情节和叙事情境，使受众在广告时间心存旁骛，像听广播一样单靠听就能完成"看"的任务；其次，表述内容的普遍化、创意的相似性也是国内广告的一个致命缺陷，相同的产品采用相似的手段表现，易使受众混淆，难以辨清品牌间的差异；再者是叙事主体的权威化，受众总会听到各种各样的人用着权威化的、劝说式和贩卖式的口吻介绍各式各样的产品，其意图昭然若揭；还有呈现方式的歌剧化，试图以歌剧化的震撼方式争取受众的注意力，盲目地对受众进行视听上的刺激，反而使受众注意力发生转移，最终受众记住的只是嘈杂的声音和让人目不暇接的画面，而最主要的东西反而被忽略，到底是何种产品，是何种广告，内容不甚明了，从而事与愿违，大大降低了广告的效果。

微电影广告可以说是互联网时代的集成艺术，广告与微故事的巧妙结合，使其脱离了赤裸裸的"王婆卖瓜"的叫卖式或"普度众生"般的教化式模式，以"润物细无声"的方式向受众传达广告诉求，在不露声色中实现广告效果的最大化，从而引发消费者的消费冲动和行为。对于企业来说，微电影广告在品牌价值塑造上的强大作用会越来越受重视与青睐，微电影广告将会成为一种新式的营销手段，为企业的品牌战略发挥重要的作用。对于受众来说，微电影广告是电影艺术与品牌文化的结合体，更具艺术感和可观赏性，将越来越受喜爱、推崇甚至追捧。对于微电影广告本身来说，它突破了原有的广告理念和模式，促使广告呈多样化的发展态势，其旺盛的生命力将在广阔的生存和繁衍时空里得以激化和延续。

　　笔者认为，微电影广告不仅是一种广告的投放模式，也是一种广告的创作方式，一种广告的精神理念，更是一种文化的传播方式，对于创意相对匮乏的中国传统广告，它应该成为一种启发和引导。然而，尚处于初步发展的尝试阶段的微电影，还有许多的问题需要我们在实践中不断地去发现、理解、探讨和解决。

（原载于《北京电影学院学报》2011 年第 6 期）

浅析泰国广告的美学风格

郑晓君

（暨南大学　新闻与传播学院　广东　广州　510632）

【摘　要】近几年，泰国广告以其独特的创意和独具匠心的制作，形成了特殊的广告表达方式，创造出独特的美学风格。首先，泰国广告重视幽默广告创意，善于从戏谑的角度看待人生的百态，连痛苦甚至死亡都能透过幽默的三棱镜变得奇幻多彩。其次，以大众认同取代偶像崇拜，以平民演绎取代明星代言，用人情味冲淡商业味，这种回归平民化美学艺术的形式也是泰国广告拥有强大竞争力的内核之一。再次，泰国广告的创意往往植根于一个富有戏剧性的故事性框架，并充分调动各种抒情性因素，使抒情性与故事性巧妙融合，进一步增强了广告的感染力。

【关键词】泰国广告　广告创意　美学风格

近几年泰国的广告业可谓异军突起。在整个亚太地区，泰国是业内公认的一个具有高水平广告创意的国家。从广告公司的前端创意，到制片公司的后端执行，泰国的广告创意均有超越日本、新加坡和澳大利亚等传统广告创意强国的态势。"在整个亚太地区，泰国被公认为是一个拥有高水平广告创意的国度。"[①] 它以独特的创意和独具匠心的制作，在亚洲乃至在世界刮起了一股"泰国旋风"。在纽约广告奖、戛纳广告奖、伦敦广告奖、克里奥广告奖、莫比广告奖这全球五大广告奖中，都

---

①　刘振. 试析泰国高水平广告创意的成因 [J]. 广告大观（理论版），2006（4）：84.

少不了泰国广告的身影。此外，在亚太广告节、Shots、One Show 等顶级广告大赛中，泰国广告界也屡屡获奖。

泰国是一个拥有神秘混合宗教色彩的东南亚国家，有着浓厚而独特的地域风情。泰国广告人立足于本国独特的文化传统，融会广告发达国家的经验，形成了一种独特的广告表达方式，呈现出与众不同的鲜明特色，如同智威汤逊的创意群总监薛瑞昌所言，"当你要拍平实、幽默、真诚的 tone 调，就会优先考虑泰国"①。以下笔者将结合一些优秀泰国影视广告，对泰国广告的风格特点及其成熟经验进行分析和解读。

一、泰式幽默

"杰出的广告应该非常引人注目、令人叹服或者令人信服，能给受众留下产品或服务的长久印象。"② 为了引人注目，广告应该在尽可能短的时间里迅速抓住受众的心，并引导他们产生共鸣，而幽默正是一大法宝。幽默广告可以淡化广告的功利性，加深受众印象，提升广告品位。泰国广告重视幽默广告创意，但与欧美内敛低调的幽默相比，泰式幽默外显而夸张。欣赏泰国广告，犹如品尝泰式酸辣汤，生猛的点子配上酸辣的幽默，味道鲜美而又辛辣刺激，让人看后瞠目结舌而又大呼过瘾。泰国人善于从戏谑的角度看待人生的百态，连痛苦甚至死亡都能透过幽默的三棱镜变得奇幻多彩。

在一则泰国普利司通轮胎广告中，一只小狗看见自己女友偷情，黯然神伤，扔下叼来的两块骨头，狂奔到车水马龙的公路上，冲到一辆疾速奔驰的大货车前准备殉情，但一阵急刹车声过后，它睁开双眼发现自己毫发未伤……原来，飞驰的大车用的是抓地力强、可随时急停的普利司通轮胎。原本设计的剧情只是主人养了新狗，而这种背叛对一只要自杀的小狗来说，显得不够真实和强烈，于是拍摄这则广告的导演塔诺在（Thanonchai）加上了更多的笑料，注入了更多人的情感，也就成就了

---

① 王晓玫，郭英慧. 泰幽默：泰国广告平民美学风靡全球 [J]. 天下杂志，2006（358）：140.

② [美] 阿伦斯，[美] 夏尔菲. 广告学 [M]. 丁俊杰等译. 北京：中国人民大学出版社，2008. 209.

我们所看到的版本，让人对滑稽的情节捧腹大笑之余，又对小狗的遭遇深表同情。

《我想约你女儿出去》也是一则泰国汽车轮胎广告，这则广告让人有种大跌眼镜的感觉；若不是最后出现的商标及文字，相信极少人会想到这是一则汽车轮胎广告。片中文质彬彬的男孩到家里找女孩出去玩，离家之后的男孩立刻现出原形，原先的书生样摇身变成古惑仔，普通轿车也变成了越野跑车，但他却突然发现身边的女孩居然是父亲假扮的。原来父亲早就从车子的轮胎识破了男孩的伪装，高档的越野轮胎怎么可能配如此平凡的小车呢？于是父亲才扮成女儿的样子赴约，就等男孩自己现形。通过这种夸张、不可思议的搞笑创意表现车胎的高档也似乎合乎情理，搞怪的方式让受众在大笑之余记住了这则广告，也记住了这个品牌，在活泼的氛围中轻松地实现了广告的效应。

美国小说家马克·吐温曾说，"天堂里没有幽默，因为幽默的秘密来源不是喜悦，而是悲伤"①。在泰国，幽默正是逆境下的产物，在先天的苦难里，泰国人选择靠幽默活了下来。曾获奖无数的泰国奥美首席创意总监科恩（Korn）用其朴素的话语道出了泰国人的民族心事："许多年前，我们自认是未开发国家，没什么值得骄傲的。在街上跌倒了，不会埋怨政府、路不平，就只是笑笑自己。"② 或许是因为历史上的幸运，泰国在英国、法国的殖民下，在缅甸、老挝的夹缝中存活了下来，也或许是地理条件的作用，在热带阳光的拥抱之下，这个"微笑的国土"中谦逊的人民，对于苦难和意外，特别容易一笑而过。而泰式创意之所以愈来愈受全世界的欢迎，正是因为泰国人敢于向现实挑战，在逆境中深挖狠凿，能以幽默超越困境，从自卑、自嘲，到豁达、自在。这种对生命的困苦和磨难的达观态度，尤其在竞争激烈、生活紧张的今天，成为世人所向往的洒脱和解放的处世态度。

二、平民化

平民化，是泰国广告具有强大生命力的另一重要原因。真挚的情感

---

① 王晓玟.泰国广告靠"情"打世界［J］.国际广告，2007（2）：55.
② 王晓玟.泰国广告靠"情"打世界［J］.国际广告，2007（2）：55.

永远比华丽的排场更能感人，泰国广告以大众认同取代偶像崇拜，以平民演绎取代明星代言，用人情味冲淡了商业味。这种基于对社会的关怀和对人民的关爱，回归平民化美学艺术的形式正是泰国广告拥有的强大竞争力的内核之一。

　　凭借着深厚的文化底蕴、独特的思维模式、乐观的生活态度以及电影产业滋养出的优秀制片水平，泰国广告成功地避开了与欧美大制片公司的竞争，走出了属于自己的低成本、高创意之路。在泰国广告中少见明星、名模，而多用真实人物或平凡小卒，将生硬的广告产品自然地拉进平民的生活以引起广大受众的共鸣。在美国，若拍一则幸福家庭的广告，须有明星长相的父母亲，配上名车名狗，但在泰国，对美满家庭的诠释就是平凡普通的祖父母对着孙子微笑、二手车加上流浪狗。种种生活化的元素在广告片中得以平常地展示，既让消费者感觉亲切真实而不矫情，又符合产品的大众化定位。

　　泰国公益广告《生命在于运动》，在短短的一分半钟内，描述了生活中的三个片段：娇小的女医师为神情呆滞的病人开药，而这剂药竟然只是一段疯狂夸张的舞蹈；刁蛮挑剔的客人试妆半天仍未找到称心的自然色腮红，表情漠然的女店员用掰手腕的方式便让她如愿以偿；失恋抑郁的男子望着女友的照片抱头痛哭，踩上凳子够到悬挂的绳圈但并非轻生而是运动。简单的三个场景传达了"生命在于运动"的理念：运动是健康生活最重要的药方；运动能使你的肤色更自然；运动会给你的伤痛提供最快的慰藉。平凡的生活场景配上平凡的人物形象，使广告更具感染力和煽动性。泰国广告大多起用这种平凡的演员，以朴实、自然的表演调动观众情感，他们的肢体语言、脸部表情和声音技巧都没有造作的痕迹，有些非语言性的表达更是感人于无声之中。

　　"一个贫困潦倒、被丈夫抛弃的绝症女人，在她仅剩的两年不到的短暂生命时光里，收养了三个被遗弃的孩子，他们中有的父母离异、流离失所，有的患小儿麻痹、行乞街头，有的因生计所迫偷盗成性。几个'问题'小孩与他们共同的 Doy 妈妈贫苦却快乐地生活着，简单朴实却又充满激情和乐趣，无处不映射出人世间的温情与感动。"这是泰国人寿保险的广告《有价值的人生》，用一个平凡的人物塑造了一个不平凡的生命，用一种平凡的生活构建了一种非凡的态度，这种生命的张力和活力感染了每一个人。泰国人懂得用心体会生活，在乐活中不断创造生活中的小美，放大对生命的感动。泰国人又极具自嘲精神，小成本的制作将底层人民的真实生活和精神面貌表现得淋漓尽致，所以得过广告界奥斯卡奖的泰国广告，在一分钟内能令人又哭又笑。这种平民美学正是基于他们对待人生的态度和对待自己的态度，基于这种乐天知命的民族性格与慢活的生活形态。或许善用这种平民美学，挖掘生活中的点滴感动，正是泰国广告的高明之处。

三、抒情性和故事化的巧妙融合

广告是人类沟通情感的重要工具，相当部分广告创意的魅力来自消费者对广告传达出来的人类美好情感的肯定，对广告传达的友谊、爱情、关怀、尊敬等人类感情的认同。为此，泰国广告的创意往往植根于一个富有戏剧性的故事性框架，并充分调动各种抒情性因素，以增强广告的感染力。

泰国的优秀广告不是夸大也非虚饰，而是作一定抒情化、故事化的处理，尽量使信息单纯化、清晰化，加上拟人、夸张、联想等手法的应用，以真挚的情感和缜密的情节打动人心，使广告更深入人心。泰国广告里有许多这种抒情性与故事化完美结合的精彩之作，它们将消费者的情感诉求拿捏得相当到位，搞笑广告让人忍俊不禁，感人广告又如同催泪炸弹。泰国的人寿保险广告便是很好的例子，对于宣传这样一个看起来费力不讨好的职业，的确需要一些别出心裁的创意。《丘爷爷的故事》就是其中一则感人肺腑的人寿保险广告，磁性的男声伴着淡淡的音乐讲述了这样一个故事：一位86岁的老人，30年来从不间断地带着一壶清汤到20公里外的山上拉二胡，只因他答应过他妻子，每天早上为她准备美味的清汤，为她演奏她最爱的曲子，直到永远……画面干净清晰，整个故事简单却完整，伴着二胡凄凉的声音，淡淡的忧伤催人泪下。虽然妻子已死，但丘爷爷依然遵守年轻时的誓言，日复一日，默默地守护着那份朴素而忠贞的爱。无论社会发展到什么程度，真正打动人心的还是真情。这则广告也就从这一方面向受众传达泰国人寿保险值得信赖的理念。

该系列广告还有很多，比如 *My Son*、《父子篇》、《一个医生眼中的故事》、《血癌篇》等，都是一个个短小精悍又感人肺腑的故事，剧情自然而然地吸引了消费者的注意；广告中你看不出有多少商业的痕迹，不会让人感觉到有任何强迫性，把寻求消费者回应的技巧放到最后却不突兀，反而能引起消费者的共鸣。它们对消费者在情感上的诉求拿捏得非常准确到位，动作、表情、色彩、光线、声音、音乐等感官上的表现都深深打动人心；在思想上能给人以深刻的思索，启发人们珍惜生命、关爱生活，在广告之后引人思索什么是真正有价值的幸福人生。这些广告往往没有恢宏的企业形象介绍，而是通过一则则充满情感或趣味的故事，对受众传达买保险的意义：保险不能解决一切问题，但至少会带来一些切实的利益和安慰。或许从表面看来，该系列广告只在最后点出保险的主题，未免有偏题之嫌，但这系列广告实则运用的是一种具有间接作用的诉求方式，让情感在对信息加工的过程中间接影响受众态度，使之在无形中产生对产品的认同感。广告本身与产品是否相关已不甚重要，最主要的是它已深入人心，使人们在选择保险时能够想起这则广告，这就是这系列广告的成功之处。

潘婷广告 *You Can Shine* 也是一则非常出色的抒情励志公益广告，影像讲述的是一个泰国聋哑少女学拉小提琴的故事。小女孩怀揣着音乐梦想长大，却时常遭受姐姐的轻视与打击，当她对自身价值产生怀疑之时，一个流浪的老艺人告诉她："音乐，只要你闭上眼睛，就能看见。"姐姐与她同时入围音乐节，出于嫉妒和害怕，姐姐在比赛前雇人摔坏了妹妹的琴并打伤了教导妹妹的流浪艺人，在姐姐自以为阴谋得逞之时，妹妹最后一刻却出现在比赛现场，悠扬的《卡农》从残破的小提琴中破茧而出，震慑了所有人的心。这可以说是一部完整的浓缩版电影，伏笔、发展、转折、高潮衔接紧密，包含典型的人物性格与激烈的矛盾冲突，一切符合戏剧的元素一一呈现。开场悲剧化色彩浓烈，聋哑小女孩和落魄艺人同是悲剧的代表人物，而最后的高潮则运用了许多意象化场景，旷野、化蝶、朝阳都预示了一个新的境界。极具冲击力的运动镜头，饱含情绪化的蒙太奇手法，激昂催奋的命运乐章，都予以故事厚重的史诗感。这样的情感表现手法，在感性诉求中凸显了产品特征，既征服了观众又把品牌推广了出去。

泰国广告之所以具备以上的种种特质，归根溯源还在于其独特的多元文化。泰国的多元文化发展是一个充满着主动性与自主性的过程，受其他类型文化意识影响的同时，既能取其精华去其糟粕，又能保持自身的独立性。在中国古代文明和印度古代文明两大强势文化的同步冲击下，泰国以包容的胸襟，吸纳了两大古文明中的众多精华，在近代，它又吸收了西方文明的若干精髓，并进行了独具特色的发展，因此具有典型的东西结合的特质。这造就了泰民族的三大特质：坚强独立的品格、包容忍让的胸怀和吸收融合的能力。泰国人多是乐天派，他们善于自嘲，方式幽默而诙谐。这种多元化的文化基础，也间接地体现在泰国的广告创作中，使之既有东方文化含蓄温婉的一面，也有西方文化乐观幽默的一面，这就成就了泰国广告创意自身的独特性：给东方文化的深厚内蕴赋予西方欢快有效的表达方式。所以在亚太地区，相比其他国家，泰国的广告创意总能给人带来耳目一新的感受。

（原载于《新闻实践》2012 年第 2 期）

品牌新透视

日本的品牌价值评价模型评介

星　亮①

（暨南大学　新闻与传播学院　广东　广州　510632）

【摘　要】进入 21 世纪以来，日本国内掀起了第二次品牌评介热潮，开发了一些新的品牌价值评价模型，主要包括日本经济产业省模型、日本电通广告公司模型、伊藤—日经模型以及博报堂模型。本文即以上述模型为对象，对其进行介绍和评价。

【关键词】日本　品牌价值　评价模型

20 世纪 90 年代，日本国内曾有过一次品牌价值评价模型开发热。进入 21 世纪以来，又掀起了第二次品牌评介热潮，开发了一些新的品牌价值评价模型，主要包括日本经济产业省模型、日本电通广告公司模型、伊藤—日经模型，以及博报堂模型。本文即以上述模型为对象，对其进行介绍和评价。

一、日本主要的品牌价值评价模型简介

1. 日本经济产业省品牌价值评价模型②

该模型由日本经济产业省经济产业政策局主导开发，于 2002 年 6 月 24 日公布应用。该模型开发人员认为，通常笼统所讲的"企业的品牌"，

---

① 作者简介：星亮，男，甘肃天祝人，暨南大学新闻与传播学院广告学系副教授。
② ［日］经济产业省企业法制研究会．ブランド価值评价研究会报告书［R/OL］. 2002. http://www.meti.go.jp/committee/kenkyukai/k_3.html.

应当被区分为"企业品牌"（CB）和"产品品牌"（PB）两个部分，而企业的品牌价值，则表现为 CB 价值和 PB 价值之间的一种函数关系，即企业的品牌价值 $=f$（CB 价值，PB 价值），具体用品牌声望（PD）、品牌忠诚（LD）和品牌扩张（ED）三者之间的一种函数关系来表示，其计算公式为 $BV=f(PD, LD, ED, r)$，而其完整形态则如图 1① 所示。

$$BV = f(PD, LD, ED, r)$$

$$= \frac{PD}{r} \times LD \times ED$$

$$\frac{\left[\frac{1}{5}\sum_{i=-4}^{0}\left\{\left(\frac{S_i}{C_i} - \frac{S_i^*}{C_i^*} \times \frac{A_i}{OE_i}\right)\right\} \times C_0\right]}{r} \times \frac{\mu_c - \sigma_c}{\sigma_c} \times$$

$$\frac{1}{2}\left\{\frac{1}{2}\sum_{i=-4}^{0}\left(\frac{SO_i - SO_{i-1}}{SO_{i-1}} + 1\right) + \frac{1}{2}\sum_{i=-1}^{0}\left(\frac{SX_i - SX_{i-1}}{SX_{i-1}} + 1\right)\right\}$$

PD ＝超额利润率 × 品牌影响率 × 本企业基期销售成本

＝｛［过去5年平均的（本企业销售额/本企业销售成本 − 基准企业销售额/基准企业销售成本）× 本企业广告宣传费（品牌管理费用*）比率］｝× 本企业本期销售成本

LD ＝（平均销售成本 μ − 销售成本标准差 σ）/平均销售成本 μ

ED ＝海外营业收入平均成长率和部分非主业营业收入平均成长率的平均值

S：本企业销售收入	S^*：基准企业销售收入
C：本企业销售成本	C^*：基准企业销售成本
A：广告宣传费（品牌管理费用*）	OE：销售费用
μ_C：5 年平均销售成本	σ_C：销售成本标准差
SO：海外市场销售额	SX：非本企业市场销售额

r：折现率

＊如果能保证财务报表的可靠性，最好采用品牌管理费用。

图 1 经济产业省品牌价值评价模型的完整形态图

（本图由作者翻译重绘）

---

① ［日］经济产業省企業法制研究会. ブランド価值评価研究会报告书［R/OL］. 2002. http：//www. meti. go. jp/committee/kenkyukai/k_3. html.

2. 日本电通广告公司品牌价值评价模型①

日本电通广告公司是日本国内最大的广告公司，同时也号称是世界上最大的单体广告公司。该模型由马渡一浩等人开发，于 2003 年发布应用。该模型将"品牌"分为"企业品牌"（CB）和"商品品牌"（PB）两个层次，对品牌价值的评价，则分别从企业价值和顾客价值出发，对品牌资产及与品牌驱动有关的顾客行动和意识进行评价。该模型是在"品牌价值立方"概念的基础上展开的一系列计算过程，其核心是"品牌价值立方"概念图②（见图 2）和"品牌价值计算步骤图"③（见图 3）。

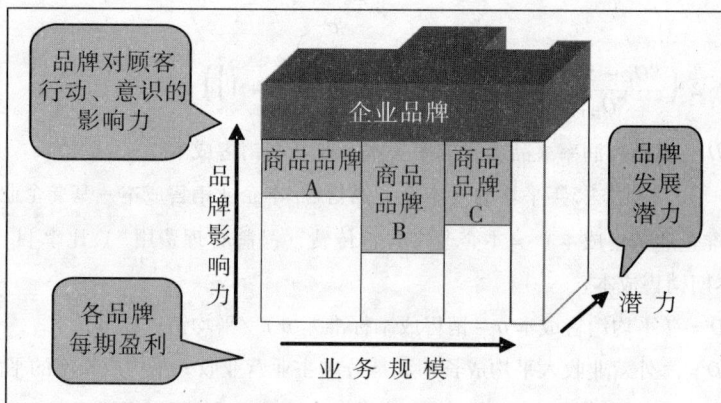

图2　电通公司"品牌价值立方"概念图

（本图由作者翻译重绘）

① 　根据作者 2006 年 7 月 23 日在东京对电通公司马渡一浩先生的访谈记录和录音整理。

② 　［日］刘屋武昭 . ブランド評価と価値創造—モデルの比較と経営戦略への適用［C］. 东京：日経広告研究所，2005.

③ 　［日］刘屋武昭 . ブランド評価と価値創造—モデルの比較と経営戦略への適用［C］. 东京：日経広告研究所，2005.

财 务 方 法	市 场 营 销 方 法

计算出品牌的预期收益

- 收集财务数据
- 研究财务分析方针
- 收集市场环境信息及证券分析家的评价
- 营业利润和投资预测
- 计算每个品牌的经济附加值合计

×

计算品牌对顾客行为、意识的影响程度

- 查清决定购买的要因定性调查
- 品牌价值评价调查调查设计
- 调查品牌价值评价实施
- 将品牌价值的结构标准化
- 计算出品牌影响率

计算出品牌的金额价值

配合支援与贡献指数等进行分析，发现品牌课题

制定各种品牌战略

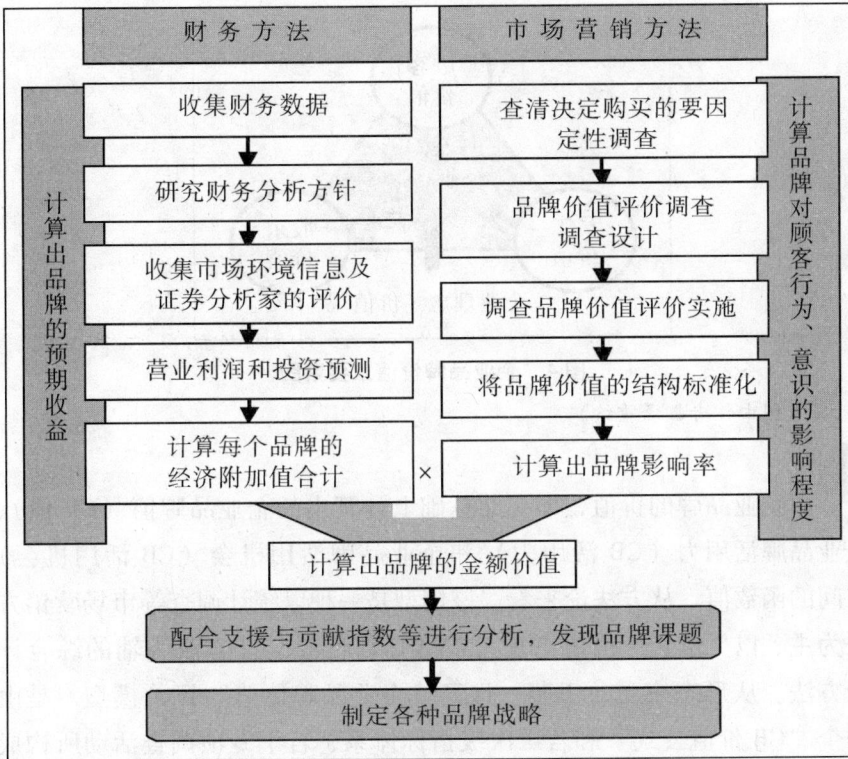

图3　电通公司品牌价值计算步骤图

（本图由作者翻译重绘，根据作者2006年7月23日在东京对电通公司马渡一浩先生的访谈记录和录音整理）

3. 伊藤—日经模型①

该模型由日本一桥大学的伊藤邦雄教授和日本经济新闻社广告局合作开发，于2000年11月发表。该模型从市场营销角度出发，将品牌价值分解为顾客价值、员工价值和股东价值三个要素。（见图4②）

　①　［日］伊藤邦雄. 特集：コーポレートブランド戦略の実際［J］. 日経広告手帖，2003（2）.
　②　［日］伊藤邦雄. 特集：コーポレートブランド戦略の実際［J］. 日経広告手帖，2003（2）.

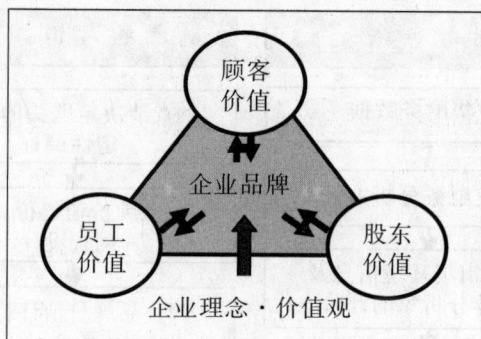

图4 企业品牌价值三要素图

（本图由作者翻译重绘）

而企业品牌的价值，即在此基础上计算出的企业品牌值（CB 值）、企业品牌活用力（CB 活用力）和企业品牌活用机会（CB 活用机会）之间的函数值。从方法论来看，该模型是一种以统计调查等市场营销方法为主、以无形资产价值增加（EVA）评价等会计方法为辅的综合评价方法。从形态来看，伊藤一日经"企业品牌价值"评价模型，是由一个"CB 价值公式"和若干次级指标体系、若干专项调查活动所构成的一个复杂的模型系统。其中，CB 价值 = CB 值 × CB 活用力 × CB 活用机会 = （顾客价值 + 员工价值 + 股东价值）× CB 活用力 × CB 活用机会①。而其核心内容，就是建立在"企业品牌价值三要素"这一理论假设之上的一个复杂结构模型。（见图5②）

---

① ［日］伊藤邦雄. 特集：コーポレートブランド戦略の実際［J］. 日経広告手帖，2003（2）.

② ［日］伊藤邦雄. 特集：コーポレートブランド戦略の実際［J］. 日経広告手帖，2003（2）.

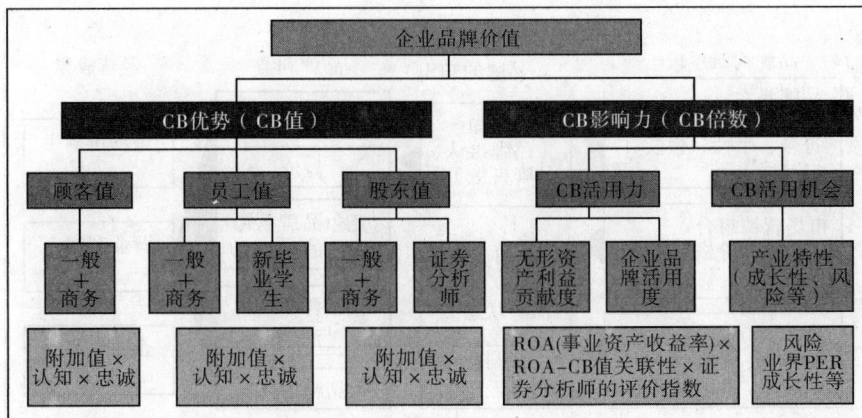

图 5　伊藤—日经企业品牌价值图

（本图由作者翻译重绘）

4. 博报堂品牌价值评价模型①

博报堂是日本第二大广告公司。该模型于 2002 年发布应用。该模型开发人员认为，品牌价值是"在企业的日常活动中所产生的附加价值中、由品牌所带来的那部分附加价值"②。但这种附加价值并非指实际的价格溢价，而是所谓的"心理溢价"，即由消费者心理预期所产生的被评价品牌的"溢价额"。故对品牌价值的评价，主要从消费者角度出发，以"品牌价格平衡心理假说"③ 为理论依据，计算出由消费者心理预期所产生的被评价品牌的"溢价额"，再结合品牌认知率调查所获得的数据，经过运算，最终得出一个产品品牌或一个企业品牌的货币价值。从形态来看，博报堂模型并不是一种直接表示模型要素的结构形式，而是表明其操作过程的一种思维结构形式。（见图6④）

---

① ［日］刘屋武昭 . ブランド評価と価値創造—モデルの比較と経営戦略への適用 ［C］. 东京：日経広告研究所，2005.

② ［日］刘屋武昭 . ブランド評価と価値創造—モデルの比較と経営戦略への適用 ［C］. 东京：日経広告研究所，2005.

③ 原模型并无此名，由本文作者据原模型之原理和特点命名。

④ ［日］刘屋武昭 . ブランド評価と価値創造—モデルの比較と経営戦略への適用 ［C］. 东京：日経広告研究所，2005.

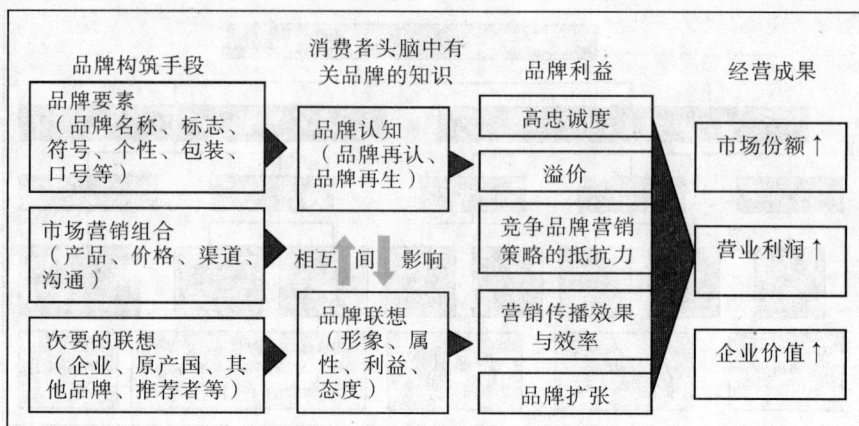

图6　博报堂品牌价值评价模型概念图

（本图由作者翻译重绘）

二、对日本四种品牌价值评价模型的评价

1. 对四种模型特点的比较

日本的四种品牌价值评价模型，因开发主体和开发目的的不同，而在理论假设、评价角度、评价对象、评价方法、模型结构、指标体系、活用领域等几个方面，呈现出多元化的特点。以下通过表格的形式，来对这四种模型的特点进行比较分析。（见表1）

表1　日本四种品牌价值评价模型综合比较

比较依据	模型			
	伊藤—日经模型	经产省模型	电通模型	博报堂模型
开发主体性质	媒介机构	政府部门	广告公司	广告公司
开发目的	为反映股票投资价值提供指标性依据和计算工具	为企业提供客观、合理的标准化品牌价值评价工具	为提高客户服务能力和水平	为提高客户服务能力和水平

（续上表）

比较依据	模型			
	伊藤—日经模型	经产省模型	电通模型	博报堂模型
理论假设	顾客、员工和股东是企业品牌价值三要素，评价需从这三个方面进行	品牌价值是溢价价值、价格的稳定指数和新市场的成长率这三者之间的函数关系	品牌价值是企业和顾客互动的结果，评价应从顾客面和企业面进行	品牌价值＝由品牌带来的附加价值，依据"品牌价格平衡心理"假说
评价角度	独立机构从企业外部进行的单一角度评价	由企业自主进行的企业内部单一角度评价	广告公司从企业内外两个角度进行的评价	广告公司从企业外部进行的单一角度评价
评价对象	企业品牌	企业品牌	企业品牌和商品品牌	商品品牌为主、企业品牌为辅
评价方法	以营销方法为主、会计方法为辅的综合评价方法	会计法中的预期收益法	融合了会计和营销两种评价方法的综合评价法	以独创的"品牌价格平衡心理"假说为基础的营销方法
模型形态	关系结构形态（品牌价值三要素的关系结构及其分层展开）	计算公式形态（包括分项计算公式和主公式）	多结构形态（概念结构、过程结构和关系结构）	概念结构形态（反映思维过程的概念结构及其展开）
指标体系	品牌附加值指标；品牌认知指标；品牌忠诚度指标	品牌声望指标；品牌忠诚指标；品牌扩张指标	品牌收益指标；品牌影响力指标	"心理价格"指标

（续上表）

比较依据	模型			
	伊藤—日经模型	经产省模型	电通模型	博报堂模型
活用领域	CB 价值评价； 日经企业形象调查； 企业形象力的变化分析等	企业品牌管理； 企业集团内部存在的品牌使用费	CB · PB 价值分析； 支援·贡献关系分析； 商务规模·贡献分析； 品牌对顾客行为和意识的影响途径分析； 非事业价值评价	消费者分类研究； 消费者购买行为研究； 企业的形象力评价； 品牌审计圈

2. 对日本四种品牌价值评价模型的综合评价

通过对日本四种品牌价值模型的比较分析，不难发现这四种模型各有特点，也各有其优点和缺点，以下是笔者对于这四种模型的综合评价意见。（见表2）

表2　对日本四种品牌价值评价模型的综合评价

模型	评价	
	优点	缺点
伊藤—日经模型	1. 理论假设相对合理、评价指标与理论假设之间的对应性较好 2. 评价对象明确而单一，使得该模型的针对性较强 3. 依托强大的数据库和专项调查，可同时进行大规模的公共评价活动	1. 结构形态比较复杂、评价指标过于庞杂、操作过程相对繁杂 2. 模型的通用性差，评价范围有限 3. 功能单一，活用领域较窄

（续上表）

模型	评价	
	优点	缺点
经产省模型	1. 以品牌资产价值为评价对象，目标单一明确，整个模型采用公式化的形态，显得清晰而紧凑，易于理解 2. 计算过程清晰简便，作业流程标准化程度高，这使得整个模型的通用性良好，适用面广，一般企业可自主操作，进行自我评价 3. 评价指标的设定和数据采集立足于企业内部，评价资料的获得简单方便	1. PD值的计算，以行业内最差企业为基准企业，如何界定最差企业，技术上存在一些问题 2. 用非主业市场和海外市场作为衡量企业扩张力的指标，存在较大问题 3. 品牌溢价额的计算，以广告费的投入为依据，缺乏可信度
电通模型	1. 理论基础比较扎实，评价指标的设定和模型结构的设计思维缜密、逻辑性较强 2. 评价对象包括了商品品牌和企业品牌两个层次，比较适合企业的实际情况，也更能准确反映品牌的实际价值 3. 功能多样、应用范围较广。不仅可以用来度量企业的品牌价值，还可用来分析和诊断企业的品牌问题，为企业的品牌战略提供保障	1. 结构比较复杂，操作过程也比较繁杂，操作流程的标准化程度较低，增加了人为因素影响的可能性，降低了资产价值评价的效度 2. 或许是出于保护企业机密的原因，一些关键步骤的计算方法显得不甚清晰，使得该模型的操作主导权掌握在广告公司手中，被评企业无法掌握，缺乏必要的核实和控制手段

（续上表）

模型	评价	
	优点	缺点
博报堂模型	就理论假设、指标设定和模型构造几个方面来看，独创性是其最大的也最明显的优点	1. 理论假说偏重于经验，缺乏学理基础 2. 关键指标的设定过于主观，指标的含义界定得也不是十分清楚，不易理解 3. 从操作过程来看，对一些关键步骤运算方法和计算方式的规定缺乏合理性，主观性较强

三、启发

通过对日本四种主要的品牌价值评价模型的介绍、分析和评价，对我们正确认识和理解品牌价值评价及品牌评价模型，有以下几个方面的启示：

（1）对品牌价值概念的理解。从相关的文献研究和对四种模型的具体研究中不难发现，品牌价值是一个多义的概念，对其的理解，不能过于狭窄，即不能仅仅将其理解为品牌的资产价值，而应从多方面、多角度、多层次来理解和认识品牌价值。

（2）对品牌价值评价的认识和理解。对品牌价值概念的认知和理解，会直接影响对品牌价值评价的理解。最大的问题是，如果仅仅从最狭义的角度出发，就会把对品牌价值的评价等同于对品牌资产价值的评价，而将评价活动局限在最窄的范围内。日本的经验给予我们最大的启示是：品牌价值评价，应当是一种由多种主体参与、从多种角度进行、采用多种评价方法、开发多个模型、对多种对象进行评价的开放式格局。

（3）对品牌价值模型的认识和理解。由于对品牌价值概念的多义理解，所以品牌价值评价模型的开发，在开发主体、理论基础、指标设定、形态构造、适用对象和范围等多个方面，也会呈现出多种多样、丰富多彩的格局，而不是仅仅只有一类模型，甚至只能有一个模型。此外，对品牌价值评价模型的功能，也不能简单地将其局限在资产价值评价的范围内，而是应当同时重视发挥其在品牌管理方面的作用。

（4）重视对基础理论的研究和对理论假说的验证。从日本的四种品牌价值评价模型中，我们注意到这样一个现象，就是每一种模型的构建，都起步于一个理论假说的提出和验证。理论假说合理与否，事关模型的基础是否扎实可靠，并直接影响模型的整体质量。如果理论假说不合理，那在指标设定和模型构建上，就会缺乏应有的理论基础和合理的逻辑关系。而理论假说是否合理，主要取决于基础理论研究的水平。因此，在开发品牌价值模型时，应当重视基础理论的研究和对理论假说的验证。

（5）开发工作严谨认真。通观这四种模型的开发，无论是在工作组织方面，还是在开发过程方面，各个环节的工作都是比较严谨而认真的。以经产省模型为例，其开发过程历经两年之久，无论是在理论假说的形成和基础理论的建构方面，还是在指标体系的设定方面，抑或是在运算公式的推演方面，每一步都经过了大量的调查、分析、研讨、验证和论证，整个模型的开发非常严肃。与之相比，国内一些模型的开发往往太过主观和随意，严重影响了模型的质量。如某著名模型的开发，就是在完全没有理论支撑的情况下，仅出一个人花两天时间就设计完成，之后便投入全国性品牌的价值评价。用这种方式开发的模型，其效度和信度何在？而其价值和意义又何在？

（原载于《北京邮电大学学报》（社会科学版）2008 年第 5 期，第 37 ~ 42 页）

奢侈品品牌符号价值生产的深层动因与形成机制①

杨先顺　郝　晟②

（暨南大学　新闻与传播学院　广东　广州　510632）

【摘　要】消费社会背景下，品牌符号价值是理解奢侈品消费的最佳视角。本文认为奢侈品品牌符号价值体系由艺术价值、文化价值、心理价值、社会价值构成，奢侈品品牌符号价值生产源于需求体系和社会交流体系两条路径的相互影响。奢侈品意义赋值过程可概括为：通过昂贵的价格和奢华的外观、广告中的明星和场景、时尚领导与秀场文化、商场服务与氛围等市场营销方式的互动构建奢侈品品牌符号价值。理解奢侈品品牌符号价值形成原因和形成机制至关重要，有助于消费者保持清醒的头脑和培育理性的消费态度，有助于引导社会的奢侈品消费循序渐进地发展，从而提高整体的消费品位。

【关键词】品牌符号价值　奢侈品　消费社会　符号

一、中国奢侈品消费现状及分析

2013 年 5 月 6 日，中国奢侈品协会在香港半岛酒店发布的《2012中国奢侈品市场消费报告》显示：2012 年中国国内奢侈品消费 18 365

①　基金项目：2012 年广东高校人文社科研究一般项目"广告传播的话语分析研究"（项目编号：2012WYXM_0010）；暨南大学优秀本科推免生科研创新培育计划项目"关于奢侈品品牌传播的符号化研究"。

②　杨先顺，暨南大学新闻与传播学院教授、副院长；郝晟，暨南大学新闻与传播学院硕士研究生。

亿元，2012 年中国消费者在世界各地的奢侈品消费总和占全球奢侈品消费的 25%[①]。中国大陆已成为"奢侈品消费巨头"之一，大中华地区（包括港澳）已成为全球第二大市场，2012 年中国人已经成为全球第一的奢侈品消费群体[②]。尽管目前中国放缓的经济增速抑制了国人奢侈品消费，政府政策的收紧以及政权交接导致了奢侈品馈赠风潮的暂时减退，但是，中国在全球奢侈品消费所占份额仍将持续上升，预计到 2015 年将超过 1/3[③]。

　　中国奢侈品消费的狂热离不开消费社会的现实语境。法国哲学家、社会理论家鲍德里亚（Jean Baudrillard）提出的消费社会理论表明，随着生产力的发展，人类从稀缺性社会走向了丰盛社会，社会生产出大量剩余的"物"，在世人被"物"包围的时候，当今社会已经不可阻挡地进入了"消费社会时代"。消费已经成为社会最为显著的特征，它取代了生产的角色，成为社会发展的肯定性及关键性力量[④]。消费也从原来的经济概念转变为文化概念。对消费者而言，现代消费不再局限于对生理需求的满足，而是对于某种生活方式和生活意义的满足，以及对于某种特定的社会身份地位的确定，正如广告符号学家威廉森所说，"人们通过他们所消费的东西被辨认"[⑤]。在现代商品消费中，商品不仅具有马克思所言的使用价值和交换价值，符号价值的消费已经构成了社会所有成员之间相互关系的基础和纽带。在当代消费社会的典型情境里，一个人通过其消费商品的品牌，能够传递与之相适应的个性风格、品位高低、社会地位、财富积累等一系列个人信息。也就是说，我们购买服装、食品、家具、化妆品或者娱乐消费，不是为了表达预先确定的我们

---

　　① 2012 中国奢侈品市场消费统计报告［EB/OL］. http：//www. cll. net. cn/indexcontent. jsp？id＝3378.

　　② 贝恩. 2012 年中国奢侈品市场研究［D/OL］. http：//www. bain. com. cn/news. php？act＝show&id＝387，2013.

　　③ 麦肯锡. 奢侈品市场无边界：不断升级的中国消费者［D/OL］. http：//www. mckinsey china. com/zh/2013/01/25/luxury－without－borders－Chinas－new－class－of－shoppers－2，2013.

　　④ 夏莹. 消费社会理论及其方法论导论［M］. 北京：中国社会科学出版社，2007.

　　⑤ Csikzentmihalyi, Rochberg－Halton. *The Meaning of Thing*：*Domestic Symbols and the Self* ［M］. Cambridge：Cambridge University Press，1981.

是什么人的感觉，而是借助我们所购买的东西确定我们是怎样的人。德裔美籍哲学家、美学家、社会理论家马尔库塞（Herbert Marcuse）则认为在人们抱着展示自己身份的心态而进行消费的时候，商品的身份价值或社会标志价值便得到了实现。①

奢侈品消费是消费社会的典型代表。消费者通过对于奢侈品文化内涵的理解，信仰品牌所传递的奢华理念和卓越品质，通过消费来获取品牌意义，成功进行社会角色互动，以便更好地确定自己所处的社会地位，获得尊贵的社会身份。简而言之，人们就是通过奢侈品消费确定自己是"高级"的人的。

二、奢侈品品牌的符号价值

（一）奢侈品概念

奢侈品在国际上被定义为"一种超出人们生存与发展需要范围的，具有独特、稀缺、珍奇等特点的消费品"②。纵观奢侈品的发展历程，许多学者认为"奢侈品"起源于文艺复兴时期，在法国路易十四的统治下达到巅峰，富丽堂皇、奢华时尚都显露出阶级意涵；随后由于资本主义原始积累的客观要求，禁欲主义为奢侈品贴上了"十恶不赦"的道德标签，成为"挥霍浪费财物，过分追求享受"的贬义词；当资本完成了它的原始积累，资本主义的进一步发展需要刺激消费，并最快、最大限度地攫取财富时，奢侈品开始了它"去道德化"的过程——它转变为经济学范围内"价值最高、品质最好"的代名词。从这个演变过程中，不难发现奢侈品本质未曾变化，它只是随着社会发展的步伐，依据统治者、主导者的意愿调整了自身的角色和表达方式，它能够反映整个社会的真实状况，带着强烈的意识形态特征。奢侈品仍旧是奢侈、享受、昂贵的代名词，只是现代社会赋予了奢侈品品牌这一美丽的外

---

① ［美］马尔库塞. 单向度的人——发达工业社会意识形态研究［M］. 刘继译. 上海：上海译文出版社，2006.
② 杨清山. 中国奢侈品本土战略［M］. 北京：对外经贸大学出版社，2009.

衣，鼓励大家竞相追逐。

　　本文研究的奢侈品是个人奢侈品品牌，主要集中在服装、珠宝、化妆品、皮具等生活实物范畴，暂不论及私人飞机、游艇、高尔夫、高端家居、艺术品等其他奢侈品。

（二）奢侈品品牌符号价值内涵

　　奢侈品的品牌符号价值内涵是由四个价值内容——文化价值、艺术价值、心理价值以及社会价值共同构成的。奢侈品品牌符号价值是由代表高度抽象意义的文化价值、代表最佳审美和潮流的艺术价值、代表满足消费者意义需求的心理价值和代表象征身份地位的社会价值四者的叠加而产生的新的稳固价值集合体，它为奢侈品意义生产的持续扩大和奢侈品交换的深入扩展奠定了基础。例如江诗丹顿（Constantin）的手表，不再是单纯的计时工具，它所传达的瑞士的钟表文化、丰富的想象力以及对艺术精益求精的态度让其蜚声国际，满足了男性对于权力和品位的追求，是成功人士的符号象征。

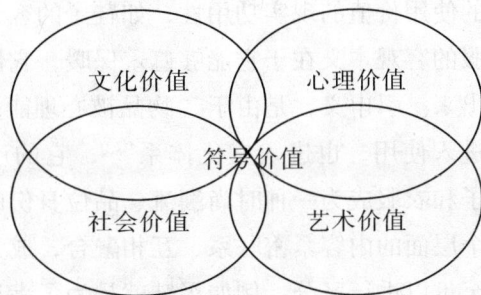

图 1　奢侈品品牌符号价值内涵

　　奢侈品品牌符号价值正是基于这一理解，通过非凡的艺术创作，对奢侈品进行文化意义的塑形，注入象征性内容，促使其超越商品价值属性，满足人们内心的心理渴望，使得奢侈品成为一种尊贵高雅的生活方式的传达，并最终代表"高级"的社会身份地位，奢侈品俨然已经成为现代人社会属性的象征符号。

三、奢侈品品牌符号价值生产的深层动因

奢侈品品牌符号价值生产源于需求体系和社会交流体系两条路径的相互影响，遵循从低级到高级三个层次的演变，从而确立了"区别"、"差异"和"比较"，完成了符号价值生产。

（一）需求体系的要求

当代社会处于机械化生产大丰收的时代，"存在着一种不断增长的物、服务和物质财富所构成的惊人的消费和丰盛现象……我们生活在物的时代，我们根据它们的节奏和不断替代的现实而生活着"[①]。在这个社会中数量繁多的功能相似的物和数量有限的更为精明的人形成一种对立关系。需求这一原动力，紧紧将人与物联系在一起；然而在消费社会中，需求也发生了性质上的变化，也正是这种变化构成了符号价值产生的根本原因。

第一层次，需求不再局限于物的功能，而开始延伸到对意义的需求。物逐渐分裂为两个层面的内容——"客观本义"和"引申义"。[②]客观本义，是物的使用价值的现实功用性，如鞋子的客观本义在于它能够保护双脚，衣服的客观本义在于它能够遮羞保暖，它们的客观本义只能在使用中表现出来。引申义，是由于"物品被心理能量所投注、被商业化、个性化、进入使用，也进入文化体系"[③]，它的产生满足了人的主观想象，如鞋子和衣服成为一种时尚潮流、品位身份的代表。在消费社会中，物的两个层面的内容紧密联系、互相融合，成为一个表达整体而存在，人们甚至难以进行区分。例如买鞋就是为了满足护脚和时尚的双重内容需求。引申义从与客观本义进行区分开始，就使需求转向了一定的意义层面，它可以看作是符号价值的初步显露，但尚处于较低级的阶段。第二层次，从需求升级为需求体系。需求跳出了传统的个人选择

---

① ［法］让·鲍德里亚. 消费社会［M］. 刘成富，全志钢译. 南京：南京大学出版社，2001.

② 夏莹. 消费社会理论及其方法论导论［M］. 北京：中国社会科学出版社，2007.

③ ［法］让·鲍德里亚. 物体系［M］. 林志明译. 上海：上海人民出版社，2001.

范畴，也就是说需求不再是一个人对一个物的传统意义需求，而变成了一群人对成系列物的需求①。这与当代社会现状高度契合，这个阶段的符号价值开始体系化。引申义处于这个体系之中，随之构成了一个意义等级，并由低到高指引着需求的实现。等级差异区分正是在这样的前提下产生的，由于区分逻辑所激发的需求体系总是高于实际的财富生产发展，需求体系使得人们的需求永远得不到满足，使得需求变成了一种难以实现的欲望。第三层次，因为需求体系化的发展，对意义的需求进一步抽象化，最终变成一种"区别"和"差异"。② 在这个层面上，物丧失其原本的功能性，人们完全转向对符号的追求。符号价值超脱了原本的状态，物的意义表达完全是任意的——同一物品可以代表不同意义，同一意义也可以由完全不同的物品来表达。这样的差异是人为的、主观的，也是永恒的，是由于永远得不到满足的欲望而产生的。符号价值上升到前所未有的高度，任意的表达和永远无法触及的欲望成了整个需求体系中"差异"和"区别"确定的不竭动力。

由此，在消费社会中，需求作为一种需求体系而存在，逐渐转变成一种无休止的欲望，直接指向一种区别和差异，构成了符号价值生产的基本动因。

（二）社会交流体系的要求

美国经济学家凡勃伦（Veblen）在其《有闲阶级论》一书中提出工业社会滋生了"有闲阶级"，他们通过"炫耀性消费"来证明自己的财富，确定自身的社会地位。"'炫耀性消费'实质上就是一种对于符号意义的消费。"③ 在此可以理解为：阶层渴望通过消费所传达的符号价值完成现代意义的社会交流，只有通过这种方式才能在现代社会回答"我是谁"的命题。

第一层次，社会交流从引申义出现开始——当符号价值浮出水面，社会交流也正式进入人们的视野。例如，汽车不再仅仅是代步的

---

① 夏莹. 消费社会理论及其方法论导论［M］. 北京：中国社会科学出版社，2007.
② 夏莹. 消费社会理论及其方法论导论［M］. 北京：中国社会科学出版社，2007.
③ 夏莹. 消费社会理论及其方法论导论［M］. 北京：中国社会科学出版社，2007.

工具，它也是现代生活的直接代表。在一定程度上，汽车的拥有者能够享受这样约定俗成的社会交流的权利：人仅仅需要占有物，就能言说自己的身份和地位，初步完成社会交流。第二层次，社会交流因需求体系的升级而转化为社会交流体系。需求体系是一群人对成系列的物的需求，这也就迫使社会交流形成特定的社会编码，最终成为社会交流体系。"一旦人们进入消费，那就决不是孤立的行为了（这种'孤立'只是消费者的幻觉，而这一幻觉受到所有关于消费的意识形态话语的精心维护），人们就进入了一个全面的编码价值生存交换系统中，在那里，所有消费者都不由自主地相互牵连。"① 社会交流体系正是在这样的情况下应运而生，伴随着消费行为，通过编制某种社会符码表达特定编码价值，成为集体性的行为取向。第三层次，最终符号价值在"比较"中完成社会交流的终极任务——确定"我是谁"。在社会交流体系中，人们需要通过符号价值理解社会的语言和价值取向，并按照社会约定俗成的意义规范完成作为社会人的基本交流。"就好的服装而言，其格外突出的特征就是，证明穿的人并不从事也不宜从事任何粗鄙的生产工作。"② 这并不是通过人与人之间真实的差异比较完成的，只是通过物的约定俗成的符号价值比较进行社会身份和地位的区分和鉴别，人最终通过这样的符号价值言说确定了自我，且由于这种产生符号价值的欲望具有永动性，人们会乐此不疲地通过这种方式努力向更高层次迈进。

　　由此可以推断，社会交流体系的客观要求培育了符号价值产生的沃土。

---

① ［法］让·鲍德里亚. 物体系［M］. 林志明译. 上海：上海人民出版社，2001.
② ［美］凡勃伦. 有闲阶级论［M］. 海口：南海出版公司，2007.

第三层次："区别"与"差异" "比较"
高级阶段——符号价值永恒化
第二层次：需求体系 社会交流体系
中级阶段——符号价值体系化
第一层次：需求 社会交流
初级阶段——符号价值分离

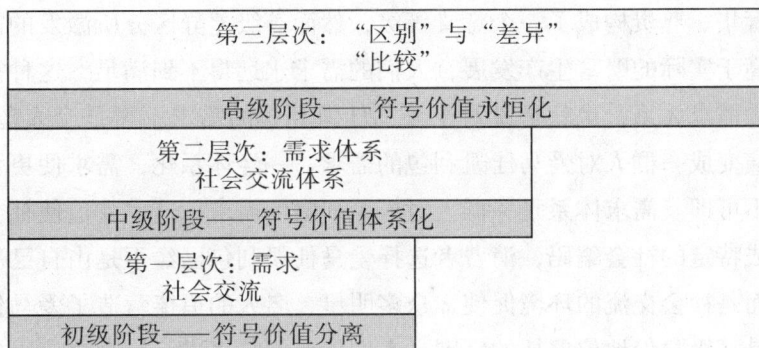

图 2　符号价值产生与发展的三个层次

（三）案例分析

爱马仕（Hermès）是源于巴黎的世界著名奢侈品品牌，早年以制造高级马具起家，迄今已有 170 多年的悠久历史，其中爱马仕皮袋是最成功的产品之一，凯利包①更是无数女性梦寐以求的对象。

凯利包具有传奇色彩，现在订制一只凯利包不仅需要高昂的价格，也需要好几年时间，这种超出了消费品牌和物品使用性的行为，隐藏了奢侈品符号价值生产的一般逻辑。第一层次，符号价值分离。从需求层面而言，爱马仕凯利包分离为客观本义和引申义。它作为皮包的客观本义是放置物品，它的基本属性能够在使用中体现，除此之外，爱马仕凯利包开始具备一些初级意义，它的符号价值初步显露，也就是引申义所传递的凯利包代表了时尚和潮流，代表了尊贵和奢华。当凯利包的符号价值初步显露时，社会交流也就开始了。凯利包不只是一个放置物品的工具，而且其拥有者能够享受约定俗成的社会交流的权利。人们直观地认为拥有凯利包的人绝不是普罗大众，而是具有消费能力、社会地位和高级身份的人，这种社会交流在拥有凯利包的一刻就开始了。第二层次，符号价值体系化。从需求层面而言，爱马仕凯利包的引申义——时

---

① 1956 年，当时的摩纳哥王妃、好莱坞著名女星格蕾丝·凯利（Grace Kelly）身怀六甲，美国《生活》杂志捕捉到她用爱马仕皮包遮掩因怀孕而隆起的小腹的画面，这个镜头引起了世界瞩目，其后爱马仕总裁将此款皮包命名为"凯利包"。

尚、奢华、尊贵构成了一个意义等级，然而等级差异区分所激发的需求总是高于实际的财富生产发展，人们的需求永远得不到满足，这种需求升级为需求体系，也就是说对于爱马仕凯利包的需求不再是个人范畴，而是演变成一群人对爱马仕凯利包的需求，一经体系化，需求便更为稳定而不可即。需求体系是一群人对成系列物的需求，这也就迫使社会交流形成特定的社会编码，消费者选择爱马仕凯利包已经不是由自己决定的，而是社会交流的环境促使，众多明星、名人的追捧营造了爱马仕凯利包是高级身份地位象征的氛围，人们需要用它来进行社会交流，最终成为社会交流体系。第三层次，符号价值永恒化。因为需求体系化的不断发展，人们对于爱马仕凯利包的意义需求进一步抽象化，至此完全丧失对皮包功能属性的要求，人们花费昂贵的价格绝对不是因为爱马仕凯利包能够放置物品，而是转为对符号的追求，其目的是与他人形成"区别"和"差异"，这种符号价值成为购买爱马仕凯利包的重中之重。需求层面的转变也伴随着社会交流层面的转变，简而言之，就是在拥有爱马仕凯利包中比较自己的身份和地位，通过这种方式表明自己不是底层大众，而是具有经济实力和精致品的人。人最终通过这样的符号价值确定了自我。由于需求不竭、社会交流不停使得人们对于爱马仕凯利包的欲望不会消失，总有人需要用这样的方式证明"我是谁"，这也就成为爱马仕凯利包几十年来经久不衰的根本原因。至此需求体系和社会交流体系的双重要求促使奢侈品品牌进行符号价值生产，完成了从初级阶段的符号价值分离到中级阶段的符号价值体系化再到高级阶段的符号价值永恒化的升级。

四、奢侈品品牌符号价值的形成机制

现代奢侈品主要通过市场营销的手段进行意义赋值，因此本文认为观察奢侈品的市场营销行为是解读符号价值形成机制的必然之选和最优之选，它能够通过市场实践获取营造品牌符号价值的相关信息。

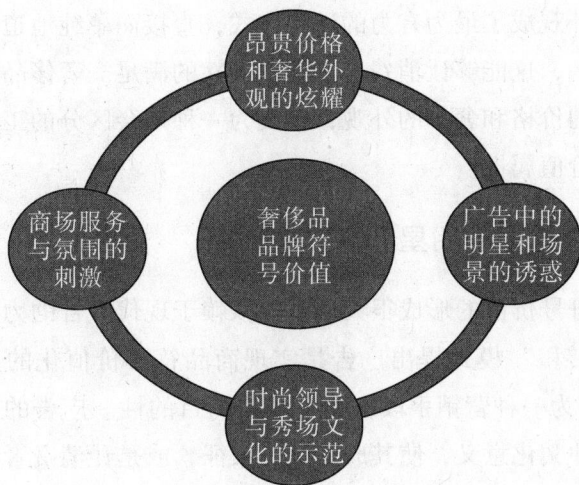

图3　奢侈品品牌符号价值的形成机制

（一）昂贵价格和奢华外观的炫耀

昂贵的价格和奢华的外观是构成奢侈品符号价值的首要条件，二者形成了与一般商品的基础性区别，满足了人们渴望通过消费来炫耀自己的财富的社会心理。

毋庸置疑，奢侈品的高昂价格和奢华外观为消费者提供了炫耀性的价值功能。现代社会的阶级区分已经淡化，人们无须根据家族、血缘等先天的继承条件来划分社会地位属性，然而身处于社会中的人，仍旧需要用某种方式言说自己的身份和地位，凡勃伦所提及的炫耀性消费正好解决了这个疑惑。这种夸富式的炫耀能够使得社会大众心生羡慕，与此同时，消费提升了他们的社会地位与声望，使得他们获得社会性的自尊与满足。现代人要进行社会交流，要确定自身的地位，必须通过购买和拥有商品的方式进行。例如，蒂芙尼（Tiffany）珠宝包装独特，采用了特制的淡蓝色珠宝盒，显得优雅大气又透露着梦幻的感觉，即使是超出同类产品的高价也无法阻挡狂热的蒂芙尼追求者。蒂芙尼之所以那么受欢迎，是因为拥有这些物品直接显露出购买者的身份和价值，代表了自己是一个物质基础雄厚、身份地位高贵且兼具品位的人。奢侈品的昂贵价格和奢华外观成了最为有力的证明方式，直接而单纯地道破了消费者的价值和内涵，这能够让消费者获得社会性的满足。奢侈品在很大程度上通过高昂的价格和奢华的外观，已成为一种社会区分的工具，显露出鲜明的符号价值属性。

（二）广告中的明星和场景的诱惑

奢侈品符号价值的形成很大程度上依赖于现代广告的力量。麦克拉肯的"意义转移"模式提出广告是实现商品符号价值化的主要手段之一①。广告作为一种营销手段，具有很强的目的性。广告的目的之一是赋予商品某种文化意义，使其成为符号象征，或是让消费者习惯性地将消费品和某种文化意义联系在一起。广告有力地承担了告知消费者某种商品是独特的、重要的，是人们争相拥有的对象的责任。

奢侈品的广告正是通过使用各种符号而赋予奢侈品更多的象征意义，其中主要包括人物和画面，例如，迪奥（Dior）真我系列香水广告，展现了 T 台模特的高品质生活场景。广告中好莱坞明星查理兹·塞隆（Charlize Theron）成功塑造了自信、美丽的女性形象，在万众瞩目下展示出女性天使般的优雅和魔鬼般的性感，是真女人的完美化身。金色璀璨的梦幻场景加强了情感渲染，让消费者陷入情境之中而心生向往，渴望成为查理兹·塞隆那样有魅力的女人。广告道出真谛——要实现心中所想就需要迪奥的真我香水，它拥有神奇的魔力，能让所有女人变得更完美。广告就是通过赋予奢侈品众多的象征性意义，使其构成一种可信的区分体系，由此为奢侈品构建了一种代表身份、地位和上流社会生活方式的象征形象。

（三）时尚领导与秀场文化的示范

时尚是奢侈品符号价值形成机制中不可避免的话题，奢侈品总是和时尚紧密相连。时尚作为社会主流价值观，操纵着奢侈品消费的方向和

---

① Grant McCracken. Culture and Consumption：A Theoretical Account of the Structure and Movement［J］. *Journal of Consumer Research*，1986（6）.

进程。

　　根据德国社会学家、哲学家格奥尔格·西美尔（Georg Simmel）的理解，消费时尚包括两个方面：一是示同，一是示异。示同，就是借助消费来表现与自己认同的某个社会阶层的相同、一致和统一。示异，就是借助消费显示与其他社会阶层的不同、差别和距离。上层阶层在内部进行示同，借助商品与下层阶层示异，下层阶层通过商品购买模仿上层阶层，一旦下层阶层进行模仿，上层阶层就放弃旧时尚，以此来保持和下层阶层的距离。时尚模仿与时尚创新之间的时间差，使时尚呈现动态、短期、易逝和不断扩散的特征①。

　　奢侈品的时尚举动，主要是通过时尚领袖引导时尚革命的进程，通过秀场营销的方式打造奢华盛宴，通过时尚杂志传播时尚概念，这是自上而下的、由时尚领袖和媒体领导的示同和示异共存的推动奢侈品符号价值不断更新和扩散的过程。具体而言，营销手段主要体现在以下三个方面：一是通过意见领袖或时尚领导者进行消费创新，并赋予奢侈品某种文化意义。例如卡尔·拉格斐凭借其非凡的艺术创造力和个人魅力成为引领时尚的风云人物，他也赋予了香奈儿品牌独特的气质——突破寻常、极致个性。二是通过规模化的秀场活动，制造强烈的文化氛围，凝聚超强人气，将价值和意义升级。只有上流社会才能直接参与其中，他们通过示同，确立自己的身份和地位，大众是无法直接参与的，在一定程度上是示异的时尚，大众由于可望而不可即，更增添了对奢侈品强烈的欲求。例如每年的意大利米兰时装发布会就是一场商业合谋秀，设计师通过这些时装发布会告诉全世界今年将流行什么，只有时尚圈有影响力的人才能够亲临现场，无论名人还是明星都放下光环甘愿充当配角。三是时尚杂志的传播作用，将文化世界的意义转移到特定的商品上。时尚杂志主要告诉大众能够通过购买奢侈品模仿上层阶层的生活，并将奢侈品所赋予的奢华、尊贵的生活理念传递给大众，引导其进行时尚模仿。琳琅满目的时尚杂志总有其强大的生命力，通过时尚教育和引导获

---

　　① ［德］西美尔. 金钱、性别、现代生活风格［M］. 刘小枫, 顾仁明译. 上海：华东师范大学出版社, 2010.

取大众的芳心，构建奢华的美梦。

（四）商场服务与氛围的刺激

现代商场使得奢侈品获得了个体形式之外的符号价值，它是实现消费者自尊和满足的真实场所。现代商场通过空间设计、商品陈列和人员服务赋予奢侈品意义与价值，包括情调、趣味、美感、身份、地位、氛围、气派、心情等，提供给消费者独特的体验。例如上海半岛酒店一楼的香奈儿精品店，地处黄金地段，拥有 480 平方米的宽敞空间，进入后仿佛置身于贵族府邸。精品店由多个沙龙风格的房间组成，分别呈现着高级成衣、配饰、鞋履、高级珠宝及腕表系列，更特别开辟 VIP 区，专门从欧洲甄选的精美古董、艺术品以及特别量身定制的装饰艺术品点缀其间，为客人带来无比舒适优雅的"寓所"体验，呈现出低调、舒服、极致优雅的氛围。[①] 专属服务员为每一位顾客提供服务，及时洞察顾客所需并提供建议，让顾客享受贵宾般的待遇，提高顾客舒适感，并且更加确信自己能够通过消费来彰显财富，证明较高的社会身份和地位，通过这种自鸣得意的情感满足来实现身份尊贵的幻想。现代商场的陈列和服务使奢侈品成为一种"欲望"的符号，消费者通过这个符号能够表明自己的身份、地位和品位。

五、结语

奢侈品品牌能承载一定的文化和意义，作为自我需求和社会交流的形式而存在，人们追求奢侈品的品牌符号价值无可厚非，然而过度沉迷，则会造成一系列的负面影响。

其一，助长物质主义。消费至上、享受和炫耀助长了物质主义倾向，使得个人私欲不断膨胀，人们疯狂地追求物质财富，物质成为一切的衡量标准，而人本身成了被动的、异化的消费动物，人们寄托于占有和消费物质财富上，崇尚物质主义，追求感官享受，在一定程度上削弱

---

① 香奈儿上海半岛店即将揭幕 被称最雅致精品店 [N/OL]. http://www.neeu.com/news/2009 – 11 –27/13018_1. html.

了对社会公共事务和他人的关心，造成社会冷漠（如一些富商对社会公益和慈善事业的冷漠态度）。其二，容易激发社会矛盾。例如郭美美炫富事件、马诺在《非诚勿扰》的拜金言论在社会上都引发了轩然大波，大众纷纷指责这种急功近利、盲目追求奢侈、贪婪攫取的价值观，底层民众与富人建立起公然的界线，仇视心态愈演愈烈。微博上口诛笔伐，也表露出大众对中国社会贫富悬殊、两极分化的强烈愤懑和怨恨。其三，过高的奢侈品消费投入不利于经济长远发展。中国社会已然进入奢侈品消费的狂热时期，各大品牌如雨后春笋般在中国开店，大力挖掘中国市场，一些人沉迷于将金钱换取尊严和快乐，过分地投入到奢侈品消费领域。富人有自由支配金钱的权利，本也无可厚非，但是如果光顾追求享乐，迷恋奢侈品消费，对扩大再生产缺乏有力的资金投入，那么长此以往会对整个社会经济造成不良的影响。

　　因此，我们认为理解奢侈品品牌符号价值内涵、形成原因和形成机制至关重要，这有助于提醒消费者保持清醒的头脑和培育理性消费的态度，不盲目追逐品牌符号价值；有助于引导奢侈品消费循序渐进地健康发展。这些恰恰是中国转变为奢侈品消费大国后应该重新审视的重要问题。

（原载于《新闻界》2014 年第 2 期）

综合门户网站品牌个性维度的模型建构研究

——基于词汇联想法①

朱 磊 郑 爽 张子民 杨 琰②

【摘 要】网站品牌是以互联网为生存空间、以互联网业务为核心的品牌。由于网络经济具有以技术和创新为基础、以消费者为中心的特点，网站品牌的个性非常有可能与传统品牌（包括产品、企业和服务品牌）的个性有所不同。本文以国内访问量名列前茅的综合门户网站——网易、腾讯、新浪、搜狐等为研究对象，运用词汇联想法，探讨综合门户网站的品牌个性维度，并尝试建构出一个模型，来解决以下问题：传统的品牌个性理论是否适用于综合门户网站品牌？如果不适用，综合门户网站的品牌个性会有哪些维度，它们之间的关系如何？经过研究比较，发现传统的品牌个性维度并不适合测量国内的综合门户网站的品牌个性。参照美国著名学者 Jennifer L. Aaker 的品牌个性维度量表，本文探索性地总结出较为适合测量国内综合门户网站品牌个性的维度量表。

【关键词】综合门户网站 品牌个性 维度 模型

① 本研究属于"网易新闻科研基金"研究成果。
② 朱磊，暨南大学新闻与传播学院广告学系副教授，日本东京经济大学传播学博士，日本广告学会会员、日本市场营销协会学者会员；郑爽，暨南大学新闻与传播学院传播学 2008 级硕士研究生；张子民，暨南大学新闻与传播学院传播学 2008 级硕士研究生；杨琰，暨南大学新闻与传播学院传播学 2008 级硕士研究生。

一、问题的提出

从某种意义上说，市场竞争就是品牌的竞争，企业想赢得市场，就必须在品牌管理上下功夫。品牌管理的核心在于构建一系列独特的品牌识别特征，因为品牌所拥有的象征性意义和个性是刺激消费者进行品牌联想和形成消费观念的关键因素，因此品牌个性便成了品牌管理的重中之重，对品牌个性的研究也成为业界和学界密切关注的问题。

在品牌个性中，以品牌个性维度最基础、最重要。品牌个性维度指的是品牌个性的结构组成，通常一个品牌的个性会由几个方面构成。"科学分类之要旨是界定一个广泛的维度结构，在这一结构内，大量的具体事例将以一种简化的方式被理解。"① 品牌个性维度是某品牌与其他品牌相区别的基础，也是研究消费者的购买动机和消费者对品牌的认知、态度、行动等一系列问题的基础。

1995 年，随着互联网在中国的蓬勃兴起，中国进入了网络时代，相伴而来的是以"开放、平等、互动、迅捷"为特征的网络文化。在这种与农业文化、工业文化、商业文化迥异的新文化浪潮中，随着信息技术的发展，基于网络的新的信息传播模式和商业模式不断涌现，作为互联网的重要载体——网站，如雨后春笋般涌现，迅速陷入了激烈的品牌竞争之中。在这种背景下，对网站品牌个性维度的研究是非常必要的。因为传统的品牌个性维度研究基本都是基于商业文化和实物产品的，而网站却由于其虚拟性、开放性、交互性的网络特点和全新的商业模式，与传统的企业和品牌呈现出巨大差异。而品牌个性又是网站参与市场竞争、赢得市场竞争的关键，是网络品牌研究的必备课题。在这种情况下，开展网站的品牌个性研究就具有极大的现实意义。

网站品牌个性维度的研究具有极大的积极作用。一是可以检验传统的品牌个性理论是否适用于网站品牌；二是可以比较网站的品牌个性维度与实物产品的品牌或者企业品牌的个性维度的差异；三是可以为网站的经营管理提供决策参考；四是可以为与网站经营管理的相关研究奠定基础。

---

① 黄胜兵，卢泰宏. 品牌个性维度的本土化研究 [J]. 南开管理评论，2003 (1)：4.

二、研究现状

自从 20 世纪 50 年代美国 Grey 广告公司提出"品牌个性"理论以来，品牌个性在过去的几十年间在理论和实践中都取得了较大的进展。目前对品牌个性的研究大体上集中在品牌个性的概念、维度、影响因素（来源）、品牌个性创建品牌资产和品牌个性的应用等几个方面。

关于品牌个性的定义，迄今为止不同的研究者有不同的见解，而被使用得最广泛的是 Aaker（1997）的定义"The set of human characteristics associated with a brand"[1]，即"品牌个性是由某一品牌联想到的一组人类特征"。本文对品牌个性的定义进一步细化，将其表述为：品牌个性是品牌在一定社会条件和市场环境下形成的比较固定的特质，是人们对该品牌所联想到的人类的特性，它可以反映出人们对该品牌的感受，从而使该品牌与其他品牌区别开来。

品牌个性维度的研究则得益于个性心理学在个性维度与文化之间关系问题上所取得的突破。在"维度"概念尚未在品牌个性中出现之前，品牌个性的测量处于一种比较混乱、无系统的状态中。随着 20 世纪 60 年代心理学领域著名的"大五"个性维度模型[2]的确立，品牌学者开始从品牌个性概念本身及其与心理个性之间的关系着手，发展真正意义上的品牌个性维度。在整个品牌个性维度的研究中，从方法论层面可以分为演绎法和归纳法，其中归纳法居于主流地位。[3] 1997 年，美国著名学者 Jennifer L. Aaker 第一次根据西方人格理论的"大五"模型，以个性心理学维度的研究方法为基础，以西方著名品牌为研究对象，发展了一

---

① Jennifer L. Aaker. Dimensions of Brand Personality［J］. *Journal of Marketing Research*，1997（34）：347.

② 现有公认的人类个性量表为 Goldberg（1990）总结的"大五（Big Five）"模型，在这一量表中，人类个性被规划到开放性（Openness）、尽责性（Conscientiousness）、外向性（Extraversion）、愉悦性（Agreeableness）和神经质（Neuroticism）这五个方面的测量维度（这些维度常被缩写为 OCEAN），并具有 30 个具体的特征指标。

③ 归纳法是以特质论和词汇法作为方法论基础，特质论假设必须同时用几种主要的特质来形容人的性格或个性，如演绎法的类型论中说某人是一个内向的人，而特质论则说某人是一个安静、深思、谨慎的人。词汇法则假设词汇可以作为品牌个性研究的重要媒介，并被认为是一个国家文化的集中体现。因此，词汇法是一种重要的本土化研究方法。

个系统的品牌个性维度量表（详见表3）①。在这套量表中，品牌个性一共可以分为5个维度——纯真（Sincerity）、刺激（Exciting）、称职（Reliable）、教养（Sophisticated）和强壮（Ruggedness）。这五个维度下有15个层面，包括有42个品牌人格特性。这套量表是迄今为止对品牌个性所做的最系统、最有影响的测量量表，据说可以解释93%的西方品牌个性差异。Jennifer L. Aaker的品牌个性维度量表在西方营销理论研究和实践中得到了广泛的运用。

2001年，为了探索品牌个性维度的文化差异性，Jennifer L. Aaker与当地学者合作，继续沿用1997年美国品牌个性维度开发过程中使用的方法，对日本、西班牙这两个分别来自东方文化区以及拉丁文化区的代表国家的品牌个性维度和结构进行了探索和检验，并结合他自己1997年在美国品牌个性的研究结果，对三个国家的品牌个性维度变化以及原因进行了分析。结果发现：美国品牌个性维度的独特性维度在于强壮（Ruggedness）；而日本是平和的（Peacefulness）；西班牙却是热情/激情的（Passion）。②

以Aaker"大五"模型为基础，许多学者对品牌个性进行了拓展研究，在国内，以学者黄胜兵、卢泰宏对品牌个性维度的本土化研究最著名。2003年，黄胜兵、卢泰宏参照Aaker的词汇分析法对品牌个性维度进行了本土化研究，得出了由66个品牌个性词汇构成的5个品牌个性维度，将其分别命名为具有中国传统文化特色的"仁、智、勇、乐、雅"。③

近年来，虽然有不少学者把对品牌个性的维度研究应用到电子产品、电子商务和网络品牌上，但是大多数研究都是基于实物产品在网络上的延伸，即使有少量研究网站的品牌个性的，也是套用了Aaker或者黄胜兵等人的品牌个性维度理论，追根溯源地对网站这一类型品牌的个性维度进行研究的成果则几乎没有。因此，对网站的品牌个性维度进行研究，既有理论意义，也有现实意义。

---

① Jennifer L. Aaker. Dimensions of Brand Personality [J]. *Journal of Marketing Research*, 1997 (34): 347–356.

② 黄胜兵，卢泰宏. 品牌个性维度的本土化研究 [J]. 南开管理评论，2003 (1): 5.

③ 黄胜兵，卢泰宏. 品牌个性维度的本土化研究 [J]. 南开管理评论，2003 (1): 7~8.

三、研究方法

由于本研究属于探索型研究，故选择综合门户网站排名前四位的腾讯、新浪、搜狐、网易四大网站作为研究的突破口，运用词汇联想法获得初始词汇，然后对这些初始词汇进行分析。

1. 网站的选择

选择腾讯、新浪、搜狐、网易四家综合门户网站作为研究对象，基于以下几个方面的原因：第一，成立时间早，几乎经历了中国互联网发展的全过程。网易于 1997 年创办，搜狐、新浪、腾讯在 1998 年创办，经过网络泡沫的大浪淘沙，这四家网站能生存下来并且称雄网络世界，证明它们是有实力的，是网站中的代表。第二，业务全面，整体实力较强。它们基本具备了新闻发布、即时通信、休闲娱乐、电子商务等功能，在长期的市场运作中，形成了比较成熟的品牌管理方式，能较全面地反映网站的基本素质。第三，在我国的互联网品牌中，较早具有品牌意识并且付诸实践。比如腾讯就是我国互联网企业中率先引入 CIS 的企业之一。第四，访问量位居中国网站排行榜前六位，如果剔除搜索网站百度和谷歌，它们就是排行榜前四位，名列前茅的访问量说明了它们有着较高的知名度和广泛的用户基础，方便调查研究的开展。而从它们身上所得出的研究结论，也有更广泛的普适意义。

2. 问卷设计

运用开放式的词汇联想法，可以得到消费者对品牌的最原始的最真切的评价，还可以根据消费者不同级别的联想词汇得到消费者的联想地图。因此问卷设计如下：

如果把"网易"（"腾讯"／"新浪"／"搜狐"）想象成一个人的话，您觉得他（她）拥有什么样的个性呢？请把您想到的形容词写在下面横线上，例如整洁的、亲切的等等。

3. 施测过程

在学生和社会人士中选择那些经常使用网络、比较熟悉相关网站的人进行访问。整个测量持续一周时间，共派出问卷 320 份，回收 273 份，有效作答 273 份。调查对象中，女性占 64.3%，男性占 35.7%。

4. 数据处理

本研究的所有数据整理和分析主要利用 Microsoft Excel 2003 及 SPSS 13.0 两种软件进行，主要运用了频次分析方法。

四、结果和分析

在 273 份有效问卷中，共收集到 894 个词汇。除了把意思相同的词统一为一个词，例如把"八卦"和"八卦的"统一为"八卦的"以外，基本没有对形容词进行修改，以保留原始数据。然后对所有词汇进行频次统计。

1. 综合门户网站品牌个性维度的初步建立

对所有词汇按频次进行降序排列，取频次超过 10 的 11 个形容词各自作为一个类，把与这 11 个词意思相近或相反的词分别归到一起，无法归入的暂时归为"其他"类，以此对所有词汇进行分类。以这 11 个原始词作为类别名的话，可以得出"亲切的"、"全面的"、"活泼的"、"八卦的"、"丰富的"、"整洁的"、"成熟的"、"时尚的"、"方便的"、"年轻的"、"可爱的"、"其他" 12 个类别。由于"全面的"和"丰富的"、"时尚的"和"年轻的"两组类别意思相近，均把后者归入前者。最终所得类别为"亲切的"、"全面的"、"活泼的"、"八卦的"、"整洁的"、"成熟的"、"时尚的"、"方便的"、"可爱的"、"其他" 10 大类别。其中各类别中词汇的总频次以及在 273 人中所占的百分比如表 1 所示。

表 1　各类别词汇总频次及在 273 人中所占百分比

序号	类别名	频次	百分比
1	全面的	128	46.89%
2	成熟的	122	44.69%
3	亲切的	105	38.46%
4	时尚的	96	35.16%

（续上表）

序号	类别名	频次	百分比
5	活泼的	94	34.43%
6	方便的	81	29.67%
7	整洁的	77	28.21%
8	可爱的	74	27.11%
9	八卦的	69	25.27%
10	其他	48	17.58%

由于"其他"这一类别的词汇不能作为评价网站个性的一个确切的方面，故除去此类别，将前9个类别作为分析单位。

首先将前9个类别作为评价综合门户网站个性维度的二级指标。由表1可见，"全面的"所包含词汇的频次最高，其次是"成熟的"，再次是"亲切的"。这三个指标所包含的频次均在100以上，所占比重在40%左右。由此可得，"全面的"、"成熟的"、"亲切的"是评价综合门户网站最重要的指标。"时尚的"、"活泼的"、"方便的"三个指标的重要程度次之，所包含词汇的频次在80到100之间。"整洁的"、"可爱的"、"八卦的"三个指标的重要程度最小，所包含词汇的频次在60到80之间。

接下来，根据词语的不同词义，再从各类别中选出一些频次较高的词汇作为三级指标，对各个类别作进一步细化和诠释，得出表2。至此，可初步得出评价综合门户网站个性维度的二、三级指标。

表2　综合门户网站品牌个性维度的二、三级指标

序号	二级指标	三级指标
1	亲切的	亲切的、包容的、大众的、熟悉的、陌生的、乐于助人
2	全面的	全面的、丰富的、博学的、多才的、综合的、多元的、不够全面

（续上表）

序号	二级指标	三级指标
3	活泼的	活泼的、外向的、热情的、运动的、朝气的、多变的、沉闷的
4	八卦的	八卦的、娱乐的、山寨的、严肃的、花心的
5	整洁的	整洁的、清新的、朴素的、有条理的、杂乱的、琐碎的、清晰的
6	成熟的	成熟的、可靠的、智慧的、进取的、成功的、权威的、不够权威
7	时尚的	时尚的、年轻的、新颖的、有个性的、创新的、平淡的、没个性的
8	方便的	方便的、实用的、周到的、高效的、迟钝的
9	可爱的	可爱的、大方的、有趣的、性感的、贪婪的、烦人的、无耻的

表3　Jennifer L. Aaker 的品牌个性维度量表

一级指标	二级指标	三级指标
Sincerity（纯真）	Down-to-earth（纯朴的）	Down-to-earth（纯朴的）
		Family-oriented（顾家的）
		Small-town（老土的）
	Honest（诚实的）	Honest（诚实的）
		Sincere（坦率的）
		Real（真实的）
	Wholesome（有益的）	Wholesome（有益的）
		Original（独创的）
	Cheerful（愉悦的）	Cheerful（愉悦的）
		Sentimental（多愁善感的）
		Friendly（友好的）

（续上表）

一级指标	二级指标	三级指标
Exciting （刺激）	Daring （勇敢的）	Daring （勇敢的）
		Trendy （时髦的）
		Exciting （兴奋的）
	Spirited （精力充沛的）	Spirited （精力充沛的）
		Cool （冷静的）
		Young （年轻的）
	Imaginative （想象的）	Imaginative （想象的）
		Unique （独一无二的）
	Up-to-date （最新的）	Up-to-date （最新的）
		Independent （独立的）
		Contemporary （当代的）
Reliable （称职）	Reliable （可靠的）	Reliable （可靠的）
		Hardworking （勤奋的）
		Secure （安全的）
	Intelligent （聪明的）	Intelligent （聪明的）
		Technical （技术的）
		Corporate （合作的）
	Successful （成功的）	Successful （成功的）
		Leading （领袖的）
		Confident （自信的）
Sophisticatied （教养）	Upper-class （上层的）	Upper-class （上层的）
		Glamorous （迷人的）
		Good-looking （好看的）
	Charming （可爱的）	Charming （可爱的）
		Feminine （女性的）
		Smooth （光滑的）

（续上表）

一级指标	二级指标	三级指标
Ruggedness（强壮）	Outdoorsy（户外的）	Outdoorsy（户外的）
		Masculine（阳刚的）
		Western（西部的）
	Tough（坚韧的）	Tough（坚韧的）
		Rugged（健壮的）

2. 综合门户网站品牌个性维度的建立

参考 Jennifer L. Aaker 的品牌个性维度量表和黄胜兵、卢泰宏二人的品牌个性维度的本土化研究，概括出综合门户网站品牌个性维度的一级指标，即称职、刺激、教养、纯真、八卦。

（1）与 Jennifer L. Aaker 提出的品牌个性维度相比较。

参考 Jennifer L. Aaker 所提出品牌个性维度词汇（见表3），根据二级和三级词汇的相似性，可以对表2和表3两个维度表进行比较。表2中的"亲切的"可以归入表3中的一级指标"纯真"中，相似词语有"亲切的"—"友好的"、"乐于助人"—"有益的"、"大众的"—"纯朴的"等。"活泼的"和"时尚的"可以归到"刺激"中，相似的词语有"朝气的"—"年轻的"、"运动的"—"精力充沛的"、"新颖的"—"最新的"、"创新的"—"独一无二的"、"时尚的"—"时髦的"等。　"成熟的"可以归到"称职"中，相似的词语有"成功的"—"成功的"、"可靠的"—"可靠的"、"进取的"—"勤奋的"、"智慧的"—"聪明的"等。"方便的"、"全面的"两大类别虽然缺乏与"称职"比较相近的词语，但是与"称职"的词义相符，也可归入其中。"整洁的"和"可爱的"可以归到"教养"中，相似的词语有"可爱的"—"可爱的"、"整洁的"—"好看的"、"性感的"—"女性的"等。表2中的"八卦的"与表3比较，缺乏相近的词语，不能归入表3的任何一个一级指标中，暂且用"八卦"作为一级指标名称。表3中的"强壮"由于不能概括表2中的任何一个二级指标，不能作为表2中任何一个一级指标的名称。综上所述，如果用 Jennifer L. Aaker

提出的品牌个性五大维度来衡量综合门户网站的品牌个性，可以得出以下几个维度："纯真"、"刺激"、"称职"、"教养"、"八卦"。计算各个维度所包含所有原始词汇的总频次在总人数（273 人）中所占的比重（见图 1）可知，在五个维度中，"称职"是人们评价综合门户网站个性时提到最多的方面，所占比重最大，是最重要的维度。此外依次是"刺激"、"教养"、"纯真"、"八卦"。与 Aaker 提出的五大维度以"纯真"、"刺激"、"称职"、"教养"、"强壮"为先后顺序的排序相比，除了"刺激"都排在第二位之外，其他维度的排序都完全不同。"称职"和"教养"的重要性有所提高，"纯真"的重要性所有减弱。由此可见综合门户网站品牌个性评价的独特性。

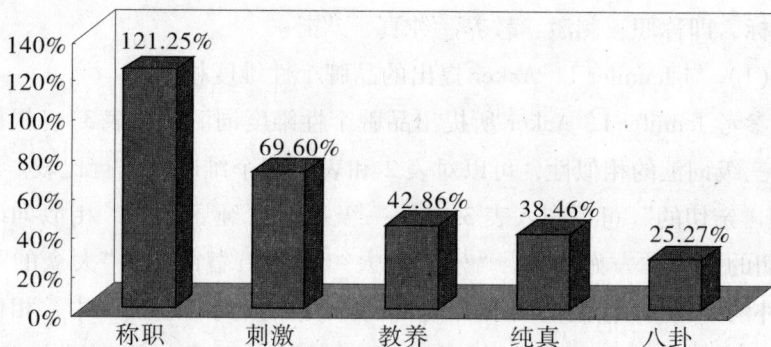

图 1　综合门户网站品牌个性维度比例图

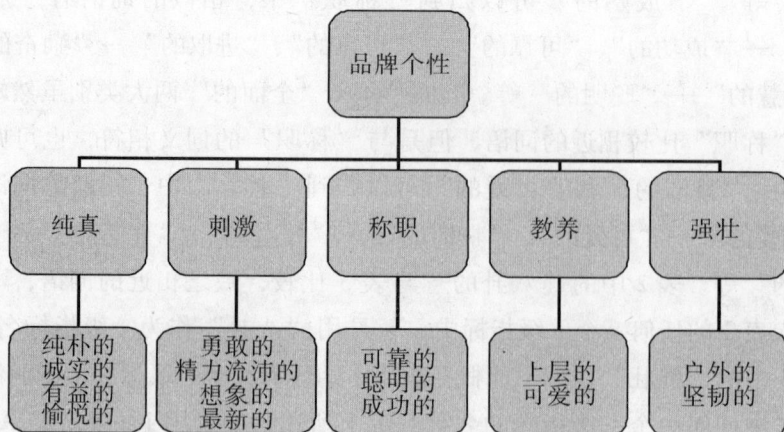

图 2　Jennifer L. Aaker 品牌个性维度

　　通过比较 Jennifer L. Aaker 的品牌个性维度和综合门户网站品牌个性维度的图示（见图 2 和图 3），可以看出，与 Aaker 提出的品牌个性维度相比，综合门户网站品牌个性维度中缺少了"强壮"，增加了"八卦"。这或许与网站品牌的特点和中国本土文化有关。根据现有的研究成果，"强壮"本来就是美国品牌个性的独特特征，与日本、西班牙等国家的品牌个性有明显的区别，用它评价中国本土文化下形成的网站品牌有所不适应也实属正常。另外，网站个性的其他四个维度虽然可以用 Aaker 提出的测量品牌个性的其他四个维度来概括，但是所包含的词汇已经明显不同，即品牌个性的细化特征不同。例如"称职"维度中就增加了"全面的"和"方便的"两个个性特征。

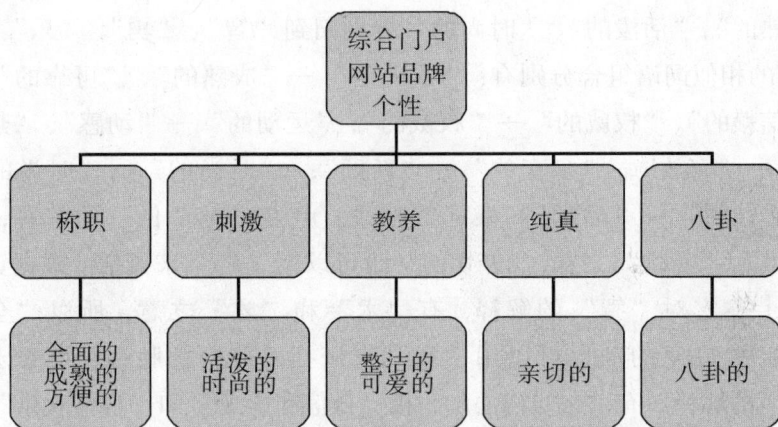

图 3　综合门户网站品牌个性维度

　　（2）与国内本土品牌个性维度相比较。

　　在国内，品牌个性维度的本土化研究以黄胜兵、卢泰宏的研究最著名，他们参照 Aaker 的词汇分析法得出了颇具本土特色的五大品牌个性维度，这些维度由 66 个品牌个性词汇构成（见表 4）。①

---

① 黄胜兵，卢泰宏．品牌个性维度的本土化研究［J］．南开管理评论，2003（1）：7~8.

表 4　中国品牌个性维度量表（黄胜兵、卢泰宏）

序号	维度	个性词汇
1	仁	平和的、环保的、和谐的、仁慈的、家庭的、温馨的、经济的、正直的、有义气的、忠诚的、务实的、勤奋的
2	智	专业的、权威的、可信赖的、专家的、领导者、沉稳的、成熟的、负责任的、严谨的、创新的、有文化的
3	勇	勇敢、威严、果断、动感、奔放、强壮、新颖、粗犷
4	乐	欢乐、吉祥、乐观、自信、积极的、酷的、时尚的
5	雅	高雅、浪漫、有品位的、体面的、气派的、有魅力的、美丽的

　　根据个性词汇的相似度，可以把综合门户网站品牌个性指标中的"成熟的"、"活泼的"、"时尚的"分别归到"智"、"勇"、"乐"中。它们的相似词语组合分别有："成熟的"—"成熟的"、"可靠的"—"可信赖的"、"权威的"—"权威的"；"运动的"—"动感"、"热情的"—"奔放"、"多变的"—"新颖"；"时尚的"—"时尚的"、"有个性的"—"酷的"。根据黄胜兵、卢泰宏对"仁"的解释，有"爱人"、"爱物"之意，"亲切的"也可以用"仁"来概括。根据黄胜兵、卢泰宏对"智"的解释，有"术"和"才"之意，所以"全面的"、"方便的"也可以用"智"来概括。根据黄胜兵、卢泰宏对"乐"的解释，有"来自内心的积极、自信和乐观"和"群体欢乐"之意，所以"八卦的"和"可爱的"可以用"乐"来概括，况且也有"娱乐的"、"有趣的"与之相对应。又因为黄胜兵、卢泰宏对"雅"的解释，有"秀丽、端庄的容貌特征"之意，所以"整洁的"可以用"雅"来概括。至此，又可以得出一个以本土品牌个性维度来命名的综合门户网站品牌个性维度（见图 4）。

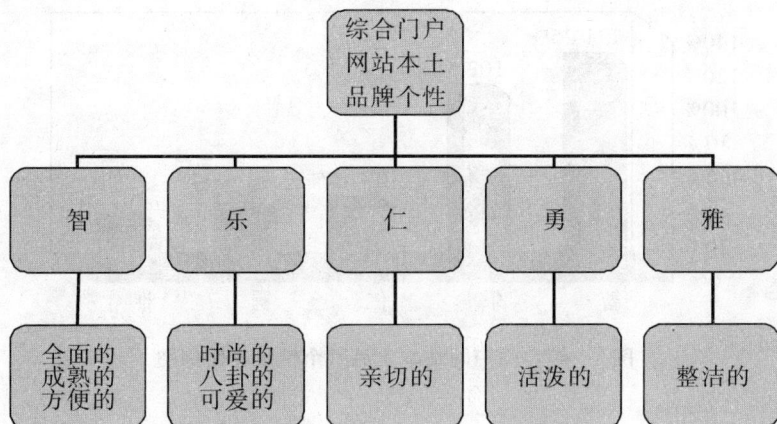

图4　综合门户网站本土品牌个性维度

　　根据所包含词汇的总频次比例（见图5）来看，"智"在评价综合门户网站品牌个性时被提及的频次最高，是五个维度中最重要的一个，"乐"紧随其后，重要程度次之，之后依次是"仁"、"勇"、"雅"。与黄胜兵、卢泰宏提出的以"仁"、"智"、"勇"、"乐"、"雅"为先后顺序的五大维度相比，除了"雅"都排在最后之外，其他几个维度的排序都完全不同。"智"和"乐"的重要性有所提高，"仁"和"勇"的重要性有所降低。

　　综上可知，黄胜兵、卢泰宏提出的本土品牌个性维度是可以用来概括综合门户网站品牌个性的，原因或许是两者同属中国文化语境下的研究。但是两者在具体的个性特征上仍存在较大差异，例如综合门户网站品牌个性中的"雅"就只包含外形之雅，去掉了对儒雅的言行和理想性格的评价。

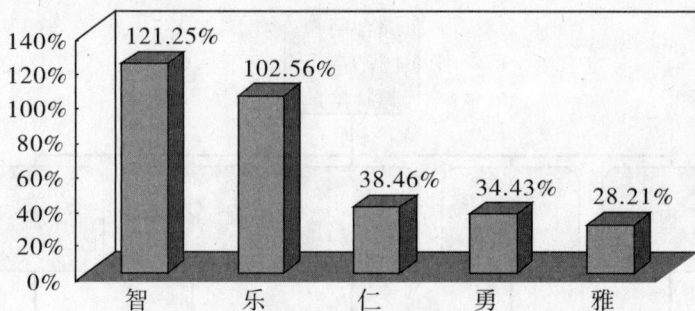

图5　综合门户网站本土品牌个性维度比例图

（3）综合门户网站品牌个性维度的最终建立。

至此，本研究小组分别用被普遍认同的 Jennifer L. Aaker 的品牌个性维度和国内最具代表性的本土品牌个性维度来概括综合门户网站的品牌个性维度。虽然两者与综合门户网站的品牌个性维度都有一定的适应性和差异性，但是，相对来说，本研究小组更倾向于采用 Jennifer L. Aaker 提出的品牌个性维度对综合门户网站品牌个性维度的概括，并以此作为本小组对综合门户网站品牌个性维度的假设。

原因有三：第一，本土品牌个性维度对综合门户网站品牌个性的概括太抽象，不够直观。其实黄胜兵、卢泰宏提出的品牌个性维度本来就太抽象，这就导致具体的品牌个性特征分类模糊，比如综合门户网站中"时尚的"这一特征，既可以归入"雅"，也可以归入"乐"。第二，综合门户网站品牌个性用本土品牌个性维度来概括之后，去掉了很多本土品牌个性维度本来包括的个性特征，仍用原来的维度名称显得"名不副实"。例如综合门户网站品牌个性维度中的"仁"、"勇"、"雅"三个维度都只有"亲切的"、"活泼的"、"整洁的"一个方面，看起来有些单薄。第三，黄胜兵、卢泰宏的本土品牌个性研究是以 Jennifer L. Aaker 的品牌个性研究为基础的，况且 Aaker 提出的"大五"模型在世界上得到了普遍认同，日本、西班牙等国家在建立品牌个性维度时也都仅是在此基础上稍作改动。

五、局限性和以后的研究方向

本文利用词汇联想法对综合门户网站品牌个性的评价维度进行了研究，并在 Aaker 提出的品牌个性维度框架下最终得出测量综合门户网站品牌个性的假设模型，为综合门户网站品牌个性的评价提供了一定的参考。

由于只是前期的研究，得出的结果也只是假设，研究结果难免会有失严谨之处。首先，表示综合门户网站品牌个性特征的词是根据被调查者提到的频次、词义本身、与其他词的区别挑选出来的，可能不够全面。至于这些词到底多大程度上适合描述综合门户网站的个性，也需要作进一步的调查和分析。其次，综合门户网站品牌个性各个维度的重要程度是根据所包含的词汇总频次的比例大小确定的，而非根据具体的分析结果得出，这个问题有待进一步研究。第三，调查对象只限于广州地区，由于地域文化的差异，该研究结果是否具有全国代表性也需进一步调查论证。

在今后的研究中，研究小组将对提出的假设进行验证，针对每一个维度重新进行问卷调查，利用因子分析的方法，找出每个维度及代表每个个性特征的词汇的适合度。如果假设的个性维度得到验证，根据现有每个网站的联想词汇，就可以很方便地得出每个综合门户网站的个性特征。

基于用户角度的类型化网站品牌价值评估模型研究

莫智勇　刘　欣

（暨南大学　新闻与传播学院　广东　广州　510632）

【摘　要】随着类型化网络论坛在互联网受众中影响力逐渐扩大，基于互联网技术与传播环境中的网站品牌价值建构的提升，成为互联网营运企业在新媒体传播环境的现实迫切的要求。本文以网络用户的认知角度为出发点，以论坛型网站品牌价值作为评估对象，结合考察类型化网站品牌特点，探讨互联网站品牌形象传播认知、品牌价值评估及其价值形成模型的维度要素和建构方法。通过对"广州妈妈网"类型化网站个案的实证研究，分析基于用户对网站品牌的需求及认知、态度和行为的变化过程，就如何形成类型化网站品牌价值尺度进行探究。由此进一步提出类型化网站品牌资产评估模型的路径以及提高用户类型化网站品牌忠诚度的运营思路。

【关键词】类型化网站　用户　网站品牌价值　维度　评估

一、理论观照与问题提出

品牌（Brand）原指商业社会中有形的机构、企业或产品等合法标识及其符号延伸。品牌资产（Brand Equity）则是 20 世纪 80 年代出现并流行和通用的行销概念之一①。20 世纪 90 年代西方学界对品牌资产

---

① ［美］凯文·莱恩·凯勒. 战略品牌管理（第三版）［M］. 卢泰宏，吴水龙译. 北京：中国人民大学出版社，2006.2.

的研究达到鼎盛期。产品的同质化、激烈的市场竞争促使各类企业意识到品牌价值的重要性，开始将品牌资产视为企业无形资产的重要组成部分。西方学者对于品牌资产的研究主要在品牌资产定义、价值理论模型和实证评估研究三个方面展开。正是基于不同角度的研究，学界也没就"品牌资产"概念形成广泛可接受的共识。而且，不少学者更愿意从消费者或用户视角去阐释品牌价值资产。一般而言，品牌对于消费者而言，理论上是可减少消费过程的风险，人们期望通过消费品牌获得更安全、心理上更满足的品质或服务。反之，用户认同程度则是直接地反作用于品牌价值的传播与建构。

在互联网经济蓬勃发展的社会，基于数字传播技术下的虚拟信息产品，如各类专业化、类型化网站，是否有其品牌价值？答案是肯定的。据调查，大部分的网络用户在访问自己所需的网址时，浏览习惯是相对稳定的，这可能是由于网站信息具有品牌形象影响力。传统意义上的品牌与互联网协议形成的网站媒体品牌，都有其独特的品牌属性。基于互联网技术协议框架下的公开性，创造相对于传统媒体来说是更加不可控的。

近年来，全球化的互联网络商业传播及电子商务营销活动发展异常迅猛已成为不争的现实。国内对于以论坛型网站品牌价值为评估对象的品牌资产评估研究几乎处于空白状态。国外实证研究是基于国外消费者行为特点的，其结论能否适用于中国特色市场还有待检验。另外，网络时代的用户在消费心理需求和行为特征等方面都明显地与传统意义的买卖行为极为不同。不同类型的网站品牌价值之间也存在巨大差别。例如，在我国互联网站中，"天涯"、"猫扑网"等一批论坛型网站影响力不断扩大，以其庞大的用户群和高度黏性，正逐渐自觉与不自觉地朝着品牌化经营发展。因此，科学地、系统地认识和检视基于消费者和用户的专业化、类型化的网站品牌构建的研究，是十分具有现实意义和应用价值的。

本文结合类型化论坛网站品牌的用户群特点，从网络消费者角度出发，对构建网站品牌资产进行评估维度探究。其现实意义有二：一是对网站品牌进行有效的资产评估，将有利于网站企业的品牌管理与传播，提高网站企业市场核心竞争力；二是有助于用户更好地了解网站品牌和服务选择，从而提高对网站品牌的忠诚度。

美国品牌专家 David Aaker 教授（1995）提出从五个方面来衡量品牌资产，并设定了十项具体评估指标。例如品牌忠诚（溢价、满意度/忠诚度）、感知质量（感觉的品质、品牌领导力/流行度）、品牌联想（感知价值、品牌个性、组织联想）、品牌认知和市场行为（市场份额、价格和分销区域）等。Aaker 采用认知心理学"关联网络记忆模型"来阐述品牌资产概念，指出了品牌认知是创造品牌资产的关键，由消费者记忆中的品牌形象和品牌知名度组成的品牌内涵是品牌资产构成条件。另外，美国 Keller 教授（1996）也提出了品牌资产（Customer-based Brand Equity）的定义，即顾客品牌知识所导致的对营销活动的差异化反应，这种反应表现在顾客对品牌的认知、评价、情感及行为等方面。[1] 他进一步认为，与没有标明品牌的产品相比，顾客更倾向于标明品牌的产品，市场对其也会有更积极的反应。2001 年，Keller 又提出了基于品牌力是存在于消费者对于品牌的知识、感觉和体验中这一前提下的品牌资产金字塔模型（CBBE），并指出品牌资产由不同层面构成，具有逻辑和时间上的关系，总结出品牌建构路径为首先建立品牌识别，然后提出品牌内涵，接着引导受众形成正确的品牌认知反应，最后重于缔造品牌与消费者的关系。Page & White 教授（2002）也首次提出互联网中的"网站资产"概念，认为其内容包括受营销和非营销传播影响的消费者对网站的熟悉度和感知度。它由网站设计、商家特征和产品、服务特征等网站品牌形象影响等要素构成，这些指标可以预测品牌资产的变化。同时，也有学者提出如何测量门户网站网络在线和离线时品牌资产形成要素的问题，如在线品牌体验、互动性、定制化、相关性、品牌社区、站点日志等。国内学者卢泰宏（2007）提出了品牌资产三维度模型，认为品牌能够给企业带来超值利润的根本原因在于品牌对消费者有"价值"；金立印教授的观点是品牌资产模型应由品牌忠诚、感知

---

① ［美］凯文·莱恩·凯勒. 战略品牌管理（第三版）［M］. 卢泰宏，吴水龙译. 北京：中国人民大学出版社，2006. 54.

质量、品牌关系、品牌体验和品牌吸引力五个维度组成。其中感知质量、品牌体验和品牌吸引力是品牌关系和忠诚的主要动因。上述学者对于品牌资产的研究观点对于探索网站品牌资产价值的形成有着重要的借鉴意义。

由于网络存在虚拟和不可即时验证的特点，网站认知度是网站品牌资产的基因，体验则对网站品牌形象的感性判断产生影响，并导致消费者对网站的信任度产生变化，进一步形成对该网站的忠诚。于此，类型化网站的品牌价值资产评估模型研究对象是以提供服务与论坛为主要产品形式的社区媒介类网站。网络论坛是在 BBS① 基础上发展起来的，互联网络用户围绕某类或某一特定问题或话题，自主地发表议论看法、交流观点的网络虚拟社区空间，具有自由性、匿名性和互动性等特点。登录浏览、发布、回复帖子已成为许多人生活方式的一部分。这种类型化论坛拥有自己固定的网民和受众群。

网站域名认知、网站形象、网页体验、网站信任和网站忠诚等成为网站品牌资产的重要因子。基于互联网传播与营销的网站品牌资产价值的体现，有形或无形的价值都必须以得到网络用户认可为前提。例如，网站电子商店即网店的品牌资产是由情感连接、网上体验和服务响应三个维度组成的。

于此，在国内外品牌资产理论的基础上，结合类型化网站品牌的特性，对网站品牌资产评估模型问题的研究探讨可从以下几个方面展开：第一，如何确定论坛型网站品牌资产评估是基于网络用户角度来对其品牌价值资产进行评估的；第二，从用户角度来理解论坛类型化网站的传播特点与其品牌形象价值意义；第三，拟用实证调查方法，对研究样本类型化网站"广州妈妈网"的用户进行访谈调研，统计分析消费者用户的认知、态度和行为等数据；第四，分析基于用户角度来理解的论坛类型化网站的传播与其品牌形象价值等各项数据，提出拟构建网站品牌资产价值评估模型的维度内涵。

---

① BBS/电子公告系统（Bulletin Board System），是联机信息服务系统，是允许多人同时参与的网络论坛系统。

二、网站品牌形象认知及价值因子

一般来说，信息传播的受众或消费者对商品形象最直接的理解就是对其品牌符号所产生的一系列诸多联想或"对号入座"式判断，如看到某种品牌的标识符号信息就会联想到其商品或服务。如提到"宝马"，消费者自然联想到以操控性能好、驾驶乐趣见长的名牌汽车；说到"IBM"，就知道是个人电脑的代名词；看见一个钩形的符号，消费者都知道是世界运动品牌 NIKE（耐克）。通过对不同品牌信息产生不同的联想，凸显了不同品牌之间的差异，决定品牌在消费者心中的认知和地位。这就是品牌形象外在标识形成的"品牌对号入座"的认知结果。

网络用户只有在使用产品或体验服务中感受品牌带来的功能利益和心情愉悦，才有可能继续认知网络品牌信息，才能产生对品牌的感觉和评价。若能在品牌尝到"利益甜头"，便会对品牌产生心理和行动上的依赖，进而形成品牌忠诚。赢得用户对网站的持续忠实，成为一个网站品牌生存的关键因素。那么，基于互联网传播环境下的网站品牌建设，是不是可以运用传统的品牌建构策略呢？传统品牌的形成，因传播环境与消费者成熟度、商品消费心理的不同而有不同的成因；而相对于现实商品社会中消费者对品牌的维系而言，网络用户只要轻点一下鼠标，就能轻易改变浏览的网站，因而在各品牌之间的转换成本几乎可以忽略不计。因此，互联网环境下品牌体验就尤显重要了。Dayal 教授（2000）提出的"在互联网上，品牌即体验，体验即品牌"的观点，反映了体验如网页内容、信息服务等功能的网站品牌，维持点击率与用户的访问量以及网站形象，是网站形成强势品牌价值的重要前提。

本文中，网站形象（Brand Image）的定义为：网络用户对网站品牌名称、图形符号及其相关个性化特征信息产生的想象，通过体验网站功能或服务过程中获得的心理感受与形象感知、体验联想等的信息图集。用户在使用网站时赋予网站具有某种独特情感的身份和性格的认知，并通过自身的阅历在内心深处依靠自身认知能力来联想网站品牌的形象。网络用户与网站品牌能发生相关联的体验式探索，主要体现在认

知、态度及行为三个渐进阶段。（见图1）

图1 网络用户体验与网站品牌价值形成阶段

在调查访谈中发现，消费者用户在网站使用体验过程中对网站企业所传达的经营理念、企业文化等资讯，论坛上网民发布的各种言论以及用户在接触网站时所提出的"全过程沟通"，是形成对网站企业整体形象的重要因素。因此，类型化网站要提高网络用户的认知与忠诚度，不仅要在品牌形象与用户关系维系方面入手，吸引广告主投放、网站持续经营也是重要的前提。

三、网站品牌价值评估维度的形成

如何形成网站的品牌价值，本文试图从上述用户与网站品牌发生联系中"认知、态度、行为"三个阶段，基于消费者角度对品牌资产评估模型维度进行探讨。维度选取是构建品牌资产评估模型的关键。在实证调查采集样本过程中，我们借鉴了消费者品牌资产理论，选取网站知名度、感知质量、网站联想（网站品牌形象）、网站忠诚四个维度作为品牌资产评估模型的组成因子。

（一）网站知名度（Brand Awareness）

认知程度可以通过两方面来反映，即品牌识别（Recognition）——

听说过吗？以及品牌回想（Recall）——能回忆起吗？[①] 品牌识别是网络用户辨认网址、主题、代表符号标记等信息的判断记忆过程，这些信息会在用户脑海进行筛选过程中进行有序选择；联想则包括品牌标识、个性、产品或服务等在传播过程中在用户心中所形成的认可程度，这是反映网站品牌特色和差异的重要因素。网站知名度可以认为是用户在不同条件下确认、记忆或辨识某一网站品牌的能力和对网站品牌知晓的程度。网页的点击率、访问次数、浏览时间等因素整体上反映了网站在网络用户心中的知名度。因此，品牌知名度是品牌忠诚与兴趣的原动力之一，也是品牌资产的重要组成。

（二）感知质量（Perceived Quality）

感知质量是抽象性概念，指消费者对产品或服务评估后形成的态度等记忆集合整体性评断结果。Keller 教授（2001）认为只有消费者对质量的感觉和对成本的感觉相结合，才能对某一产品的价值作出判断，从而形成感知质量。因此，感知质量是消费者在付出货币、时间、精力和作出购买决策时所产生的一系列机会成本。本文将感知质量定义为网站用户按照使用需求与目标状况，对网上所表达的相关信息功能或服务所形成的抽象性的主观印象或感受，也包括网站实质功能和效用价值的评价。

照此逻辑，本文试图从整合使用技术和社交功能两个方面解释品牌质量感知要素。如果产品品质是传统品牌内涵的基础，那么对于网站品牌来说，网络信息技术就是实现品牌形成的基石。实际上，用户在使用各种网站获取资讯服务时，更趋向于选择速度快、服务稳定、功能强大的门户网站。对论坛型网站的品牌特点以及用户使用目的需求的感知也可反映用户对网站技术的态度。

通过网站渠道的社交感知数据调研，实证了用户对网络社区内其他个人或用户群之间交互与跟贴讨论的依赖性。这种建立在虚拟社区中

---

① Kevin Lane & Keller. Conceptualizing, Mesuring, and Managing Customer-based Brand Equity [J]. *Journal of Marketing*, 1993, 57 (1): 1-29.

"人与人"之间的关系，是在信息交互行为过程中逐渐形成的稳定的信任，当这种关系确定后会相对"恒定"。犹如在社区内互相对话、聊天的总是那么一群"熟人"。可以推断，这种网络形态生存的人群关系也像现实生活那样。相反，如离开习惯使用的虚拟社区，即原来注册网站，那么用户需要花大量时间和精力在新网络社区与新网民建立交流。这样一种网络社区迁移成本对于新用户而言是相当大的。这也反证了用户对社交感知成熟的网站社区是必然有其依赖性的。

正因为感知质量与品牌符号、产品服务等品牌自身形象以及消费者心理及其使用情绪等因素有关，因此用户对某种网站品牌的使用习惯形成后，对其品牌忠诚度便自然建构而成。从调研分析看，网站品牌资产的影响因素主要体现在信息质量、功能满意度和网页形象设计三个方面。事实上，网络传播的交互性和时空无限性的特点，非常有利于构建网络社区的品牌知名度。因此，互动性和界面友好性是网站品牌形象形成的重要基础。（见表1）感知质量是品牌与消费者长期互动关系的结果，是网站运营发展持续成功的重要因素，也是网络品牌资产价值形成的重要因素。

表1　网站使用感知质量要素调查表

一级要素	二级要素	要素分析
技术感知	信息质量	网站提供的信息是否全面、真实，能否更新及时、与时俱进等
	功能特点	网站设置的功能是否"多而全"、有特色，有该网站的强势功能，能够满足自身需要等
	版面设计	网站的版面设计是否人性化，符合使用习惯，布局是否有序合理、简洁方便，是否操作简单、美观大方、有个性等
社交感知	互动性	网站是否提供与其他网站或用户进行交流的平台，关注用户的看法，使之有满足感等
	友好性	网站是否营造了友善的交流氛围，让用户易于结交朋友、有愉悦感等

（三） 网站品牌形象 （Brand Image）

品牌形象就是对品牌所属信息产生的一系列感受联想或"对号入座"，也可理解为"品牌联想"。品牌之间可联想其产品特征、消费者群体、竞争对手等。如何建构互联网传播环境下的用户体验与联想感受是网站品牌化经营之道。Dayal 教授（2000）提出的"在互联网上，品牌即体验，体验即品牌"观点，认为用户在使用网站时赋予了网站具有某种独特情感的身份和性格认知。另外，用户也依靠自身经验和认知能力来进行网站品牌形象的联想，因此，品牌知名度和感知质量对于网络品牌形象的建立是十分重要的。针对网站品牌形象的要素调查分析表如下：

表 2　网站品牌形象的要素

一级要素	要素分析
功能或服务的形象	网站的内容、功能、服务、技术、设计、互动等
使用者的形象	网站性别、年龄、职业、收入、教育程度、个性、价值观等
网站企业的形象	网站企业的员工形象、发展理念、市场地位、公益责任等

总之，网络用户对网站品牌名称、图形符号及品牌相关特征信息所产生的想象，以及通过体验网站本身功能或服务而获得的心理体验与形象感知和联想是网站品牌形象的基石。当消费者对品牌有较高认识和熟悉度，并在记忆中形成强有力的、带有个人偏好的独特的品牌联想后，网站品牌资产价值即随之形成。

（四） 网站忠诚 （Brand Loyalty）

品牌忠诚度的界定在学界一直存有较大争议。如 McConnell J. Douglas （1968）认为消费者必须持续购买某个品牌产品或服务 3～5 次才可视为对该品牌忠诚；Deighton （1994）指出品牌忠诚则是顾客对某个品牌的极大个人偏好；Baldinger （1996）论述了品牌忠诚应包括态度忠诚和行为忠诚两部分；Oliver （1997）却总结出品牌忠诚的内涵是消费者拥有一种再次购买所偏好的产品或服务的强烈承诺感，即使购买情景与营销手段发生变化，也不会导致其购买行为改变。

品牌忠诚度可以反映用户与品牌之间的关系，是企业最重要的资产之一。维持客户关系是现代企业管理的重要环节。顾客的品牌忠诚对品牌价值提升、获利、吸引新户以及品牌输出延伸有极为重要的作用。营销学理论认为，忠诚度是一种产出变量，是通过企业在营销活动中获得的消费者使用品牌后的心理认可，及其表现出的态度和行为等。而消费者的态度是用户基于对品牌属性和自身利益相关因素考虑的对某品牌的总体心理评价。这样一来，对品牌的态度比行为能更好地反映出用户对品牌的忠诚度。将品牌忠诚度运用到类型化网站上进行分析，网络用户对该网站的持续性登录和停留时间反映了对该网站品牌的认可度。但调查数据也表明，单从浏览网页行为是无法证明用户对该网站品牌的喜爱是否超越其他网站品牌。

本文将品牌忠诚定义为互联网用户对某网站品牌产生持续性的接触行为并表现在心理上对该网站品牌符号、标识记忆的持续反应，分为态度忠诚与行动忠诚。除重复点击浏览网站外，还包括对该网站品牌存在着的一种传播义务（如向熟人朋友推荐等）。由此可知，网站品牌的忠诚度是由各种因素共同缔造的，在一定程度上受品牌价值资产等要素的影响。

四、类型化网站品牌价值资产评估模型构建——以"广州妈妈网"为例

本文以"广州妈妈网"作为案例样本，试图结合调查实证分析，探求基于消费者用户角度的类型化网站品牌价值资产构建过程。在调查中发现，网站自身运营中不断累积所形成的用户与网站可靠黏合关系，使网站使用者形成一定偏爱与惯性，甚至会以多种形式为该网站传播口碑、向熟人分享其使用心得，而使该网站成为用户的稳定关系网络社区聚集地，最终形成网站的个性化品牌价值与无形资产的增值。

"广州妈妈网"是在广州地区较具规模与影响力的典型亲子论坛类型化网站，创于2004年。它是一个以亲子育儿、婚姻家庭、怀孕咨询

与准妈妈情感为主要资讯的互助、互动虚拟网络社区，致力于向准妈妈们提供具有本地化、实用性、开放性特征的母婴相关信息，也有聚会、交流、购物、反馈等网络功能，曾被称为"广州最火的女人社区"之一。据调查，至 2010 年 12 月底，"广州妈妈网"已有 110 多万会员和用户，主要为广州地区的准妈妈或年轻妈妈，网站日访问量达 20 万余人次，日发帖 3 万余条，并拥有 BBS 和 SNS 在线免费试用、妈妈百事通和妈妈文库等信息服务模块，另外拥有特色丰富的线下活动体系。"广州妈妈网"成为目前广州地区乃至全国较大的育儿母婴类网站。

对于像"广州妈妈网"等类型化网站，要真正了解网络用户对网站品牌的态度，需要分析消费者选择点击网站的深层次原因。在调研过程中发现，多数用户对品牌形象价值的看法大多源于自身原有的记忆与心理感受。因此，本文采用访问收集数据的方式进行定性调查，进一步探讨网络用户对论坛型网站品牌的认知、态度和行为。我们选取 300 名在"广州妈妈网"注册并长期使用该网站获取资讯的真实用户作为分析样本，进行一对一的交流以及电话访问获得数据。同时，随机挑选 1 200 名用户，在取得调查者同意后采用网络工具聊天的方式开展逐项问卷调查，收集用户对"广州妈妈网"的意见以及消费情况调查问卷与访问记录的原始数据。对于预设情景问题如"如果把'广州妈妈网'当成一个现实生活中的'伴'，你在什么情况下最希望和 TA 在一起？"超过半数的访问用户的回答都提到"需要"二字。包括如"需要解决即时问题"、"需要了解未知问题"或"需要分享喜愁心情"等。在有关"广州妈妈网"品牌形象调查中，我们发现用户品牌联想心理方向可以归纳为求助、娱乐和情感三种需求。"广州妈妈网"用户需求调研分析如图 2、图 3 所示。

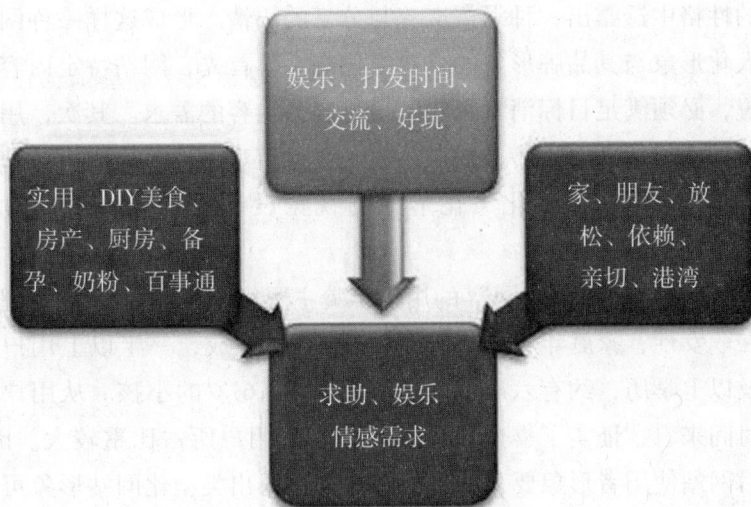

图 2　"广州妈妈网"用户品牌联想心理方向

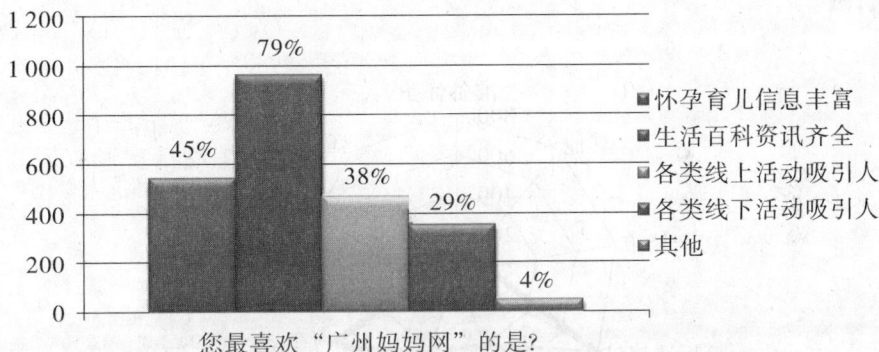

图 3　"您最喜欢'广州妈妈网'资讯内容"问卷统计

　　从调研样本分析可知，"广州妈妈网"五大主要频道和十八个分类的板块，其重点是在母婴亲子互动资讯的基础上打造一个广州"本地师奶"与"幸福母婴"生活网络交流社区。类型化网站的信息内容和用户特征群是网站品牌价值形成的因素。本文拟用定性的方法，了解网站品牌形象描述和形象价值、网站品牌个性化是如何通过人性化特征映射到网站品牌形象上的。"广州妈妈网"的拟人化形象就是一位年龄三十岁左右的女性，有温柔宽容、忙碌紧凑与秀外慧中的气质，时尚、精明、开朗的性格中透露出一种渴望交流与分享的心情。形成这样一种网站品牌拟人化形象与其品牌形象的自身定位有关。首先，网站特定内容与互动设置，必须满足目标消费者对资讯与服务内容的需求。其次，用户群的特征如用户性别、年龄、职业、收入和价值观念也可能成为品牌形象特性。再次，网站个性化文化形象与视觉设计也是吸引用户的重要因素。

据调查，"广州妈妈网"的用户年龄主要集中在23~32岁，超过八成是在职女性，家庭年收入10万元以上超过五成，一半以上用户拥有本科及以上学历，约有六成的女性养育着0~6岁的小孩。从用户浏览停留时间来看，证实了喜爱论坛板块内容的用户所占比重较大。因此，根据对网站使用者形象要素的分析，可推理得出类型化网站形象可通过用户特征形象来反映。例如，网站的多数人使用就会给这类人相似的共同品牌印象。以下为"广州妈妈网"用户最喜欢浏览论坛板块调查分析图。

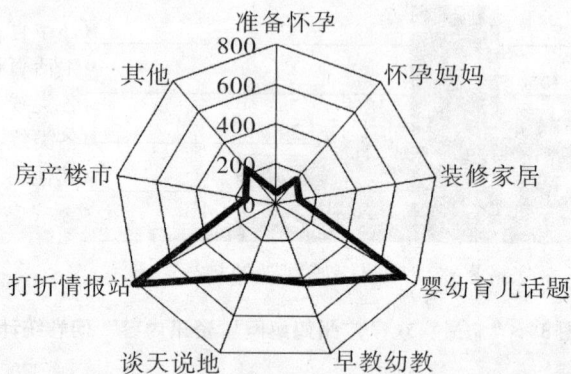

图4　"广州妈妈网"最喜欢浏览的论坛板块的调查分析

从定量调查数据中我们发现，在"您最喜欢网络中的什么？"选项里，约有八成被调查用户认为是"广州妈妈网"服务齐全的生活百科资讯，超一半用户选择了怀孕育儿方面指导信息。这也反映出该网站为用户提供的类型化信息能满足相近消费群体的共同需求。由此可以注意到，论坛型网站是垂直类型化网站，即用户会将注意力集中在某些特定领域或某种特定需求。根据 TGI① 的数值表现来判断，目标人群消费特性可以通过网站使用体现出来。从这个角度看，类型化论坛型网站的目标用户要比门户型网站的用户更精准、更集中。该调查结果对于网络品牌价值的形成与传播具有普遍的意义。

　　从网站忠诚度形成要素来探讨用户对网站的品牌忠诚，可将忠诚度分为态度忠诚和行为忠诚两方面。在定性访问中针对诸如"如果把'广州妈妈网'想象成一个人，你喜欢和 Ta 相处吗？你愿意把 Ta 介绍给自己的朋友认识吗？"的问卷问题，结果显示92.3%的受访用户都对此表示认可。另外，运用比较分析法，把"广州妈妈网"与相似的几个亲子育儿类论坛网站进行比较，结果发现"广州妈妈网"在喜爱网站的排序中得分最高，也反映了网络用户在态度和心理上对其有品牌忠诚。排序如图5。

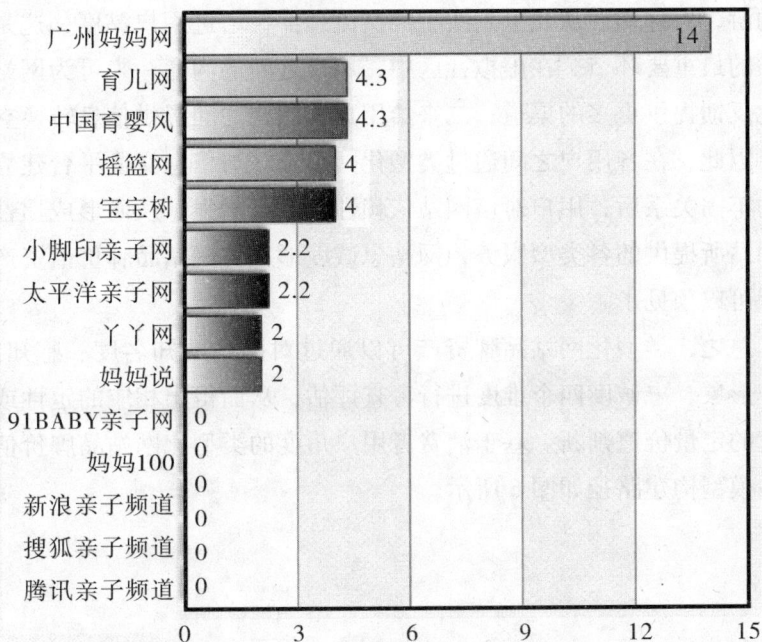

图5　2010年"广州妈妈网"及其竞争对手品牌调查排序分值

---

　　① TGI，即"目标群体指数"，可反映目标群体在特定研究范围（如地理区域、人口统计领域、媒体受众、产品消费者）内的强势或弱势。计算方法：TGI 指数 =（目标群体中具有某一特征的群体所占比例/总体中具有相同特征的群体所占比例）×标准数100。

依据网络传播和转换低成本的理论观照，相对于传统的产品品牌消费的转移成本，网络中同类品牌之间的转移成本几乎可忽略。对于论坛类型化网站品牌而言，消费者用户在行动上的忠诚（即愿意长时间停留和点击）反映出用户在态度上的忠诚（即心理满意和信任并愿意付出额外价值）。正是由于大多数论坛型网站的用户人群特征突出、目标顾客群需求相似，对网络用户来说，在"你有我有大家有"的网页同质化与网络环境生态趋同的时代中，通过品牌价值和无形资产的提升来凸显网络传播的差异化，这在网站品牌价值资本形成中就显得格外重要了。

另外，在调查中也发现，类型化网站品牌价值构建中辅以线上、线下与用户互动的策略，成为网站品牌成功的关键。例如，"广州妈妈网"线下活动围绕孕妇和孩子来举行，从准妈妈茶聚会到周末全家亲子活动游，促进用户从线上到线下的交流延伸，增进用户黏度，这是品牌传播的最重要环节。在虚拟社区中，用户之间的沟通一来可为网站经营优化反馈提供更多的渠道；二来给用户与用户之间提供信息转换空间。

因此，在各用户之间通过类型化网站论坛与信息交换平台建立起相应的牢固关系后，用户对该网站依赖性会逐渐增强，从而形成惯性而接受网站所提供的各类型服务，网站忠诚度形成与网站品牌价值资产的增值就可以预见了。

总之，类型化网站品牌资产可以通过对网站的知名度、感知质量、品牌形象、忠诚度四个维度进行考查评估，从而得出相应的定性或一定程度的定量价值判断。基于消费者用户角度的类型化网站品牌价值资产评估模型构建路径如图6所示。

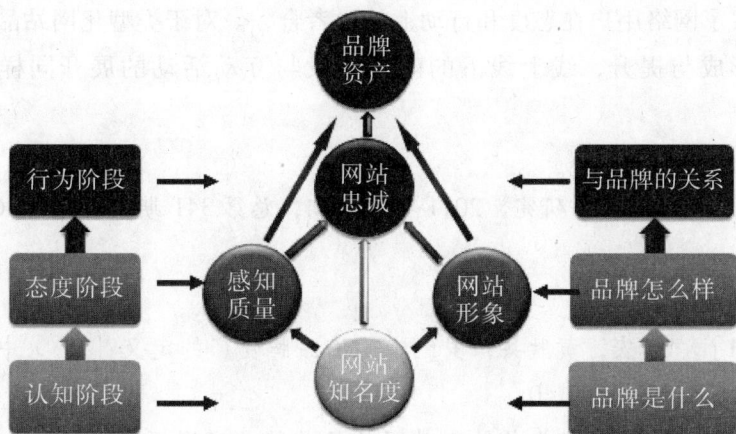

图6　类型化网站品牌资产评估模型构建路径

五、结语

　　基于消费者用户角度的类型化网站品牌价值模型构建过程，用户与网站品牌关系发展经历认知—态度—忠诚三个递进阶段。尽管无论从人力、物力还是技术上，任何一个网站内容都不可能满足所有网民对资讯服务的需求，但在消费者用户使用类型化网站的资讯、服务和体验等功能的过程中，网站的品牌形象与价值始终无声地贯穿其中。个性化、特征化、细分化、有针对性地对网络用户提供服务并进行品牌形象传播，认同联想与"对号入座"式的品牌形象，这对于类型化网站品牌及其价值模型建构十分重要。网站品牌定位应有所为有所不为，才能确定其目标顾客群并了解其消费的态度、行为和生活方式。只有建立目标用户群所接受的独特品牌并获得品牌忠诚度，才能构建与提升类型化网站品牌价值与无形资产。

　　总之，基于消费者用户角度的论坛类型化网站品牌资产评估模型建构，应从网站知名度、感知质量、品牌联想和网站忠诚度四个维度进行定性与定量评估。评估网站品牌价值关键在于其功能效用和情感效用价值的体现，也可从网站网页感知其质量体现。网站品牌形象是功能、服务形象，使用者形象和网站企业形象的总和。用户对类型化网站的忠诚度反映了网络用户在态度和行动上的二者合一。对于类型化网站品牌价值的形成与提升，线上线下的内容建设与互动活动的展开同样必不可少。

（原载于《广告研究》2011 年第 6 期，总第 341 期，第 39～46 页）

参考文献：

[1] 卢泰宏，黄胜兵，罗纪宁. 论品牌资产的定义 [J]. 中山大学学报，2000（4）：40.

[2] 宁昌会. 基于体验者效用的品牌权益模型研究 [M]. 北京：中国财政经济出版社，2005.

[3] 于春玲，赵平. 品牌资产及其测评中概念解析 [J]. 南开管理评论，2003（1）.

[4] 郑宗成，汪德宏，姚承纲. 品牌知行 [M]. 广州：中山大学出版社，2004.

[5] 金立印. 本土网站品牌资产及其形成机制——基于网站内容视角的实证研究 [J]. 营销科学学报，2007（3）.

[6] 范秀成. 品牌权益评估方法. 南开管理评论 [J]. 2000（1）.

[7] [美] 凯文·莱恩·凯勒. 战略品牌管理（第三版）[M]. 卢泰宏，吴水龙译. 北京：中国人民大学出版社，2006.

[8] [美] 大卫·阿克. 创建强势品牌 [M]. 吕一林译. 北京：中国劳动社会保障出版社，2004.

[9] 关辉，董大海. 购物网站品牌资产及其形成机制实证研究 [J]. 中国流通经济，2008（1）.

[10] 朱建荣，郁文. 基于消费者角度的品牌资产形成机理及其测量 [J]. 商业经济研究，2008（11）.

消费新洞察

后现代主义与传统生活方式研究的比较：
消费者行为学视角

阳 翼 Aaron Ahuvia Barbara Carroll①

(暨南大学　新闻与传播学院　广东　广州　510632)
(密歇根大学　管理学院　美国　MI　48126 - 1491)
(佐治亚大学　特里 (Terry) 商学院　美国　GA　30602 - 6264)

【摘　要】本文从消费者行为学的视角，对比了后现代主义与传统生活方式研究范式，发现五个关键的差异点：①传统方法的研究目标是简化细节，而后现代主义方法则更注重细节；②传统方法更关注品牌对消费者的普遍意义，而后现代主义方法关注的是品牌对不同消费者的不同意义；③传统生活方式研究更偏好定量研究方法，而后现代主义者则更偏好定性研究方法；④传统方法得到的市场细分边界是模糊的，而后现代主义的市场细分边界是明显的；⑤传统方法着重于生活方式的特征描述，而后现代主义方法则侧重于理论的发展。文章最后讨论了后现代主义生活方式研究的营销管理意涵。

【关键词】后现代主义　生活方式　市场细分　消费者行为　营销

---

　　① 阳翼 (1978—)，男，湖南湘乡人，暨南大学新闻与传播学院广告系讲师，管理学博士，美国密歇根大学商学院访问学者 (2004—2005)，主要从事消费者行为与品牌研究；Aaron Ahuvia (1963—)，男，美国密歇根大学管理学院副教授，营销学博士；Barbara Carroll，女，美国佐治亚大学特里 (Terry) 商学院副教授，营销学博士。

一、研究背景

在消费者行为学领域，生活方式常被用来对消费者进行市场细分。传统生活方式研究的基本假设是：在态度、兴趣、观点、动机、倾向、价值观和资源获取能力等方面相似的人，其消费行为也相应地具有趋同性。20 世纪 80 年代以来，后现代主义者[1]提出了生活方式研究的另一种可供选择的方法——后现代主义生活方式研究方法，也常被称作定性（Qualitative）或阐释（Interpretive）研究。Holbrook 和 Hirschman（1982）[2]，Belk（1988）[3]，Wallendorf 和 Arnould（1988）[4]，Belk、Wallendorf 和 Sherry（1989）[5]等学者的研究是后现代主义生活方式研究领域的开创性研究，具体可参考 Arnould 和 Thompson（2005）[1]的文献综述。

在国内的相关文献中，已有学者对传统的生活方式研究方法作过详细的综述[6]，但对后现代主义方法却介绍得较少。本文将以传统方法为参照系，用比较的视角介绍后现代主义生活方式研究方法的主要特点。事实上，传统和后现代主义两大阵营学者在争论中往往使用一些晦涩的词汇，让一般的读者摸不清头绪，特别是在实际应用方面。鉴于此，本文将用较为通俗的语言分别概括两种方法的特点。我们发现并讨论了两者在五个维度上的基本差异：①对生活方式群体描述的简洁（Parsimony）或具体；②产品/品牌意义（meaning）的单一或多元；③运用定性或定量的研究方法；④模糊或明显的群体边界；⑤研究目的是特征描述或是理论发展（见表1）。

表1　传统和后现代主义生活方式研究范式的比较

	传统	后现代主义
群体描述	强调群体的共同特点	强调细节和细微差别，常使用复杂的语言来描述较小的市场细分群

（续上表）

	传统	后现代主义
品牌意义	品牌常被看作只有一种意义，消费者被品牌所吸引是因为品牌的意义与他们的价值观和生活方式相一致	品牌在不同的生活方式群体中具有不同的意义
方法论	通常使用大规模问卷调查法	通常使用定性研究方法（如民族志方法）
群体边界	生活方式群体的名字是研究者给定的，许多消费者并不知道自己属于哪个消费群	生活方式群体是由群体成员自己定义的，所有成员都知道自己的所在消费群，即使他们对群体名称还有不同的见解
研究目的	决定生活方式群体的数目，定义它们的边界，并描绘群体成员的特征	具体地描述一个生活方式群体，并以此个案研究为基础，发展出一套理论，解释为什么该生活方式群体会出现，他们如何维持、如何变迁等

二、传统和后现代主义生活方式研究的关键差异点

（一）对生活方式群体的描述：简洁或具体

对生活方式群体描述的简洁或具体，指的是对生活方式分析的具体程度。传统的细分方法试图识别群体的相似性，而省略了大量重要的导致消费行为背后的原因。后现代主义方法则倾向于描述具体的生活方式细节。正如 Holt（1997）所述，后现代主义方法能提供"更为细致的生活方式描述"，虽然传统"生活方式分析抓住了被试者的共同属性，但为了找到这些共同点，需要对数据进行极端的简化（Reduction），而这些被简化了的信息，往往又是对理解消费者生活方式最为重要的"[7]。所以，传统和后现代主义两种方法阵营的争论往往归结为如何

在细微（Nuance）和效率（Efficiency）两种价值之间进行选择。

Holt（1997）[7] 在研究中将自己的后现代主义方法（部分来自 Bourdieu 的理论）和 VALS 作了详细的比较。我们遵循 Holt 的先例，但使用更新的 VALS2 来作对比，由此发现后现代主义方法更注重生活方式细节的描述。

1. 群体的形态

VALS2 提供了 8 个生活方式聚类，并将这些聚类用资源和导向两个维度作矩形排列。大量的研究丰富了这一系统中每个聚类的具体描述。然而，Bourdieu（1984）[8] 认为这样精确的生活方式分群是不可能存在的，因为所有的群体都有动态变化的特性，它们会随着时间的推移扩大或缩小，分流并/或跟其他群体合并。

2. 群体间差异的来源

在描绘每个市场细分的时候，VALS2 常常提及生活方式群体的最重要的价值观，比如："信仰者（Believers）"最重要的价值观是"传统主义"，通过这样的方法将其与消费者群体区分开来。而后现代主义研究者则认为，这只是问题的一部分，人与人之间的差异还有一部分源于不同的人对价值观理解的不一致。比如，Holt（1997）[7] 批评 VALS 对"传统主义"的处理过度简化，认为重视传统的消费者还可以继续细分成三个不同的群体——"规范审美者"（Canonical Aesthetics），"养育母亲"（Nurturing Mother）和"杰斐逊美国人"（Jeffersonian America）。三类群体之间的不同"并非因为它们没有选择'传统'，而是因为他们对'传统'的理解不一致"[8]。这三类群体可能都欣赏一首美国老民歌，并认为它是传统的，但他们的体验可能完全不同。"规范审美者"认为自己是传统的，因为他们渴望得到西方文化中智慧与艺术的最高体验。他们喜欢那首老民歌，可能是因为他们认为这首曲子是美国传统的代表，并且在美国音乐发展史上占有崇高地位。"养育母亲"认为她们自己是传统的，因为她们认为女性最重要的角色就是做个好母亲，生活中最重要的事情是如何影响他们的孩子。这些女性可能也喜欢传统民歌，但主要是因为这些歌曲对孩子的健康成长有好处。"杰斐逊美国人"认为自己是传统的，因为他们把传统的美国田园生活理想化了。他们把民歌跟好日子联系起来，对民歌的感情要比"规范审美者"高。通过这一方式，后现代主义把关注点从价值观的定量差异（即一个人有多传统）转移到价值观的定性差异上来了（即传统对不同的人意味着什么）。

3. 对"资源"的定义

VALS2 在它的资源维度中包括了教育和收入，Bourdieu（1984）[8] 则把收入和教育程度看作不同类型的资源，并将它们分别称为"经济资本"和"文化资本"。他同时注意到正式教育只是文化资本多个来源的其中之一，并详细讨论了在文化家庭中长大的人和"自学者"（Autodidacts）之间的差异。他指出，正如文化资本，经济资本也分为继承和获取两种类型。资源的差异对生活方式研究非常重要，因为它们暗示着群体行为的差异；因为这些差异，生活方式系统变得复杂了。

4. 群体的独特历史

VALS2 没有对生活方式群体的独特历史作出很好的阐释，Bourdieu（1984）[8] 认为生活方式群体的独特历史是生活方式市场细分的关键——那些在财富和地位上处于上升势头的生活方式群体普遍有比较乐观的世界观；而那些文化观念逐渐落伍的生活方式群体，则更倾向于坚持在他们那个时代流行的产品或式样。

5. 群体间的互动

VALS2 提出了一个群体间互动的模型，主要是关于下层阶级如何模仿上层阶级的。Bourdieu（1984）[8] 承认这种模仿行为，但补充说：在下层群体中，同样存在着让上层文化认可他们自己文化优越性的企图。

综上所述，后现代主义的观点是，传统的方法（如 VALS2）只提供了一种市场细分的大致框架。而对每一细分市场的更为丰满的描绘，需要进一步研究导致这些细分背后的社会系统（Social Systems）。后现代主义方法提供了这样的技术，但传统方法的支持者则认为后现代主义方法太复杂，而且关注的消费群体太小。

（二）产品／品牌意义：单一或多元

传统和后现代主义两种生活方式分析方法首先关注的都是消费者如

何通过产品/品牌来表达自我，并以此作为群体成员的标志。两者的分歧主要在于如何看待品牌/产品的象征意义。传统的生活方式研究者认为每个产品/品牌对每一个人意义都是近乎一样的（如法国香槟是财富和世故的象征）。因此，对特定产品的消费表达了一种共同的意义。而后现代主义认为许多产品/品牌对于不同的消费者来说都具有多种不同的意义[9][10]。

后现代主义把产品/品牌看作文本（Text）。人们读书的时候，对同样一段文字的意义会有完全不同的理解，这被称为文本的多语义（Polysemic）现象。如果我们认为产品/品牌是一种文本的话，那么它们同样会有这种现象，即它们对不同的人意味着不同的东西。下面我们以法国香槟为例来说明这个道理。

1. *产品/品牌对不同群体的意义*

后现代主义认为产品/品牌意义可以为一个生活方式群体所共享，但在群体之间则不一样。例如，一些食品爱好者把食物和酒看作是一种艺术，他们可能为了加入一个美食企业而不惜牺牲其他高薪工作，为的是提高自己的艺术技能。对于这些人来说，一瓶好的法国香槟有着不同于社会主流的意义（如财富），而象征着对美食和造酒艺术的追求和欣赏。

2. *产品/品牌在特定场景的意义*

后现代主义认为产品/品牌的象征意义还要视消费场景而定，因而，产品/品牌的意义即使在同一个生活方式群体中也可能不同[4][7][11][12][13][14][15][16][17]。例如，伊拉克战争的爆发让美国和法国之间的关系紧张，因此部分美国人抵制法国人的产品。在这个时期，如果一个美国人在一个政治集会中为客人提供法国香槟，这可能表明他反对战争的立场（这种象征意义也很容易为客人所理解）。但这种法国香槟的政治意义非常短暂，同时只在社会的很小一部分人中存在。而且，这种特定的关联只是在特定的场景（如政治集会）中才存在。

3. *产品/品牌的展示和沟通的意义*

后现代主义还注意到意义会受到产品/品牌展示和讨论方式的影响[7]。例如，一名消费者可能会有意利用在晚餐中为客人提供法国香槟来显示自己的财富和世故，然而，如果他俗气地评论这瓶香槟多么昂贵，那么这正好显示了他下层阶级（déclassé）的身份。

4. 消费者赋予的产品/品牌的意义

后现代主义认为消费者自身也可以赋予产品/品牌意义[18]。在这一点上，后现代主义常常强调消费者并非总是简单被动地接受营销商赋予的意义，而是一个产品/品牌意义建设的积极参与者。例如，一位收入有限的丈夫为了庆祝他和妻子的结婚纪念日，特地为他的妻子买了一瓶昂贵的法国香槟，产品价格本身象征着丈夫对妻子深深的爱意，而这种意义在他的妻子领会之后得到进一步加强。因此，这对夫妇为法国香槟赋予了营销商赋予之外的特定意义。

产品/品牌象征意义的灵活性无疑已为大多数传统生活方式研究者所注意。然而，他们认为这仅仅是特例，而不是大多数人在大多数时候所认为的香槟的意义，所以还不足以在生活方式市场细分系统中出现。相反，后现代主义研究者则主张这是产品/品牌象征意义的基本来源，不容忽视。

（三）研究方法：定量或定性

传统生活方式研究的特征是定量分析和数据简化主义（Reductionism）。这种方法一般过程是：首先被访者对问卷的回答被简化为若干因子以展示数据的结构，并消除冗余（Redundancy）；接着用这些因子对消费者进行聚类；最后对这些聚类进行命名和特征描述。这种方法的优点在于简化了大量的信息，比较易于付诸管理实践。

后现代主义指出，传统生活方式研究中的数据简化主义是"一个妨碍而不是促进我们理解复杂社会文化过程和结构的斜坡"[16]。"人们并非总是遵守学术界赋予的消费类别，如 VALS 细分群"[19]。基于这些分析，后现代主义生活方式研究者倾向于搜集详细的定性资料来作阐释分析，具体的研究方法包括深度访谈法[20][21][22][23]和民族志法[4][19][24][25][26][27][28][29]。在采用民族志方法的研究中，研究者往往需要花一段时间跟研究对象一起生活和参与他们的活动，以观察他们的行为。这样的定性方法的长处在于能够增进我们对消费者生活方式细节的认识。

（四）群体边界：模糊或明显

　　显性（Explicit）生活方式群体包括那些按性别、宗教、俱乐部归属等划分的团体；而隐性（Implicit）生活方式群体则是由研究者或者营销商定义的，如 PRISM NE 的"第二城市精英"（Second City Elite），该隐性群体中的消费者可能从未听过营销商分配给他们的这个标签，而且或许也从未想过他们自己的生活方式。当然，许多生活方式群体处在这两种极端之间，即半显性（Semi-explicit）群体——成员清晰地知道他们自己属于哪一类人群，但群体成员对自己所在群体的称谓存在着分歧，而且没有成员资格的边界。"自然健康微文化群"（Natural Health Microculture）[30] 就是半显性群体的典型例子。这个群体的成员知道他们属于一个热衷于有机食品、非传统宗教和瑜伽的群体，但他们对自己群体的名称并没有共识，而且没有明确的群体成员边界。

　　虽然传统和后现代主义方法都允许清晰和模糊的生活方式群体模式，但传统方法着重于模糊群体，其中部分原因在于两者理论基础和研究方法的差异。传统方法的理论是将生活方式看作一系列共同的心理特征，而不是一种共同的身份。当两个人有共同的知识结构，他们就应该被分在一个生活方式群体中，虽然他们可能并没有共同的身份感知。定量研究方法产生了这些生活方式聚类，划分是基于消费者共同的特征，而不是消费者自己认为自己应该属于哪个群体。后现代主义则倾向于运用阐释方法。这种方法更易于应用在显性和半显性的生活方式群体研究中。后现代主义喜欢将生活方式群体称作"亚文化群"（Subcultures）[31]，比如同性恋群体[29] 等。这些亚文化群拥有共同的价值观、行话（Jargon）、仪式和象征的表达模式。亚文化群成员常常（但不绝对）是自我选择的。这跟后现代主义研究者的逻辑一致：生活方式的形成已经逐渐变成一种有意识的活动了。

　　后现代主义研究者对在产品、品牌和消费活动周围形成的生活方式群体表示出越来越浓厚的兴趣，例如"新单车爱好者"[19]，"空中跳伞爱好者"[24] 和"《星际迷航记》电影迷"[32] 等。这类生活方式群体还存在于我们的日常生活当中，例如："园艺爱好者"、"木工艺爱好者"和"假饵钓鱼爱好者"等。它们跟传统的亚文化群很不一样，群体成员来自各个社会阶层、各种文化背景，他们因为有着共同的业余爱好和消费体验而走到一起[26]。对于这些由于共同消费活动走到一起的消费群，学者有不同的称呼，比如：粉丝社区[33]、品牌社区[26]、消费世界[34]、消费部落[35]、本地诠释社区（Localized Interpretive Communities）[36]、消费文化[33]和消费微文化[36]等，但在理论上所有的名称都没有太大差异[15]。

（五）研究目标：特征描述或理论发展

VALS2 在消费者动机和资源的基础上分出的 8 个细分群只能被看作一种分类学（Typology），即一种分类方法，而不是一种真正的理论（Theory），因为它没有为生活方式差异的形成提供因果关系解释。相反，后现代主义通过不断问"为什么"和"如何"的问题，来理解生活方式差异的形成机理，即为什么群体会形成，这些群体是如何形成的。典型的后现代主义生活方式研究采用的是扎根理论[21][37]——常常从研究生活方式群体的细节开始，用归纳的方法调整现有的理论，同时建立新的理论。早期的后现代主义研究被传统研究者认为太描述化（Descriptive），随着时间的推移，后现代主义研究开始逐渐从描述转向对理论的关注。因为传统生活方式研究是典型的描述型研究而不是理论构建，所以我们有一个跟以往不同的观点：在生活方式研究领域，传统的研究方法更为描述化，后现代主义方法更为理论化。

三、后现代主义生活方式研究的营销管理意涵

总体而言，后现代主义生活方式研究方法为增进对消费者的理解提供了有价值的方法。这种方法可以帮助营销商找到有吸引力的细分市场。此外，对消费者生活方式更为深入的洞察可以为营销组合的确定提供绝佳的素材，为企业在竞争环境中对产品/品牌的差异化设计打下基础。我们为营销管理者提供如下运用后现代主义方法的建议，以作为传统方法的补充，或者在必要的时候取代传统方法。

（1）后现代主义方法可以极大地方便我们理解和发现产品/品牌对不同生活方式群体的意义，为有针对性地制定营销传播（如广告、促

销、公关等）的内容和方式提供指引。

（2）由于对象征消费的关注，后现代主义生活方式分析对经营象征性产品/品牌的企业具有重要意义。例如：①在公共场所消费的产品，如汽车等；②跟身体有关的产品，如食品、饮料、健康和美容产品等；③奢侈品。

（3）后现代主义方法在激烈竞争的市场环境中为产品/品牌定位提供了更为丰富的消费者信息。在这一点上，后现代主义方法非常有用，因为它可以找到经销商需要的生活方式，特别是那些主流社会以外的生活方式。

（4）对于国际营销商来说，后现代主义生活方式分析似乎在崇尚个人主义和/或物质富足的社会（如美国）方面更为有用。因为随着社会的进步，人们越来越关注个人的抱负和追求。因此，自发形成的生活方式群体在决定消费行为中的角色更为重要[22][38]。再者，在相对繁荣的国度里，由于市场竞争的激烈，品牌更加注重象征意义的差异化。因而，后现代主义生活方式细分法在这样的文化和竞争环境中的作用就尤为明显。

在相对不成熟的中国市场，目前更为简便、经济和有效的生活方式细分法仍是传统的方法[6]；但随着经济的发展，后现代主义方法应用会变得越来越重要。因为纵观中国20多年以来的高速发展历程，我们完全有理由相信，在不远的将来，个人主义和物质主义价值观会更加盛行，中国的市场会更加趋于细分化，市场竞争会变得更为激烈，到那个时候，后现代主义方法就大有用武之地了。

（原载于《商业经济与管理》2007年第7期）

参考文献：

[1] Arnould, E. J. & Thompson, C. Consumer Culture Theory: Twenty Years of Research [J]. *Journal of Consumer Research*, 2005, 31 (2): 868 – 882.

[2] Holbrook, M. B. & Elizabeth, C. H. The Experiential Aspects of Consumption: Consumer Fantasies, Feelings, and Fun [J]. *Journal of Con-*

sumer Research, 1982, 9 （2）：132 – 140.

［3］ Belk, R. W. Possessions and the Extended Self ［J］. *Journal of Consumer Research*, 1988, 15 （2）：139 – 168.

［4］ Wallendorf, M. & Arnould, E. "My Favorite Things"：A Cross-Cultural Inquiry into Object Attachment, Possessiveness, and Social Linkage ［J］. *Journal of Consumer Research*, 1988, 14 （1）：531 – 547.

［5］ Belk, R. W. , Wallendorf, M. & Sherry, J. F. Jr. The Sacred and the Profane in Consumer Behavior：Theodicy or the Odyssey ［J］. *Journal of Consumer Research*, 1989, 16 （2）：1 – 38.

［6］ Ahuvia, A. C. , 阳翼. 生活方式研究综述：一个消费者行为学的视角 ［J］. 商业经济与管理, 2005 （8）：32 ~ 38.

［7］ Holt, D. B. Poststructuralist Lifestyle Analysis：Conceptualizing the Social Patterning of Consumption ［J］. *Journal of Consumer Research*, 1997, 23 （2）：326 – 350.

［8］ Bourdieu, P. （Nice R trans. ） *Distinction：A Social Critique of the Judgment of Taste* ［M］. London：Routledge and Kegan Paul, 1984.

［9］ Pateman, T. How is Understanding an Advertisement Possible? ［A］. In：Davis, H. & Walton, P. （eds）, *Language, Image, Media* ［C］. New York：Blackwell, 1983.

［10］ Ahuvia, A. C. Social Criticism of Advertising：On the Role of Literary Theory and the Use of Data ［J］. *Journal of Advertising*, 1998, 27 （1）：143 – 162.

［11］ Allen, D. E. Toward a Theory of Consumer Choice as Sociohistorically Shaped Practical Experience：The Fits-Like a Glove （FLAG） Framework ［J］. *Journal of Consumer Research*, 2002, 28 （4）：515 – 532.

［12］ Holt, D. B. Does Cultural Capital Structure American Consumption? ［J］. *Journal of Consumer Research*, 1998, 25 （1）：1 – 26.

［13］ Thompson, C. J. Caring Consumers：Gendered Consumption Meanings and the Juggling Lifestyle ［J］. *Journal of Consumer Research*, 1996, 22 （1）：388 – 407.

［14］Thompson，C. J. & Tambyah，S. K. Speaking of Fashion：Consumers' Uses of Fashion Discourses and the Appropriation of Countervailing Cultural Meanings ［J］. *Journal of Consumer Research*，1999，23（2）：15 – 42.

［15］Thompson，C. J. & Troester，M. Consumer Value Systems in the Age of Postmodern Fragmentation：The Case of the Natural Health Microculture ［J］. *Journal of Consumer Research*，2002，28（4）：550 – 571.

［16］Hirschman，E. C. Secular Immortality and the American Ideology of Affluence ［J］. *Journal of Consumer Research*，1990，17（1）：31 – 42.

［17］Mehta，R. & Belk，R. W. Artifacts，Identity，and Transition：Favorite Possessions of Indians and Indian Immigrants to the United States ［J］. *Journal of Consumer Research*，1991，17（4）：398 – 411.

［18］Fiske，J. *Reading the Popular* ［M］. Boston：Unwin Hyman，1989.

［19］Schouten，J. & McAlexander，J. H. Subculture of Consumption：An Ethnography of the New Bikers ［J］. *Journal of Consumer Research*，1995，22（2）：43 – 61.

［20］McCracken，G. Culture & Consumption：A Theoretical Account of the Structure and Movement of the Cultural Meaning of Consumer Goods ［J］. *Journal of Consumer Research*，1986，13（2）：71 – 84.

［21］Spiggle，S. Analysis and Interpretation of Qualitative Data in Consumer Research ［J］. *Journal of Consumer Research*，1994，21（3）：491 – 503.

［22］Ahuvia，A. C. Beyond the Extended Self：Loved Objects and Consumers' Identity Narratives ［J］. *Journal of Consumer Research*，2005，32（1）：171 – 184.

［23］Thompson，C. J. Caring Consumers：Gendered Consumption Meanings and the Juggling Lifestyle ［J］. *Journal of Consumer Research*，1996，22（2）：388 – 407.

［24］Celsi，R.，Rose，R. & Leigh，T. An Exploration of High-Risk

Leisure Consumption through Skydiving [J] . *Journal of Consumer Research*, 1993, 20 (2): 1 – 21.

[25] Russell, W. B. & Janeen, A. C. The Mountain Myth: A Contemporary Consuming Fantasy [J] . *Journal of Consumer Research*, 1998, 25 (4): 218 – 240.

[26] Muniz, A. & O' Guinn, T. C. Brand Communities [J] . *Journal of Consumer Research*, 2001, 27 (2): 412 – 432.

[27] McAlexander, J. , Schouten, J. & Koenig, H. Building Brand Community [J] . *Journal of Consumer Research*, 2002, 66 (1): 38 – 54.

[28] Kozinets, R. V. Can Consumers Escape the Market: Emancipatory Illuminations from Burning Man [J] . *Journal of Consumer Research*, 2002, 29 (2): 20 – 38.

[29] Kates, S. M. The Protean Quality of Subcultural Consumption: An Ethnographic Account of Gay Consumers [J] . *Journal of Consumer Research*, 2002, 29 (4): 383 – 399.

[30] Thompson, C. J. & Troester, M. Consumer Value Systems in the Age of Postmodern Fragmentation: The Case of the Natural Health Microculture [J] . *Journal of Consumer Research*, 2002, 28 (4): 550 – 571.

[31] Thorton, S. General Introduction [A] . In: Ken Gelder and Sarah Thorton (eds) . *The Subcultures Reader* [C] . New York: Rutledge, 1997: 1 – 6.

[32] Kozinets, R. V. Utopian Enterprise: Articulating the Meaning of Star Trek' s Culture of Consumption [J] . *Journal of Consumer Research*, 2001, 28 (2): 67 – 89.

[33] O' Guinn, T. C. Touching Greatness: The Central Midwest Barry Manilow Fan Club [A] . In: Juliet, B. Schor and Douglas, B. Holt (eds) . *The Consumer Society Reader* [C] . New York: New Press, 2000. 155 – 168.

[34] Holt, D. B. How Consumer Consume: A Typology of Consumption Practices [J] . *Journal of Consumer Research*, 1995, 22 (2): 1 – 16.

［35］ Maffesoli, M. *The Time of Tribes* ［M］. Thousand Oaks: SAGE, 1996.

［36］ Sirsi, A. K. , Ward, J. C & Reingen, P. H. Microcultural Analysis of Variation in Sharing of Causal Reasoning about Behavior ［J］. *Journal of Consumer Research*, 1996, 22 （3）: 345 – 372.

［37］ Strauss, A. & Corbin, J. Grounded Theory Methodology: An Overview ［A］. In: Norman K. Denzin and Yvonna S. Lincoln （eds）. *Handbook of Qualitative Research* ［C］. Thousand Oaks: SAGE, 1994. 273 – 285.

［38］ Ahuvia, A. C. Individualism/Collectivism and Cultures of Happiness: A Theoretical Conjecture on the Relationship Between Consumption, Culture and Subjective Wellbeing at the National Level ［J］. *Journal of Happiness Studies*, 2002, 3 （1）: 23 – 36.

中国独生代消费行为特征的实证研究[①]

阳翼　张宁[②]

（暨南大学　新闻与传播学院　广东　广州　510632，华南师范大学　团委　广东　广州　510631）

【摘　要】本文运用经过信效度检验的价值观量表，对独生代和传统世代作单因素方差分析，发现两者在"安全感"、"归属感和孝顺"以及"与他人良好关系"三个维度的价值观上存在显著差异；接着运用演绎法分析了独生代的三大消费行为特征，并针对这些特征提出相应的营销策略；最后指出了本文的创新价值、研究局限和未来的研究方向。

【关键词】独生子女　价值观　消费者行为　世代　营销

一、研究背景

　　1979 年中国政府实行的"一对夫妇只生一个孩子"的生育政策，造就了大约 1 亿人的庞大独生子女人群[③④]，形成中国乃至人类历史上

---

　　① 教育部人文社会科学青年基金项目（07JC630019）、暨南大学人文社会科学发展基金项目（2008JSYJ006）。

　　② 阳翼，男，湖南湘乡人，管理学（市场营销）博士，暨南大学广告学系副教授、硕士生导师，品牌营销教研室主任，中山大学中国营销研究中心（CMC）研究员，美国密歇根大学商学院访问学者，主要研究方向为消费者行为与营销传播；张宁，女，甘肃临洮人，双学士，华南师范大学团委助教。

　　③ 阳翼，卢泰宏. 中国独生代消费形态实证研究：意义与方法 [J]. 商业经济与管理，2004（8）：9~13.

　　④ 风笑天. 中国独生子女问题：一个多学科的分析框架. 浙江学刊，2008（2）：180~185.

的一个特殊世代，我们称之为独生代。这一代人成长在改革开放、经济飞速发展的大好年代，家庭环境优越，父母百般宠爱，是"在糖水里泡大的"一代，曾被人们称作"小皇帝"、"小太阳"……30 年过去了，他们当中最早出生的一批已经长大成人，迈入了婚育年龄，工作和收入也逐渐趋于稳定，开始进入人生消费的高峰期，并迅速成为中国市场的消费主力。作为一个新生消费世代，由于成长的社会大环境和家庭的小环境都与传统世代有着巨大差异，他们的价值观和消费形态也大相径庭。独生代的独特消费行为势必会引发一场消费革命，并对中国经济的走向产生重要影响。遗憾的是，目前从消费者行为学的视角对独生代的研究还处于起步阶段，系统全面的实证研究尚未展开。本文尝试从价值观的角度切入，以传统世代为对比参照系，从整体上揭示独生代消费者的消费行为特征，并探讨如何针对这些特征制定恰当的营销策略。

二、文献回顾

（一）消费者世代研究回顾

消费者世代（Generation）细分法实际上是以年龄为变量的市场细分方法，属于人口统计细分法的一种。消费世代理论的基本假设是：出生于同一时代的人经历过共同的社会、政治、历史和经济环境，因此会产生相似的观念和行为①。比如，你与你的父母和祖父母听的是不同的音乐，穿的是不同的衣服，看不同的杂志，欣赏不同的电视节目。②

西方学者 Schütte（1998）最早对中国的消费者进行世代划分③，把中国消费者大致细分为三代：社会主义信仰者一代（the Socialist Generation，1945 年以前），失落的一代（the Lost Generation，1945—1960），

---

① ［美］德尔·I. 霍金斯等. 消费者行为学［M］. 符国群等译. 北京：机械工业出版社，2003. 162.

② Schütte, H. & Ciarlante, D. *Consumer Behavior in Asia*［M］. New York：New York University Press, 1998.

③ ［美］L. G. 希夫曼等. 消费者行为学［M］. 俞文钊等译. 上海：华东师范大学出版社，2002. 480.

关注生活方式的一代（the Lifestyle Generation，1960 年以后）。Schütte 的划分显得有些粗略，并未充分显示中国社会的快速变化。卢泰宏等（2004）在此基础上做了进一步的细分，将中国的消费者划分为社会主义信仰者一代（The Socialist Generation）、失落的一代（The Lost Generation）、幸运的一代（The Lucky Generation）、转型的一代（The Transform Generation）和独生代（The Only-child Generation）①，并从定性的角度对独生代与传统世代的消费价值观和行为的差异作了详细对比，认为独生代具有有钱就花、追求品牌、崇尚档次、贪图享乐等不同于传统世代的消费特征。

（二）消费者行为学领域的价值观研究回顾

价值观是倾向于某种存在或行为方式的持久的信念②，是指导个体行为的重要原则。许多研究也都证明，价值观会对消费者行为产生影响，比如媒体使用③、香烟消费④等。在消费者行为学领域，著名的价值观测量工具有 RVS（Rokeach Value Survey）量表和 LOV（List of Values）量表：Rokeach（1973）的 RVS 量表包括 37 项价值观，其中终极价值观和工具性价值观各 18 项⑤；Kahle（1983）的 LOV 量表比 RVS 更简短、更易于实施，只包含 9 项终极价值观——自尊、安全、与他人良好关系、成就感、自我实现、归属感、受人尊重、开心和享受生活、兴奋⑥。

中国人的价值观体系跟西方人有着许多共通之处，但由于经济文化等背景的巨大差异，又有各自不同的特点。关于中国人的价值观和行为

---

① 卢泰宏，张红明，阳翼. 中国独生代 [J]. 销售与市场，2004（5）：39.
② Rokeach, M. *The Nature of Human Values* [M]. New York: Free Press, 1973. 356–360.
③ Becker, B. W. & Connor, P. E. Personal Values of the Heavy User of Mass Media [J]. *Journal of Advertising Research*, 1981, 21 (5): 37–43.
④ Grube, J. W., Weir, I. L., Getziaf, S. & Rokeach, M. Own Value System, Value Images, and Cigarette Smoking [J]. *Personality and Social Psychology Bulletin*, 1984, 10 (2): 306–313.
⑤ Kahle, L. R. *Social Values and Social Change: Adaptation to Life in America* [M]. New York: Praeger Publisher, 1983. 63.
⑥ Grube J, W., Weir, I. L., Getziaf, S. & Rokeach, M. Own Value System, Value Images, and Cigarette Smoking [J]. *Personality and Social Psychology Bulletin*, 1984, 10 (2): 306–313.

的特殊之处，许多大陆和港台学者都作了大量的研究和描述。金盛华和辛志勇（2003）将其归纳为以己为中心的价值观，以社会、关系和情境为中心的价值观，富贵与道德的二分模式，人情与面子模式以及价值观的历史阶段五个方面[1]。中国人价值观体系的独特性使得我们在进行消费者价值观研究时不能照搬西方的量表，而必须在定性研究的基础上对其作本土适用性改良，以避免测量的偏差。

三、实证分析

（一）量表的选用

本研究采用阳翼、卢泰宏（2005）的独生代价值观量表[2]，该量表经过探索性因子分析和验证性因子分析，具有较高的信度和效度。量表包括 10 个价值观维度，分别是成就感、归属感和孝顺、自尊、被尊重、与他人良好关系、开心和享受生活、人情、独立和自由、安全感、面子，每个维度有 4 个测项，共 44 个测项，采用 7 分点测量法进行测量。

（二）问卷调查

笔者在中国具有地域代表性的四大城市广州、上海、北京、重庆的共 7 所大学（其中广州 4 所，上海、北京和重庆各 1 所，既有重点大学，也有一般大学）以及通过电子邮件共发放问卷 320 份，其中独生代和传统世代样本各 160 个（见表 1）。

（三）数据分析

李克特（Likert）量表属于评分加总式量表最常用的一种。同一概念（构念）的得分可用所有项目加总的方式来计算。[3] 在进行 ANOVA

---

① 金盛华，辛志勇. 中国人价值观研究的现状及发展趋势 [J]. 北京师范大学学报（社会科学版），2003（3）：56~64.

② 阳翼，卢泰宏. 中国独生代消费者价值观系统的实证研究：一个量表的构建与检验 [J]. 营销科学学报，2007（3）：104~114.

③ 风笑天. 社会学研究方法 [M]. 北京：中国人民大学出版社，2001．63.

分析之前，笔者首先对独生代和传统世代的消费者在 10 个维度上的得分进行加总，然后再对两个群体作 ANOVA 分析。在进行方差分析前，需要对因变量的正态性和方差齐性进行检验。经计算，偏度（Skewness）和峰度（Kurtosis）的 p 值多数大于 0.05，基本满足正态分布要求。再检验方差齐性，发现"归属感和孝顺"一项的 p 值为 0.026，小于 0.05，没有通过方差齐性检验。因此该项应采用 Brown – Forsythe 检验来比较均值。

从表 2 和表 3 中，我们可以发现，独生代和传统世代消费者在"安全感"、"归属感和孝顺"以及"与他人良好关系"三个维度上存在显著差异。再从表 4 中我们进一步发现，传统世代在以上三个维度上的得分都高于独生代。

表 1   世代对比分析的独生代和传统世代样本分布一览表

分类标准	样本分布	
	独生代	传统世代
性别	男性样本 56%，女性样本 44%	男性样本 56%，女性样本 44%
年龄	25 岁以下	25 岁以上
独生	是 55%，否 45%	是 19%，否 81%
学历	本科 57%，研究生或以上 23%，大专或同等学力 20%	本科 48%，研究生或以上 27%，大专或同等学力 18%，高中/中专或以下 7%
职业	全日制学生 95%，企业职员 3%，政府机关/事业单位职员 1%，其他 1%	全日制学生 8%，企业职员 44%，政府机关/事业单位职员 40%，其他 8%
家庭月收入	低于 2 000 元的样本 37%，2 000 ~ 3 999 元的样本 32%，4 000 ~ 5 999 元的样本 14%，6 000 ~ 7 999 元的样本 7%，8 000 ~ 9 999 元的样本 5%，高于 10 000 元的样本 5%	低于 2 000 元的样本 19%，2 000 ~ 3 999 元的样本 34%，4 000 ~ 5 999 元的样本 23%，6 000 ~ 7 999 元的样本 10%，8 000 ~ 9 999 元的样本 6%，高于 10 000 元的样本 8%

表 2　独生代和传统世代价值观的 Robust Tests of Equality of Means

	Sig.		*Statistic*	d*f*1	d*f*2
归属感和孝顺	Brown – Forsythe	9. 905	1	313. 541	0. 002

表 3　独生代和传统世代价值观的 One-way ANOVA

		Sum of Squares	*df*	*Mean Square*	*F*	*Sig.*
安全感	组间	103. 655	1	103. 655	11. 578	0. 001
	组内	2 846. 973	318	8. 953		
	加总	2 950. 628	319			
自尊	组间	4. 039	1	4. 039	0. 324	0. 570
	组内	3 969. 472	318	12. 483		
	加总	3 973. 511	319			
成就感	组间	8. 848	1	8. 848	0. 517	0. 473
	组内	5 439. 064	318	17. 104		
	加总	5 447. 912	319			
开心和享受生活	组间	. 001	1	. 001	0. 000	0. 995
	组内	6 721. 500	318	21. 137		
	加总	6 721. 500	319			
被尊重	组间	2. 208	1	2. 208	0. 184	0. 668
	组内	3 820. 919	318	12. 015		
	加总	3 823. 127	319			
与他人良好关系	组间	45. 753	1	45. 753	5. 187	0. 023
	组内	2 804. 744	318	8. 820		
	加总	2 850. 497	319			
独立和自由	组间	2. 515	1	2. 515	0. 275	0. 601
	组内	2 911. 043	318	9. 154		
	加总	2 913. 558	319			
面子	组间	11. 551	1	11. 551	1. 160	0. 282
	组内	3 166. 262	318	9. 957		
	加总	3 177. 813	319			

（续上表）

		Sum of Squares	df	Mean Square	F	Sig.
人情	组间	11.250	1	11.250	1.054	0.305
	组内	3 392.750	318	10.669		
	加总	3 404.000	319			

表4　独生代和传统世代价值观均值比较

世代		安全感	自尊	成就感	开心和享受生活	归属感和孝顺	被尊重	与他人良好关系	独立和自由	面子	人情
独生	平均值	15.9	22.3	23.1	19.6	26.4	24.5	17.0	17.2	15.5	16.3
	N	160	160	160	160	160	160	160	160	160	160
	标准差	3.21	3.51	4.04	4.51	5.53	3.33	2.94	2.99	3.33	3.26
传统	平均值	17.1	22.5	22.8	19.6	28.3	24.3	17.7	17.4	15.9	16.7
	N	160	160	160	160	160	160	160	160	160	160
	标准差	2.75	3.55	4.23	4.69	4.90	3.60	3.00	3.06	2.97	3.28
加总	平均值	16.5	22.4	22.9	19.6	27.3	24.4	17.4	17.3	15.7	16.5
	N	320	320	320	320	320	320	320	320	320	320
	标准差	3.04	3.53	4.13	4.59	5.30	3.46	2.99	3.02	3.16	3.26

四、独生代的消费行为特征及其营销管理意涵

如上所述，从整体上讲，作为一个消费世代，独生代有其与传统世代不同的消费特点。独生代和传统世代在"安全感"、"归属感和孝顺"以及"与他人良好关系"等价值观维度上的显著差异，表现在消费行为上，会有怎样的差异呢？通过问卷中价值观与消费行为测项的相关分析结果，可总结归纳出独生代的以下三大消费行为特征，并针对这些特征提出营销策略建议。

（一）特征一：有钱就花，行乐及时

由相关分析可知，"安全感"跟"有钱先存起来，以备未来的开支"显著正相关；跟"有钱就花，享受人生"和"借钱消费，花未来的钱"显著负相关。也就是说，缺乏安全感（即认为安全感更重要）的传统世代更倾向于将钱存在银行，以备未来的开支，即使银行的利息一降再降，他们仍然奉行节俭保守的消费理念；相比之下，独生代从小生活环境优越，忧患意识淡薄，是消费乐观主义者，因此他们更倾向于有钱就花，无论赚多少，都在当月花掉，甚至还会借钱消费，花未来的钱。他们消费观念新潮，热衷于信用卡消费，是及时消费和超前消费的急先锋，是"都市新贫族"。如今，信用卡在独生代中迅速"普及"，刷卡一族越来越多，有的甚至天天都要"喜刷刷"，由此也造就了不少"卡奴"。

针对独生代消费者崇尚及时消费、超前消费的特点，银行的信用卡业务应在他们还在大学校园念书的时候就开始有针对性地进行广告和促销活动，因为他们不但具备最新潮的消费观念，而且受过良好的教育，信用度较高，虽然短时间内他们的消费能力还有限，但从长远来看他们必然是信用卡消费的主力。事实上，从 2005 年开始，许多银行已经陆续开始了专门针对大学生的信用卡新产品的开发和促销活动，例如，招商银行推出的国内首张双币学生信用卡——Young 卡，就是为了抢占独生代市场迈出的开创性的第一步。

（二）特征二：崇尚品牌，追求档次

由相关分析可知，"与他人良好关系"跟"买衣服时我主要看品牌是否够档次，而不是看价格的高低"显著负相关。可见更重视与他人良好关系的传统世代消费更重视产品的实用性，更关心产品的价格，对促销降价反应敏感而强烈，对品牌不大关心；而独生代则对节俭的传统美德兴趣不大，他们更关注品牌和档次，消费时更关注格调、品味和审美，他们是时尚消费的引领者和追随者。在他们眼里，传统的消费习惯是一种落后的束缚。

　　针对这些特点，企业应着重突出产品或品牌的新奇性，在产品功能和外形设计上多出新花样；坚持走时尚路线，以持续保持对独生代消费者的吸引力。比如，独生代消费者喜欢玩手机，注重手机的新功能、新外形；他们追了外形追彩屏，追了娱乐再捧拍照……手机日新月异的新功能让独生代消费者为之疯狂；再如，为了吸引年轻人，奇瑞QQ除了轿车应有的配置以外，还装载了独有的"I－say"数码听系统，成为"会说话的QQ"，并且让QQ与电脑和互联网紧密相连，完全迎合了离开网络就像鱼儿离开水的独生代消费者的需求。此外，企业在定价方面应该走中高端路线，因为独生代消费者大多认为，便宜的没有品味、不够档次；还应该减少促销频率以免损害品牌形象；渠道方面，专卖店是提升品牌格调的较优选择。

（三）特征三：个性自我，享受人生

　　由相关分析可知，"归属感和孝顺"跟"我过年过节会给父母买礼物"、"好朋友过生日时我会送礼物给他/她"、"我经常跟朋友聚餐"以及"有钱先存起来"显著正相关；跟"借钱消费，花未来的钱"以及"父母的钱就是我的钱，花父母的钱我觉得心安理得"显著负相关。也就是说，更重视"归属感和孝顺"的传统世代更注重人际情感，人情消费、关系消费、情感消费的比重较大；相比之下，独生代则更加关注自我，个性张扬。社会主流文化逐渐由计划经济时代整齐划一、重共性轻个性的文化特征向市场经济时代的多元化、个性化特征发展的大环境，以及集万千宠爱于一身、很少经历挫折的家庭成长小环境造就了独生代"我行我素"、"特立独行"、"我想我要我喜欢"的个人主义作风，他们习惯别人服从，不习惯照顾别人。他们是典型的"我一族"。

　　针对这些特点，企业可在广告诉求上多下功夫，为品牌注入独立、自我甚至是"酷"的鲜明个性特点。比如，"动感地带"的广告语就抓住了独生代的这一特点，设计了很多够酷够炫的广告语，"我的地盘，听我的"、"不走寻常的路"、"每个人都有自己的舞台"、"随你口味，想点就点"（"点"是广州话"怎样"的意思），每一句都体现了独生代消费者的价值观和生活方式，喊出了他们内心的渴望，因而感动了大批年轻的消费者，使他们心甘情愿地登上了"动感地带"自我展示的舞台。此外，还可在产品包装和命名上作文章。比如，前些年健力宝的"爆果汽"采用黑色的包装，就显得与众不同，酷味十足，吸引了大批独生代消费者的眼球；可口可乐的"酷儿"更是直接用"酷"给产品命名，博得了"酷一族"的青睐。

综上所述，作为中国特殊历史背景下成长起来的新新人类，独生代有着与传统世代迥异的消费形态。他们注重自我、个性鲜明、消费新潮、追赶时尚、习惯透支、寻求刺激和体验……他们已经、正在并将更大程度地掀起中国消费革命的一个又一个浪潮，从而从整体上颠覆中国人的传统消费观念，改变中国的消费趋势。

五、小结与展望

中国消费者世代研究还处在刚刚起步的阶段，作为在改革开放后成长起来的特殊一代——独生代是其中的一个研究重点。本研究从价值观的视角，以传统世代为参照系，从整体揭示了独生代消费者表现出来的不同于传统世代的消费行为特征，并依此制定了相应的营销策略。不但丰富了中国世代消费理论，而且为企业提供了实用的营销策略指导。

展望未来，这一领域还有许多值得研究的问题。例如：（1）独生代的具体消费行为研究。本文从价值观的角度整体描述了独生代各细分市场的消费特征，但并未就某一类具体的消费行为作深入研究。事实上，独生代消费者正迈入人生消费高峰期，购房消费行为、购车消费行为、旅游消费行为和网络消费行为等都是值得深入研究的独生代消费行为的子课题。（2）各个世代消费行为的深入研究。世代消费行为的研究在西方已经开展得较为成熟，而中国消费者行为学在这一领域的研究才刚刚开始。除了本研究涉及的独生代之外，转型的一代、幸运的一代、失落的一代和社会主义信仰者一代的价值观、生活方式和消费行为都具有不同的时代特点，有待将来实证研究的逐一深入探讨。

（原载于《甘肃社会科学》2009年第7期）

"80 后"与"90 后"消费者行为的比较研究①

阳翼 关昱

（暨南大学 新闻与传播学院 广东 广州 510632）

【摘　要】本文从消费者行为学的视角，对"80 后"和"90 后"这两个消费世代进行了比较，发现他们在电子产品和旅游消费、网络购物、媒介接触以及消费观念四个方面均存在显著差异，并据此提出了相应的营销策略建议，为企业营销提供决策参考。

【关键词】"80 后" "90 后" 世代 消费者行为 营销

一、研究背景

"80 后"是中国改革开放后出生的第一代，他们成长在科技日新月异的环境中，追求个性、享受生活是他们与父辈完全不同的价值观和生活方式。如今，大部分"80 后"都已经从校园走向了工作岗位，在社会各个领域扮演着越来越重要的角色，在消费领域同样也不例外。著名投资银行百富勤早在 2006 年就大胆预言，"从现在到 2016 年，将是中国的一个消费繁荣期，'80 后'一代将步入成年，并成为消费市场的主力"[1]。

与此同时，"90 后"在也悄然长大。2008 年，第一批"90 后"跨入大学校园，这是"90 后"首次以一个群体的概念出现在社会视野中。这一代年轻人是改革开放的完全受益者和信息时代的完全体验者，也是

①　基金项目：本研究受教育部人文社会科学青年基金项目（07JC630019）和暨南大学人文社会科学发展基金项目（2008JSYJ006）资助。

伴随着市场经济体制成长起来的一代。市场化、信息化和全球化等时代大背景使得"90 后"可能有着许多与"80 后"不同的生活方式和消费行为特征，对这两代人消费行为的比较研究成为中国消费世代理论发展和差异化营销实践的必需。

然而，目前国内学者对于消费世代的实证研究，大都将 1980 年以后出生的消费者划分为一个世代（阳翼，2008[2]）。对"80 后"、"90 后"消费行为的研究多为单独对其中一个群体的定性分析（丁家永，2007[3]），而没有将两者进行比较分析。本文将从消费者行为学的角度，将"80 后"和"90 后"作为两个不同的世代进行比较，以找出"80 后"、"90 后"在以下三方面的异同：电子产品、服装和旅游等方面的消费，网络和电视等媒介的接触，以及消费观和感情观等观念。这一研究将推进中国消费世代理论与时俱进地发展，并对企业制定差异化营销策略具有实践指导意义。

二、文献综述

（一）消费世代的划分

迈克尔·R. 所罗门（1999）[4]认为，年龄群体（Age Cohort）由具有相似经历的年龄相仿的人组成，成长的年代使他们与其他数百万同时代的人产生了共同的文化纽带。消费世代即以年龄为变量对消费者进行细分，该理论认为同一年龄群体的人在需求和偏好上更接近。

Hellmut Schütte（1998）[5]最早对中国的消费者进行世代划分，分为三代：1945 年以前出生的是社会主义信仰者一代（the Socialist Generation）；1945—1960 年之间出生的是失落的一代（the Lost Generation）；1960 年以后出生的是关注生活方式的一代（the Lifestyle Generation）。

卢泰宏、张红明、阳翼（2005）[6]综合前人的研究，将中国消费者划分为五个世代：1945 年以前出生的是社会主义信仰者一代（the Socialist Generation），他们经历了抗日战争、解放战争、"大跃进"和人民公社运动等历史事件，受马克思主义思想影响深刻；1945—1960 年出生的是失落的一代（the Lost Generation），他们因"上山下乡"、文化大革命丧失学习机会，20 世纪 90 年代又遭遇下岗的不幸，对社会有某种"失落感"；1960—1970 年出生的是幸运的一代（the Lucky Generation），青年时"文革"结束恢复高考，大学学费全免，毕业后国家分配工作，成绩优秀者被派往国外进修，被誉为"天之骄子"；1970—1980 年出生的是转型的一代（the Transform Generation），他们成长于计划经济向市场经济转型的时期，高考扩招，学费暴涨，择业"双向选择"，就业形势严峻，不再有"天之骄子"的优越感；1980 年以后出生的是独生代（the Only-Child Generation），他们成长于改革开放的大好时期，商品文化蓬勃发展，互联网和高科技产品大行其道，中国港台和西方文化遍地开花，他们喜欢听流行音乐，吃洋快餐，玩手机、数码相机。

　　笔者以为，1980 年以后出生的新生代已跨越 30 年，若仅用"独生代"概之已显得过于粗糙，因此，本文进一步把"独生代"细分为"80 后"与"90 后"，并比较两个群体消费行为的异同。本文中的"80 后"与"90 后"采用目前学界公认的定义："80 后"即 1980—1989 年间出生的消费者，"90 后"为 1990—1999 年间出生的消费者。

（二）"80 后"和"90 后"消费行为研究

　　随着"80 后"逐渐成为社会的中流砥柱以及"90 后"的逐渐成年，营销学者对"80 后"和"90 后"消费行为特征的关注也逐渐增多：

1. "80 后"消费行为研究

　　关于"80 后"消费行为的研究大多描述了"80 后"的性格特征，并在此基础上分析"80 后"的消费特点。例如：韩虎山（2009）[7]认为，"80 后"天生逆反，寻求独立，喜欢新鲜，追求刺激，注重个性，追逐时尚，感性冲动，超前消费。因此，广告人应当根据这些特征有针对性地制定广告策略。丁家永（2007）[8]认为，"80 后"一代喜欢刺激、新颖的生活方式，在消费行为上表现出大胆与叛逆，在物质追求上更加注重感性化。因而他们对商品的忠诚度一般不高，对新品牌会很快产生厌倦而转向其他产品。针对"80 后"的这些心理与行为特点，广告人在广告媒介选择策略上要有一个全新的甚至是颠覆性的认识。魏敏菁、黄沛（2007）[9]认为，"80 后"一代是依赖互联网技术生存的、极具自我意识和影响力的国际化提倡者与实践者。吴琼（2007）[10]认为，"80 后"具有消费能量可观、消费选择时尚为先、享受乐趣重于其他以及网络生活占主力等消费特点。

2."90 后"消费行为研究

关于"90 后"消费行为的研究重在对"90 后"的消费行为进行定性描述，也有少量的定量研究。例如：罗勤林（2009）[11]认为，"90 后"大学生追逐消费时尚，存在消费攀比、消费浪费严重、消费中的民族情感浓等特征，需要更多的消费引导。吴勇毅、许丽萍（2008）[12]认为，"90 后"比"80 后"更自我、更出位、更有抱负。他们有这些消费特质：既追求流行的外国品牌，也不排斥国产品牌，把使用国产品牌当成一种时尚；消费领域广泛、潜力巨大；是一个较为封闭但活跃的消费市场圈，养成的消费习惯比较固定。冷滨（2008）[13]以北京、上海、深圳三地的"90 后"消费者为样本，将中国"90 后"青少年消费者划分为"Cosplay族"、"都市潮人族"、"非主流火星族"、"低关注族"和"传统标杆族"五个细分市场，并以运动休闲服装市场为例，分别对其进行轮廓描绘。

综上所述，虽然对两个世代的研究分别描述或发现了一些关于"80 后"和"90 后"的消费行为特征，但这些研究基本都是针对其中的一个世代作分析和探讨，而没有将两者进行比较分析，且研究方法大多以思辨为主，实证研究较为鲜见。因此，本研究运用调查研究法纵向比较"80 后"和"90 后"的消费行为特征，具有一定的创新意义。

三、研究方法

（一）抽样与数据收集

本研究以"80 后"、"90 后"为研究主体，由于大部分"90 后"还没有走向工作岗位，而已工作的"80 后"与仍处在学生时代、尚未有独立收入的"90 后"在消费行为上存在较大差异，为了尽量避免收入的影响，本研究将样本集中在均没有独立收入的"80 后"与"90后"学生群体。调查分两个阶段：①试调查阶段。问卷设计好之后，以方便抽样的方式向"80 后"和"90 后"发放问卷各 20 份，根据作答情况对问卷进行修改和完善。②正式调查阶段。向广东、湖南、湖北和海南等地的"80后"与"90后"学生发放纸质问卷，并以滚雪球的方式向全国各地的同学/朋友发送电子问卷，总共发放问卷450份，回收412份，回收率为91.6%，有效问卷为401份，有效回收率为89.1%。其中"80后"为192份，"90后"为209份。具体样本分布见表1：

表1　样本分布一览表（N = 401）

		"80后"（N = 192）	"90后"（N = 209）	所占百分比（%）
性别	男	94	80	43.4
	女	98	129	56.6
学历	大专或同等学力	6	45	12.7
	本科或同等学力	110	162	67.8
	硕士及以上	76	2	19.5
地区分布	湖南、湖北、江西等中部地区	108	119	56.6
	京津沪、山东、苏浙、广东等发达地区	33	26	14.7
	河北、山西、陕西、甘肃等北方内陆地区	12	14	6.5
	西藏、青海、宁夏、新疆、内蒙古等经济欠发达地区	5	6	2.7
	黑龙江、吉林、辽宁	13	23	9.0
	其他地区	21	21	10.5
城乡分布	城市	88	75	40.6
	乡镇和农村	104	134	59.4
年龄分布	16~20岁	0	209	52.1
	21~25岁	166	0	41.4
	26~30岁	26	0	6.5

（二）调查内容

本次调查采用自填式问卷和访问员登门访谈相结合的方式。问卷共有 47 个问题，内容涉及电子产品、服装和旅游等方面的消费态度，网络、电视等媒体的接触情况，以及消费、理财等方面的观念，并以开放式问题"您觉得'80 后'和'90 后'的消费行为有哪些差别?"作为补充。

（三）统计方法

本研究运用 SPSS13.0 软件包处理数据。首先将数据进行编码并录入 SPSS，对数据进行筛选，剔除无效问卷（如问卷未完成、答题不符合要求等）；然后运用频数统计、交叉分析和卡方检验等方法对数据进行分析。

四、发现与讨论

（一）消费情况

1. 每个月的消费金额

每月消费 1 000 元以上的和 500 元以下的"90 后"比例都要高于"80 后"，差异显著（$\chi^2 = 16.927$，$df = 5$，$p = 0.005 < 0.01$），"90 后"消费金额的"两极分化"现象更为严重。"90 后"每月消费 1 000 元以上的比例高于"80 后"，这与"90 后"深受消费主义的影响、生活条件更为优越、有着更强的消费欲望和消费能力不无关系。而每月消费在 500 元以下的"90 后"比率也高于"80 后"，这可能与"90 后"迈进大学校园时间较短，消费潜能并未完全释放有关。（见表 2）

表 2 "80 后"和"90 后"每月消费金额的比较（$N = 401$）

单位：%

		"80 后"	"90 后"
每月消费金额	99 元及以下	0.0	0.5
	100～299 元	4.2	4.8
	300～499 元	13.5	27.8
	500～799 元	49.0	34.4
	800～999 元	19.8	16.3
	1 000 元以上	13.5	16.3
	（总数）	（192）	（209）

（$\chi^2 = 16.927$，$\mathrm{d}f = 5$，$p = 0.0058 < 0.01$）

2. 网上购物的花费

从表 3 可知，"80 后"和"90 后"在网上购物（以下简称"网购"）的花费差异显著（$\chi^2 = 15.375$，$\mathrm{d}f = 4$，$p = 0.004 < 0.01$）。从来不网购的"80 后"仅有 26.6%，而"90 后"为 42.6%。

网购打破了地域的限制，使得消费者有机会买到在本地市场上难觅的产品，付款方式快捷简单，省去了逛街的劳累之苦，且价格更实惠……这些优势对于追求时尚潮流的"80 后"和"90 后"大学生来说，有着很大的吸引力，因此大部分"80 后"和"90 后"都不排斥网购。但仍有四成多的"90 后"从不网购，这可能跟他们刚踏入大学校园，网络消费知识较为欠缺有关。

表3　"80 后"和"90 后"网上购物的花费占消费总额比例的比较（$N=401$）

单位：%

		"80 后"	"90 后"
网上购物的花费占消费总额的比例	从来不网购	26.6	42.6
	1%~5%	38.5	36.4
	6%~20%	28.1	16.7
	21%~50%	5.7	2.9
	50%以上	1.0	1.4
	（总数）	（192）	（209）

（$\chi^2=15.375$，$df=4$，$p=0.004<0.01$）

如表4所示，"80 后"和"90 后"网购时考虑的主要因素有显著差异（$\chi^2=18.603$，$df=4$，$p=0.001<0.01$）。无论是"80 后"还是"90 后"都有四成多的人相信网友评价；34.8%的"80 后"主要依据自己的消费经历来选购产品，高于"90 后"的20.0%。网友的评价成了"80 后"和"90 后"网购时考虑最多的因素。这对于网络口碑营销来说是一个非常好的机会。

表4　"80 后"和"90 后"网购时主要考虑因素的比较（$N=261$）

单位：%

		"80 后"	"90 后"
网购时考虑的主要因素	网友评价	42.6	41.7
	亲友推荐	14.9	16.7
	自己的消费经历	34.8	20.0
	直觉	7.1	10.8
	其他	0.7	10.8
	（总数）	（141）	（120）

（$\chi^2=18.603$，$df=4$，$p=0.001<0.01$）

（二）电子产品消费的异同

1. 手机消费

表5显示，"80后"和"90后"最看重的都是手机的功能，都有三成左右的人主要考虑这一因素；其次是手机的质量；而品牌是考虑得很少的因素，仅有18.5%的"80后"和11.0%的"90后"主要考虑这一因素。

表5 "80后"和"90后"选择手机时主要考虑因素的比较（$N = 398$）

单位：%

		"80后"	"90后"
选择手机的最重要因素	价格	16.4	15.8
	外观	14.3	9.1
	功能	25.9	33.5
	品牌	18.5	11.0
	父母意见	1.6	2.4
	质量	23.3	26.8
	其他	0.0	1.4
	（总数）	（189）	（209）

（$\chi^2 = 11.607$，$df = 6$，$p = 0.071$）

2. 其他电子产品的消费

从表6中可知，电脑是拥有率最高的电子产品，94.3%的"80后"拥有电脑，而"90后"只有77.5%，差异显著（$\chi^2 = 22.717$，$df = 1$，$p = 0.000 < 0.01$）。这可能与"90后"刚进入大学校园不久，还有相当部分学生尚未添置电脑有关。对于相机、MP3等其他电子产品，"80后"和"90后"的拥有情况几乎一致。

表6 "80后"和"90后"其他电子产品拥有情况的比较（$N=401$）

单位：%

	"80后"	"90后"	χ^2	df	Asymp. sig (2 - sided)
电脑	94.3	77.5	22.717	1	0.000
相机	41.1	35.4	1.397	1	0.237
MP3	53.1	52.6	0.010	1	0.921
MP4	38.5	38.3	0.003	1	0.957
MP5	9.9	9.1	0.076	1	0.783
PSP	5.7	3.8	0.802	1	0.371
Wii	0.5	0.5	0.004	1	0.952
其他	4.2	7.2	1.677	1	0.195
（总数）	（192）	（209）			

3. 购买决策方式

如表7所示，"90后"的父母的决定在购买决策中起着更重要的作用；54.5%的"90后"父母与子女共同作决策，高于"80后"的49.5%；36.5%的"80后"选择了"我自己购买，父母不参与"，显著高于"90后"的23.9%。这可能是因为"90后"的年龄较小，脱离父母独立生活的时间不长，因而在购买决策时更依赖父母；而"80后"几乎都已独立生活两年以上，对父母的依赖程度相对较低。

表7 "80后"和"90后"购买决策方式的比较 ($N=401$)

单位：%

		"80后"	"90后"
谁作决策	父母决定	4.7	10.0
	父母和我商量，共同决定	49.5	54.5
	父母听从我的意见	9.4	10.0
	我自己购买，父母不参与	36.5	23.9
	其他	0.0	1.4
	（总数）	（192）	（209）

($\chi^2=12.393$，df$=4$，$p=0.015<0.05$)

（三）服装消费的异同

1. 买衣服的渠道

从表8可知，"80后"和"90后"最青睐的服装购买地点都是专卖店，其次是百货商场、街边小店和网上购物等。

表8 "80后"和"90后"买衣服的主要渠道 ($N=401$)

单位：%

		"80后"	"90后"
买衣服的主要渠道	批发市场	4.2	4.3
	街边小店	13.0	15.8
	专卖店	49.5	45.5
	百货商场	26.6	27.8
	网上购物	5.2	3.8
	其他	1.6	2.9
	（总数）	（192）	（209）

($\chi^2=2.117$，df$=5$，$p=0.833$)

2. 买衣服时考虑的首要因素

如表9所示，在购买衣服时，均有四成多的"80后"和"90后"

最重视款式，其次是衣服是否合身、质量和价格，而品牌因素考虑得很少，这说明"80后"和"90后"在着装上更注重服装能否展示自己独特的品位和个性，对品牌等较"虚"的因素并不看重。

表9　"80后"和"90后"买衣服考虑的首要因素（$N = 401$）

单位：%

		"80后"	"90后"
买衣服考虑的首要因素	款式	47.9	43.5
	质量	15.1	15.3
	价格	13.0	15.3
	个性	5.7	4.8
	品牌	2.6	3.3
	合身	15.1	16.7
	其他	0.5	1.0
	（总数）	（192）	（209）

（$\chi^2 = 1.572$，$df = 6$，$p = 0.955$）

3. 对品牌的态度

"80后"和"90后"中均有一半人表示有喜欢的品牌（"80后"有56.8%，"90后"有51.2%）。"80后"和"90后"在对待品牌的态度上并无显著差异，七成多的人都认为用没品牌的产品并不是件"丢人"的事情；只有极少数人认为用没品牌的产品"丢人"。（见表10）

表10　"80后"和"90后"对待品牌的态度比较（$N = 401$）

单位：%

		"80后"	"90后"
用没品牌的产品，会不会觉得丢人？	会	1.6	4.3
	不会	76.6	70.3
	看情况	21.9	25.4
	（总数）	（192）	（209）

（$\chi^2 = 3.559$，$df = 2$，$p = 0.169$）

（四）旅游消费的异同

1. 喜欢的旅行方式

如表 11 所示，"90 后"中有 19.1% 的人选择一家人跟团游，显著高于"80 后"的 10.4%（$\chi^2 = 5.983$，df $= 1$，$p = 0.014 < 0.05$）。而在其他旅行方式上，两者均没有显著差异。年纪较小的"90 后"离开父母的时间较短，更依赖父母，在旅行方式上自然更喜欢一家人出行。

表 11　"80 后"和"90 后"喜欢的旅行方式比较（$N = 401$）

单位：%

		"80 后"	"90 后"	χ^2	df	Asymp. sig (2 − sided)
喜欢的旅行方式	一家人出行，跟团游	10.4	19.1	5.983	1	0.014
	一家人出行，自助游	38.0	37.3	0.021	1	0.885
	单独出行，跟团游	9.9	6.7	1.355	1	0.244
	单独出行，自助游	26.6	21.5	1.391	1	0.238
	约同学、朋友出行	75.5	79.4	0.877	1	0.349
	在网上找"驴友"同行	4.7	2.9	0.917	1	0.338
	其他	1.0	0.5	0.427	1	0.513
	（总数）	（192）	（209）			

2. 喜欢的旅游景点

如表 12 所示，对于旅游景点，52.6% 的"80 后"喜欢民俗风情，高于"90 后"的 40.7%（$\chi^2 = 5.731$，df $= 1$，$p = 0.017 < 0.05$）；对于田园风光，"90 后"更青睐（$\chi^2 = 4.129$，df $= 1$，$p = 0.042 < 0.05$）；37.3% 的"90 后"喜欢主题公园，也高于"80 后"的 26.0%（$\chi^2 = 5.858$，df $= 1$，$p = 0.016 < 0.05$）。

表 12　"80 后"和"90 后"喜欢的旅游景点比较（$N = 401$）

单位：%

		"80 后"	"90 后"	χ^2	df	Asymp. sig (2 – sided)
喜欢的旅游景点	山水风光	80.2	78.9	0.098	1	0.754
	海滨沙滩	67.7	58.9	3.371	1	0.066
	名胜古迹	55.2	54.1	0.053	1	0.819
	民俗风情	52.6	40.7	5.731	1	0.017
	森林公园	30.7	37.3	1.933	1	0.164
	田园风光	35.9	45.9	4.129	1	0.042
	宗教圣地	19.8	24.4	1.232	1	0.267
	城市风貌	23.4	26.3	0.443	1	0.506
	考察探险	20.3	24.9	1.190	1	0.275
	主题公园	26.0	37.3	5.858	1	0.016
	其他	3.6	4.8	0.320	1	0.572
	（总数）	（192）	（209）			

（五）媒介接触方面的异同

1. 网络

（1）上网的频率和时长。

表 13 和表 14 显示，"80 后"上网频率和每天上网时长都显著高于"90 后"，这可能是由于"90 后"刚进入校园不久，电脑的拥有率还比较低的缘故。同时我们也发现（见表 13），"80 后"几乎不上网的比例为 1.6%，"90 后"几乎不上网的比率为 0，这充分体现了"90 后"是伴随网络成长的一代，对网络的依赖比之前的任何世代都要强。

表13 "80后"和"90后"上网频率的比较（$N=401$）

单位：%

		"80后"	"90后"
上网的频率	每天都上网	90.1	65.1
	每2～3天上一次网	5.2	20.1
	每4～5天上一次网	1.6	4.3
	每周上一次	1.6	10.5
	几乎不上网	1.6	0.0
	（总数）	（192）	（209）

（$\chi^2=43.921$，$df=4$，$p=0.000<0.01$）

表14 "80后"和"90后"每天上网时长比较（$N=398$）

单位：%

		"80后"	"90后"
每天上网时长	不到1小时	4.2	9.6
	1～3小时	45.5	68.4
	4～6小时	31.2	18.7
	7小时及以上	19.0	3.3
	（总数）	（189）	（209）

（$\chi^2=42.072$，$df=3$，$p=0.000<0.01$）

（2）上网时的主要活动。

如表15所示，"80后"上网看新闻的有76.2%，显著高于"90后"的47.8%（$\chi^2=33.612$，$df=1$，$p=0.000<0.01$）；上网查阅资料的"80后"有78.8%，也明显高于"90后"的68.4%（$\chi^2=5.510$，$df=1$，$p=0.019<0.05$），而在其他方面都没有显著差异。说明"80后"比"90后"更注重利用网络的学习和资讯功能。此外，"80后"和"90后"都非常注重网络的社交功能，分别有77.2%和73.7%的人选择聊天作为他们上网的主要活动。

表15　"80后"和"90后"网上活动的比较（$N=398$）

单位：%

		"80后"	"90后"	χ^2	df	Asymp. sig (2-sided)
上网时的主要活动	看新闻	76.2	47.8	33.612	1	0.000
	查阅资料	78.8	68.4	5.510	1	0.019
	聊天	77.2	73.7	0.679	1	0.410
	玩游戏	29.1	34.9	1.545	1	0.214
	查收电子邮件	44.4	39.2	1.108	1	0.293
	更新博客、空间日志	33.3	40.7	2.287	1	0.130
	网上购物	26.5	21.1	1.606	1	0.205
	看电视电影	63.5	60.3	0.432	1	0.511
	工作所需	27.0	26.8	0.002	1	0.966
	漫无目的，就是想上网	17.5	15.3	0.336	1	0.562
	其他	2.1	4.8	2.082	1	0.149
	（总数）	（189）	（209）			

2. 电视

（1）看电视的频率。

表16显示，"90后"看电视的频率要高于"80后"（$\chi^2=11.211$，$df=4$，$p=0.024<0.05$）：几乎每天都看电视的"90后"有21.1%，略高于"80后"的18.8%；并非每天都看，但每周至少看一次的"90后"有50.2%，也高于"80后"的47.9%；而几乎不看电视的"90后"仅有28.7%，低于"80后"的33.3%。

表16 "80后"和"90后"看电视的频率比较（$N = 401$）

单位：%

		"80后"	"90后"
看电视的频率	几乎每天都看	18.8	21.1
	每2~3天看一次	24.5	14.8
	每4~5天看一次	8.3	10.0
	每周看一次	15.1	25.4
	几乎不看电视	33.3	28.7

（$\chi^2 = 11.211$，$df = 4$，$p = 0.024 < 0.024$）

（2）收看的电视节目。

如表17所示，"90后"比"80后"更爱看电视剧，70.5%的"90后"收看电视剧，高于"80后"的52.3%（$\chi^2 = 9.611$，$df = 1$，$p = 0.002 < 0.01$）；而一半以上（51.6%）的"80后"爱看新闻类节目，高于"90后"的38.9%（$\chi^2 = 4.446$，$df = 1$，$p = 0.035 < 0.05$）；"80后"收看访谈类节目的比率为43.0%，高于"90后"的22.8%（$\chi^2 = 12.820$，$df = 1$，$p = 0.000 < 0.01$）；36.7%的"80后"收看教育类节目，也高于"90后"的24.8%（$\chi^2 = 4.604$，$df = 1$，$p = 0.032 < 0.01$）。

表17 "80后"和"90后"主要收看的电视节目比较（$N = 277$）

单位：%

		"80后"	"90后"	χ^2	df	Asymp. sig (2 - sided)
主要收看的电视节目	电视剧	52.3	70.5	9.611	1	0.002
	综艺娱乐节目	53.9	64.4	3.166	1	0.075
	新闻类节目	51.6	38.9	4.446	1	0.035
	访谈类节目	43.0	22.8	12.820	1	0.000
	教育类节目	36.7	24.8	4.604	1	0.032
	英语节目	18.8	12.8	1.889	1	0.169
	体育类节目	26.6	26.8	0.003	1	0.958
	其他	6.3	9.4	0.932	1	0.334
	（总数）	（128）	（149）			

（六）消费观念上的异同

1. 消费观

表 18 显示，"80 后"和"90 后"在消费观念上有显著差异（$\chi^2 = 6.457$，df $= 2$，$p = 0.040 < 0.05$），71.4% 的"80 后"选择"存一点，消费一点，投资一点"，高于"90 后"的 60.8%；而选择"有钱先存起来，以备未来的开支"的"80 后"仅有 19.3%，低于"90 后"的 30.1%。

表 18　"80 后"和"90 后"消费观的比较（$N = 401$）

单位：%

		"80 后"	"90 后"
消费观	有钱先存起来，以备未来的开支	19.3	30.1
	钱存着会贬值，不如趁早投资或花掉	9.4	9.1
	存一点，消费一点，投资一点	71.4	60.8
	（总数）	（192）	（209）

（$\chi^2 = 6.457$，df $= 2$，$p = 0.040 < 0.005$）

2. 理财观

如表 19 所示，只有 35.9% 的"80 后"有理财的习惯，低于"90 后"的 45.9%（$\chi^2 = 4.129$，df $= 1$，$p = 0.042 < 0.05$）。表 20 显示，均有一半以上的人认为"钱太少，理财的效果不明显"；也有较多人认为"没有时间和精力去理财"（"80 后"有 35.8%，"90 后"有 46.9%）；认为"不懂理财知识，没法理财"的"90 后"有 42.5%，而"80 后"仅有 18.7%。

表19　"80后"和"90后"理财习惯的比较（$N = 401$）

单位：%

		"80后"	"90后"
是否有理财的习惯	有	35.9	45.9
	没有	64.1	54.1
	（总数）	（192）	（209）

（$\chi^2 = 4.129$，$df = 1$，$p = 0.004 < 0.05$）

表20　"80后"和"90后"不理财的原因比较（$N = 236$）

单位：%

		"80后"	"90后"	χ^2	df	Asymp. sig (2 − sided)
不理财的原因	小钱不用打理	8.1	11.5	0.762	1	0.383
	钱太少，理财的效果不明显	52.8	51.3	0.054	1	0.816
	不懂理财知识，没法理财	18.7	42.5	15.832	1	0.000
	没有时间和精力去理财	35.8	46.9	3.014	1	0.083
	认为关心钱是自私的表现	1.6	1.8	0.007	1	0.932
	其他	7.3	5.3	0.399	1	0.528
	（总数）	（123）	（113）			

五、结论与营销启示

从以上分析可以看出，"80后"与"90后"在有些方面的消费行为是基本相同的（如：服装消费），但由于"90后"成长的环境不同于"80后"，所以他们在消费行为上也有一定的差异。本研究结果显示，两个世代在电子产品和旅游消费、网络购物、媒介接触以及消费观念等方面均存在显著差异。因此，企业应具体问题具体分析，在两者一致的方面，可将其作为一个整体进行营销，而在两者有显著差异的方面，则应当对其进行细分，并有针对性地开展差异化营销。

（1）网上购物潜力巨大，应注重网络口碑传播。

调查显示，一半以上的"80 后"和"90 后"都有网购的经验，但网购所占的消费比率还比较低，这说明目前网购还仅仅作为"80 后"和"90 后"主流购物方式之外的补充，他们的网上消费还有着很大的潜力可开发。

调查还显示，"80 后"和"90 后"在网购时都非常注重网友对产品的评价。相比于广告的"自卖自夸"，他们认为网友的消费经验分享更为客观、公正、可信，因此企业要特别重视网络口碑传播对"80 后"和"90 后"的影响。企业可以在消费信息及点评网站发布质量、功能、口味和环境等相关信息，从而正面影响更多的"80 后"和"90 后"消费者，促成他们对产品的购买。

（2）电子产品营销应注重新功能的开发和宣传。

调查结果表明，"80 后"和"90 后"是电子产品的重要消费者，电子产品拥有率极高，通过对手机这一普及率最高的电子产品的调查，可以得知"80 后"和"90 后"最关注的是电子产品的功能。

电子产品的多功能化已成为趋势。企业要想获得更广阔的生存空间，就应当重视新功能的开发和宣传。对于数码相机、MP3 等电子产品来说，倘若在新功能上满足消费者，则能大大提高其竞争力。例如，尼康和松下在旗下的一些数码相机上内置了一些特殊功能（如利用 GPS 在照片上标注拍摄地点，向照片共享网站无线发送照片等），这些其他同类产品所不具备的新功能，对"80 后"和"90 后"来说，无疑有着极大的吸引力。

（3）服装款式比品牌更重要，专卖店是最重要的销售渠道。

在"80 后"和"90 后"眼中，服装的品牌并不重要，重要的是服装的款式，其次是服装是否合身以及服装的质量。因此，企业要切合新生代的审美取向，注重款式设计的时尚、新颖，满足他们在这方面的要求，以此来提升竞争力、占领更大的市场份额。此外，专卖店是"80 后"和"90 后"最常去的服装购买场所，因此，企业应注重专卖店零售业的扩张，通过增加专卖店的数量、扩大专卖店的覆盖范围来增加销售量，提升竞争力。

（4）针对"80后"和"90后"的差异化旅游营销策略。

调查显示，在旅游方面，"80后"对民俗风情的兴趣大于"90后"，因此，旅游景点在对"80后"的营销中，可以突出具有当地特色、极富文化底蕴的景点或元素，强调其独一无二的风情；旅行社在对"80后"的营销中也应更重视民俗风情线路的推广。例如，泸沽湖畔的摩梭人至今仍保留着的"男不娶、女不嫁"的母系走婚习俗，这一独特的风俗就吸引了众多"80后"年轻男女。

而"90后"对田园风光和主题公园的兴趣大于"80后"，因而对"90后"的营销则可以突出景点中淳朴的自然风光，或者主题公园新鲜刺激的娱乐项目；旅行社在对"90后"的营销中也应重点推荐田园风光游和主题公园的线路。如深圳西部的海上田园风光度假村将乡土田园风光置于高楼林立的现代都市，且安排有度假村、青少年露营区等区域，既有难得一见的田园风光，又有现代的"好玩"项目，这对于"90后"来说有着较强的吸引力。

"90后"尚未完全独立，对父母的依赖程度也较高，这一特征表现在旅游方式上为更喜欢与家人一同出游。因此，旅行社不可忽视他们的这一偏好，应有针对性地推出"家庭游"。当然，"家庭游"的目标消费者不仅仅是"90后"，还有他们的父母，不管是出于对子女的宠爱，还是对亲情的重视，他们对"90后"偏爱的全家人一同出行的旅游方式一定会非常支持。

（5）针对"80后"和"90后"的差异化银行营销策略。

调查显示，"90后"中有近一半的人有理财的观念，当他们有自己的收入时，将会成为理财产品的重度消费者，银行对这部分潜在的市场应当予以重视。调查还显示，多达42.5%的"90后"认为自己"不懂理财知识，没法理财"，这一比率远高于"80后"的18.7%。因此，应对"90后"进行理财知识的教育，培养他们新的理财观念，激发他们的理财消费欲望。"80后"不理财的原因集中在"钱太少，理财效果不明显"和"没有时间和精力去理财"，因此对他们的营销可以突出理财产品带来的经济效益和便捷性。

（6）针对"80后"和"90后"的差异化广告投放策略。

"80 后"上网最主要的活动是查阅资料、聊天、看新闻以及看电视电影，而"90 后"最主要的活动是聊天、查阅资料和看电视电影。因此，腾讯 QQ 等聊天工具、电视电影的在线播放及下载网站等都可以作为针对"80 后"、"90 后"的网络广告的重要平台，而针对"80 后"的广告还可以在新闻类、百科类网站投放。

"80 后"和"90 后"中的大部分人会看电视。因此，电视也是对他们进行广告传播时不能忽视的媒介。相比之下，"80 后"对新闻、访谈和教育类型节目的偏好要高于"90 后"，因此，针对"80 后"的广告可以主要投放在这些节目中；而"90 后"更喜欢看电视剧，针对"90 后"的广告则可以重点投放在以"90 后"为主要受众的电视剧播放的时段中。

六、创新点、研究局限与未来展望

本文首次用实证的方法对"80 后"和"90 后"的消费行为进行了初步比较研究，不但与时俱进地推进了中国消费世代理论的发展，而且为企业有的放矢地开展世代营销提供了理论依据。尽管如此，本研究仍然存在一些不足，例如：在问卷的设计上，涉及消费者的行为和态度，有一定的代表性，但是问卷的内容板块仍可改进，可以更精简、更有针对性、重点更突出；在样本的选择上，"80 后"和"90 后"均采用了学生样本，这样虽然避免了收入的影响，但两者的年龄距离没有拉开，导致许多方面差异并不显著。随着时间的推移，"80 后"与"90 后"都将走向工作岗位，届时，他们的消费行为特征将更为明显，可增加非学生样本，并扩展消费行为板块（如买房、买车等行为都是值得深入的子课题），对两者的消费行为差异作进一步的深入探讨。

（原载于《广告大观》2010 年第 8 期）

参考文献：

[1] 丁家永. 探究心理特征把握消费潮流：再谈"80 后"一代消费心理与行为特征研究 [J]. 市场观察，2007 (5)：20～21.

［2］阳翼.基于价值观的独生代市场细分研究［J］.管理评论，2008（2）：20～27.

［3］丁家永.探究心理特征把握消费潮流：再谈"80后"一代消费心理与行为特征研究［J］.市场观察，2007（5）：20－21.

［4］［美］迈克尔·R·所罗门.消费者行为学（第8版·中国版）［M］.北京：中国人民大学出版社，2009.463～466.

［5］Schütte H. & Ciarlante D. *Consumer Behavior in Asia*［M］. New York：New York University Press，1998.

［6］卢泰宏，张红明，阳翼.中国独生代［J］.销售与市场，2004（5）：39.

［7］韩虎山."80后"的消费行为特征及广告策略研究［J］.中国广告，2009（8）：125～129.

［8］丁家永.80后的消费心理特点与广告策划观念更新［J/OL］. http：//www.emkt.com.cn/article/266/26652.html，2010－5－3.

［9］魏敏菁，黄沛.80后生代的行为特征及其营销意义［J］.市场营销导报，2007（6）：50～53.

［10］吴琼.80后消费调查报告［J］.商家（中国商业评论），2007（3）：44～49.

［11］罗勤林."90后"大学生消费特点分析［J］.经济研究导刊，2009（3）：164～165.

［12］吴毅勇，许丽萍.借力新消费观掘金90后［J］.企业管理，2008（6）：12～13.

［13］冷滨.90后的价值观、族群分类与消费行为——以运动休闲服装市场为例［J］.广告大观理论版，2008（3）：26～45.

产业新趋势

信息平台：三网融合的产业制高点

谷　虹

（暨南大学　新闻与传播学院　广东　广州　510632）

【摘　要】中国式三网融合的道路在全球范围内是独一无二的，国家力推，产业博弈，企业转型。广电、电信两大国有垄断产业相互对峙陷入复制性竞争的僵局。然而，技术发展和产业融合是不以人的意志和部门利益为转移的，三网融合最直观的影响是消融了传媒产业、信息技术产业和电子通信产业的边界，形成了一个"媒信通融合大产业"，而三网融合最深远的影响则是竞争方式的改变和竞争焦点的转移。"内容为王"、"渠道为王"、"终端为王"等战略将不再奏效，未来的融合产业没有王者，只有盟主，得平台者得天下。以开放、对等、协作、共享为特征的"平台模式"将成为融合产业中最具竞争力的发展模式，而"信息平台"这种新型产业组织形式将成为三网融合产业竞争中的制高点。

【关键词】信息平台　三网融合　媒介融合

一、广电电信"融而不合"引发全面复制性竞争

在传统的产业封闭的条件下，传媒产业和电信产业，从内容生产、服务开发以及中间的传输网络的构建，再到终端设备的制造，都是一条封闭的产业链，它们的行政体系也是相互独立的，都是典型的国有垄断产业。在目前的三网融合进程中，广电系统与电信系统"融而不合"。当三网融合政策直指"双向进入"之后，意味着双方都可以进入对方的产业领域。广电的诉求是做双向业务，获得独立的互联网出口。电信

的诉求是想做综合的信息服务商，获得内容运营的牌照。从这两个针锋相对的产业发展诉求可以看到，两大传统产业事实上已经进入到对方的核心业务领域，也就是核心的利润层。在这样的情况下，两大垄断国有产业不可避免走向一种全面的复制性竞争。①

复制性竞争有三个层面，第一个层面在数字网络的基础网络、物理网络领域，无论是固网还是移动网，两大系统都在加紧扩展、改造，进行投资。第二个层面是核心业务层面，在这个层面，对广电产业来说就是它的视频内容和媒体广告，对电信产业来说就是话音和互联网接入。他们不仅牢牢把持自己的核心资源，还希望进入对方的领域。第三个层面是电子商务、资讯服务、医疗、教育等新兴业务领域，两者都是通过对外合作或者是投资的形式齐头并进。具体表现在媒体形态上，就是针对家庭市场的有线数字电视与 IPTV 形成正面的竞争，针对个人市场的CMMB（移动多媒体广播）和 3G 手机电视形成正面冲突。而在整体的网络架构上面，广电为了应对电信下一代通信网 NGN，提出了一个下一代广播电视网 NGB 的总体设想。这就是两大系统复制性竞争的现状。

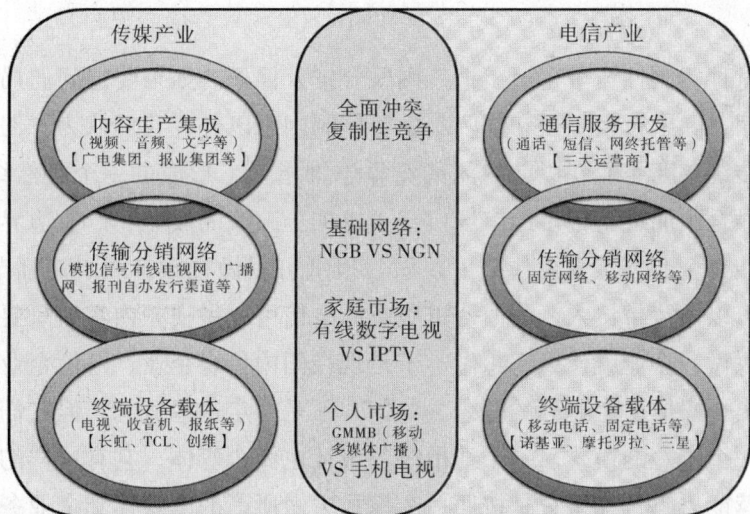

图 1　广电电信"融而不合"

---

①　黄升民，谷虹. 数字媒体时代的平台建构与竞争 [J] . 现代传播，2009（5）：23.

图2　广电电信复制性竞争①

　　这种复制性竞争正逐步把三网融合推入僵局。如果要追问僵局形成的原因，除了行政干预和部门割据等体制因素以外，我们认为，僵局恰恰是传统垄断企业在以前封闭的竞争思维指导下形成的一个必然结局。三网融合中涌现了很多的市场机会，再加上政策的放宽、产业边界的消融，使得企业突然觉得什么可以做。报纸可以做视频节目、广播节目，电视可以做宽带接入、增值资讯服务，电信可以做视频内容。只要什么都可以做，企业就什么都想做。于是现在国内传媒企业、电信企业就纷纷提出全媒体、全业务的概念。我们并不是否定这些概念，但它们可能并非一个统一的模式。一个地市级的报社也做全媒体，它有这样的资源和运营能力吗？如果只是按照一个模式去做所谓的全媒体和全业务，不顾企业自身的资源及其在市场中的差异化定位，很可能就会导致全面的

　　① 黄升民，谷虹. 数字媒体时代的平台建构与竞争［J］. 现代传播，2009（5）：23.

复制性竞争，此外还可能走向一个大而全与小而全、进难攻退难守的尴尬境地。

二、从"封闭竞争"到"开放协作"

"全媒体"、"全业务"概念或发展战略的提出是传统封闭竞争思维指导下的产物。在传统的技术条件下，信息生产、传输、需求三个环节，是相对有限、固定的，媒体可以通过线性的模式，用有限的生产去满足无限的需求。在这种情况下，无论是报业，还是电信、广电产业都可以在一条封闭的产业链里构建它的赢利模式和运营模式。

当我们进入一个数字网络的产业环境，技术的推动和政策的放宽使得信息生产、信息传输和信息消费这三个环节呈现无限化、碎片化的状态。经济学原理告诉我们，利润产生源于商品的稀缺性。各种资源的极大丰富意味着利润正在这些领域急速流失。当这三个环节都不再稀缺，传统传媒业和电信业所固守的领域将无可避免地从利润区变成无利区。如果企业再采用通过抓住这些环节的核心资源来构建竞争壁垒并以此实现垄断利润获取的竞争思路，就不能够保证其在未来的融合产业里继续称王。由此可见，基于这些思路提出的所谓"内容为王"、"渠道为王"、"终端为王"等观点，都难以支撑企业在未来的竞争和发展。企业提出"全媒体"、"全业务"的战略发展模式，希望用有限的内部生产去满足无限的市场需求，用一个全网使生产无所不包，传输无所不达，在未来将面临严峻的挑战。

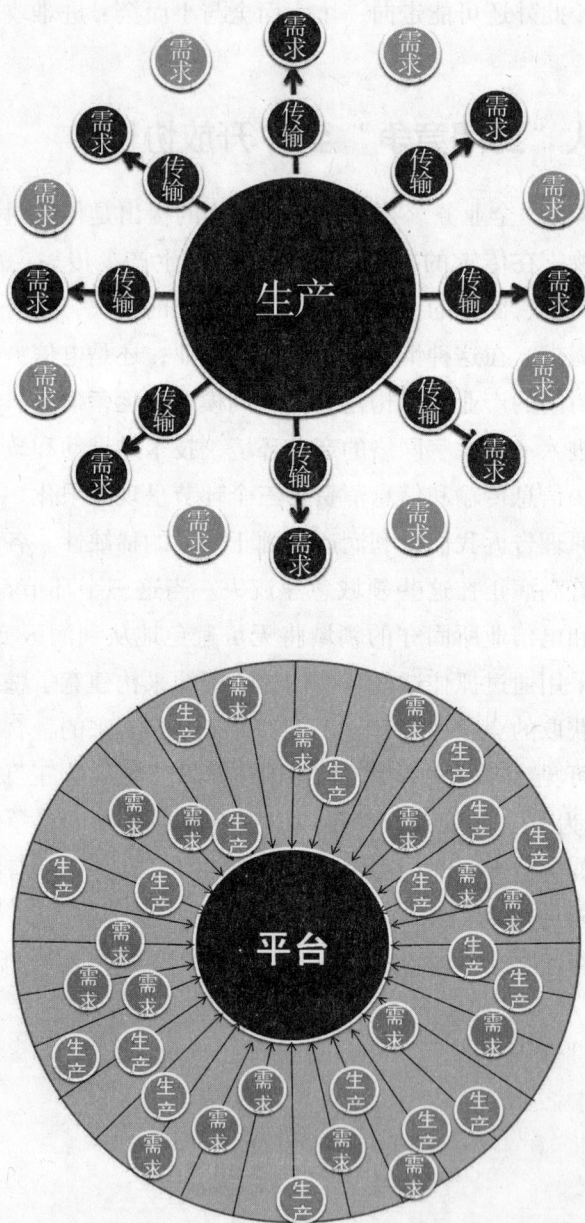

图3 从"封闭竞争"的全网模式到"开放协作"的平台模式①

① 谷虹，黄升民．三网融合背景下的"全战略"反思与平台化趋势［J］．现代传播，2010（9）：6~7.

　　我们探讨三网融合，往往陷入两网融合的误区，只是聚焦在广电网和电信网两大产业之间的竞争和博弈。事实上，两网融合必然陷入僵局，两网融合根本就没有解决问题，就算是依靠国家意志，通过行政强制力的方式把这两大产业进行合并，也没有办法实现真正的产业融合，更谈不上可以培育所谓的国际竞争力。三网融合破局的关键在哪里？在政策推动、体制改革以外，我们可以从一种更软性的内在的支撑融合背后的思维方式、经济哲学等方面去探讨。这种软性的融合力量在哪里？我们可以把目光转向三网当中的第三级，也就是互联网 IT 产业。

　　与传媒产业、电信产业不同，互联网 IT 产业从它诞生之初，就是一个由资本市场和技术所驱动的民营商业。互联网是一个虚拟网，是一个寄生网，也是一个开放网，它无所不在，也无所不包，而且它的形态、应用在不断地发生变化。这种不断变化的、开放的网络产业，不断消解传媒业和电信业封闭的产业链条，冲击他们的业务市场，吞噬其利润空间。腾讯 2008 年的市值已经超过中国联通，成为中国的第三大网络运营商，即中国移动和中国电信之后的第三大网络运营商。为什么在短短的十几年时间内，互联网 IT 产业在一个没有产业背景、没有政策力量支持的环境下能够成长得那么快，而且成为当今传统媒体竞相学习的对象？互联网不仅催生了强大的竞争对手，改变了产业的竞争格局和竞争的法则，更重要的是互联网带来了一种全新的运营规律和发展模式——平台模式。

　　平台模式对于传统生产模式的颠覆能力，我们可以从手机产业得到警示。十几年前，诺基亚是当之无愧的手机行业老大，它所反映的是一种传统的产业链相对封闭的生产模式，一款新手机增加一项新功能，通过持续的功能更新和品牌塑造来维持高额的利润。这跟我们以前的传媒业、电信业是类似的，电视台不断创办专业频道，电信企业开发针对各类人群的服务套餐，通过市场细分和产品更新换代来构建竞争力。

　　随之而来的是第二个阶段，山寨机的狂欢阶段。山寨机是最具有中国特色的市场机制现象，像诺基亚这样的大牌手机厂商，一个月能够设计生产的手机最多也就是几十款。而对于山寨机来说，一个月光深圳华强北就可以生产上千款，功能各异，外形美轮美奂，最重要的是它们的价格非常低廉。山寨机的现象就是一种生产和需求无限化状态下，遭遇管制瓶颈和高压而产生的一种畸形产业业态。从需求来说，深圳有很大的卖场，海外还有大量的需求。山寨机的技术门槛低，各种游资可以进入这个领域，最重要的是这种生产资源可以快速地进行组合。深圳等珠三角地区有很强大的中小企业集群，一边是无限的生产能力，一边是无限的需求，但是在中国恰恰有一个高度管制的手机检验和许可进入的制度。在这样的制度制约下，无限的生产和无限的需求之间没有办法进行一个合法化的匹配，于是它们只能通过非法的方式来运营，这就是山寨机的模式。这种状况跟我们现在传媒业所面临的状况非常类似，一方面信息生产能力非常强，另一方面信息需求也很庞大。但是两者通过什么方式，在什么地方实现这种匹配，目前还没有解决这个关键问题的方法。

苹果手机的诞生以划时代的方式宣告了以诺基亚为代表的传统手机生产模式彻底退出历史舞台。苹果公司只是一个个人电脑生产商，在手机产业这样一个红海竞争中，它另辟新径，找到一个四两拨千斤的发展模式。众所周知，苹果手机本身并没有负载很多功能，但是它的出众之处在于设计了强大的手机操作系统，这使得手机应用与硬件彻底分离了。事实上，这种模式并非苹果首创，二十世纪八九十年代的微软正是通过这个模式统治了个人电脑界。苹果只不过是把这种手段在手机产业重演了一遍而已。当然，苹果的聪明之处还在于，它建立了一个非常完善的后台服务系统，以及打造了苹果应用商城，建立一个跟它共赢共生的商业生态系统。所以我们说苹果手机的强大不在于手机本身，而在于它通过手机，这样一个信息平台的架构，使无穷无尽的社会力量向它汇聚。苹果没有信息编辑和生产队伍，也没有应用程序的开发团队，这些都来自于社会外部的开放力量。苹果通过这种平台方式，彻底颠覆了手机产业的游戏规则和市场秩序，开创了手机的"苹果时代"。

苹果、谷歌、Facebook以及维基百科的成功，从深层分析，都是以"开放协作"为特征的"平台思想"对抗以"封闭竞争"为特征的"传统思想"的胜利。与传统的线性控制的发展思维不同，平台思想主要表现为：在资源观上从封闭到开放，在利益观上从独占到共享，在组

织观上从层级控制到对等协作，在价值观上从产业链视角到企业网络和
商业生态系统视角。而平台化发展趋势，是指在以信息为运作对象的产
业中（具体包括传媒业、电信业以及互联网 IT 产业），由资源禀赋和市
场环境的变迁所导致的传统经济运行模式向平台经济运行模式转变的过
程。在这个过程中，市场结构和企业关系从垂直的、线性的产业链向产
业价值网络转变，竞争思维从封闭、控制、垄断向以开放来获得成长、
以合作来获得竞争优势转变，产业组织形式从金字塔式层级结构向基于
平台的对等协作转变。

三、规则和机制：信息平台的核心竞争力

苹果手机的强大竞争力源于何处呢？是用户体验很好的终端产品？
是开放程序接口的操作系统？还是强大的品牌效应？我们认为，这些都
不是苹果手机最核心的竞争力。作为一款信息终端产品，苹果手机设计
得再好，它也只能成为一个优秀的产品，而不足以成为一个伟大的产
品。苹果手机的核心竞争力在于它所制定的技术协作的规则以及商业协
作的机制解决了无限生产和无限需求之间效率匹配的根本问题，为它们
提供了一个支撑的空间和基础，这就是我们所说的苹果手机的信息平台
系统。

信息平台就是建立在海量端点和通用介质基础上的交互空间，它通
过一定的规则和机制促进海量端点之间的协作与交互。具体剖析苹果手
机信息平台的架构，可以发现最外围的是海量信息端点，这是体现规模
的要素。中间的通用介质是一个互联互通的网络要素。交互空间体现的
是交互效率要素，而信息平台最核心的是规则和机制的创新。

海量端点

通用介质

交互空间

（形态和应用层）

（控制和运算层）

（规则和机制层）

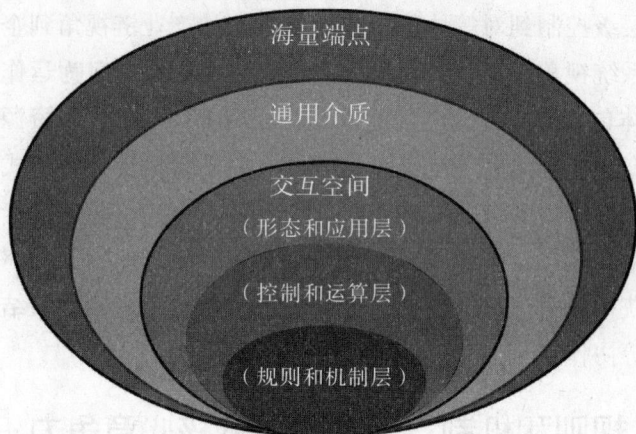

图 4　信息平台的结构

一个新兴的信息平台要战胜甚至取代另一个旧的信息平台，依靠的正是对信息匹配规则和商业协作机制的创新。这一点，我们可以从互联网 IT 产业的发展历程中得到印证。20 世纪 90 年代，英特尔和微软两家公司，一个生产核心芯片，一个生产操作系统，通过 Wintel 平台（温特平台），两者的结合实现了对 IBM 统治时代的品牌一体机的替代，从此确定微软和英特尔在 IT 业界长达十几年的产业领导地位。思科（Cisco）开发了网络路由器，使电脑之间可以相连，这个时候产业的关注焦点就从个人的孤立电脑变成网络。最重要的是在互联网时代，谷歌发现和创造了网络环境下信息跟信息之间关联的规则，这个规则就是网页排序。它由此确定了信息世界的游戏规则，谷歌也因此成为互联网时代的霸主。近年来 Facebook 的发展对谷歌和苹果都造成很大的挑战。因为 Facebook 也改革了机制，谷歌解决的是信息和信息之间是如何关联的，Facebook 则认为信息的价值并不在于信息本身，而在于传递这个信息的社会网络以及传递这个信息背后活生生的人。Facebook 重构了信息世界的游戏规则，成为新兴信息平台的有力竞争者。

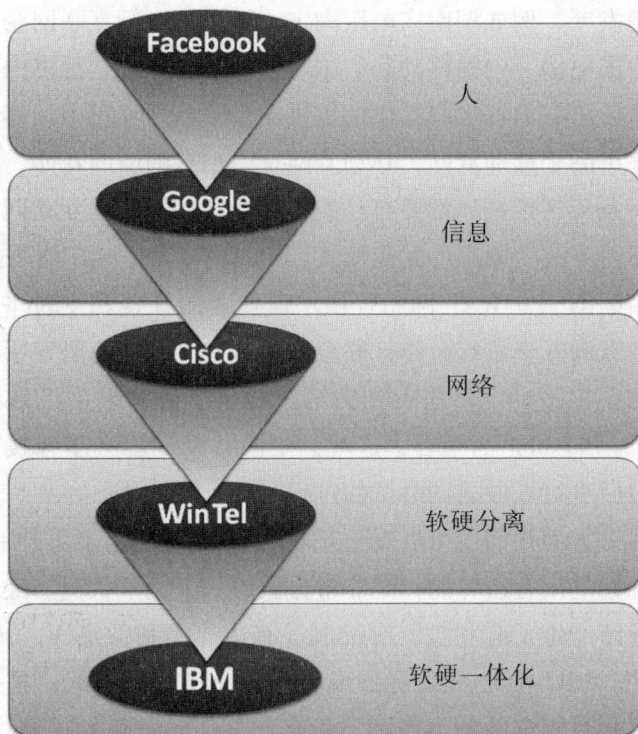

Facebook　　人

Google　　信息

Cisco　　网络

WinTel　　软硬分离

IBM　　软硬一体化

图 5　信息平台的进化

四、信息平台竞争格局的成型

　　虽然平台发展模式只是在互联网 IT 产业中显示出蓬勃的生命力，但是随着三网融合进程的推进，传媒业、电信业和互联网 IT 产业之间的融合竞争之势将逐步突显。新兴信息平台的势力也将从互联网 IT 产业向传媒业、电信业蔓延。向互联网 IT 产业学习，改变传统的信息生产模式和组织形式，向新兴信息平台转型，成为传统传媒企业和电信企业主动适应三网融合产业变局的关键。

　　在未来的融合产业里面，没有王者，也没有霸主，只有盟主。盟主才是未来产业的领导者。盟主意味着企业必须带领周围的各种合作方一起发展，分享利益，只有这样企业才能成为最大的赢家。事实上，电信产业和广电产业已经有不少企业意识到这一点，开始不断嫁接互联网的基因去获得发展。例如湖南广电跟淘宝、阿里巴巴等互联网企业展开全面合作，中国电信、中国移动和中国联通也在全国建立很多内容产品基地，定位于为所有内容生产提供商提供支撑服务。早年中国移动开始建立的内容库产品是移动梦网，移动梦网是一个有围墙的花园，所有的内容，甚至一条天气预报，都要自己编辑和生产，但是在互联网的开放环境下，它不得不改变原来的封闭模式。2008年，中国移动推出了DO平台，为更多的第三方WAP网站提供增值业务的计费和支付平台。2008年底又和谷歌的安卓系统合作，联合联想这些终端厂商研发手机操作系统和开放的手机平台。目前走到的第三步是模仿苹果手机做移动商城MM（Mobile Market）的平台，这就是中国移动一步一步嫁接一些平台的思想，然后进行开放式的尝试的过程。

　　但是另一方面我们也可以看到互联网IT产业却走了另外一个方向，互联网最开始是没有边界的，是非常分散的一个竞争状况。经过十几年的发展，逐渐产生了有利益、有控制、有边界的利益集团，比如腾讯、阿里巴巴等。2011年之所以有腾讯和奇虎360的肉搏战，是因为他们已经形成了相对固定的利益集团，相互竞争已经触及各自的核心利益。互联网IT产业目前走的方向是反平台化，从完全开放走向半垄断的状态。互联网发展有两条路径，第一条是外围的业务应用层不断进行封闭式的扩张。腾讯在十年的发展过程里，都是通过复制别人的成功，从电子商务、娱乐、门户到搜索等都去做，所以腾讯做得很大规模，但是在互联网界，它树敌很多，大家都不把它当老大、当朋友，都认为它是敌人，这是一个很危险的状况。第二条路径是互联网业积极向传媒业和电信业渗透，并且与它们形成利益深度捆绑的共同体，比如腾讯跟各地的报业集团建立的地方门户，像重庆的大渝网，还有跟南方都市报合作的大粤网；腾讯跟湖南广电合作，比如腾讯微博跟央视的春晚、跟东方卫视的春晚都有很深度的合作；此外还有跟电信进行的合作，腾讯有六七亿用户，跟中国电信、中国联通都有很密切的合作洽谈。这就是我们刚才所说的，互联网从一个纯粹的民营商业，也在逐步向传媒业、电信业进行渗透，与之形成利益深度捆绑的共同体。

　　于是，三网融合的进程中，传媒业、电信业将遵循从封闭走向半开放的平台化发展路径，而互联网 IT 产业则从完全开放走向半垄断的反平台化发展路径。三者殊途同归，最后将形成从原来纵向独立的产业链条向横向分层，而在最终市场形成个人、家庭和城市三种综合信息平台的竞争格局。

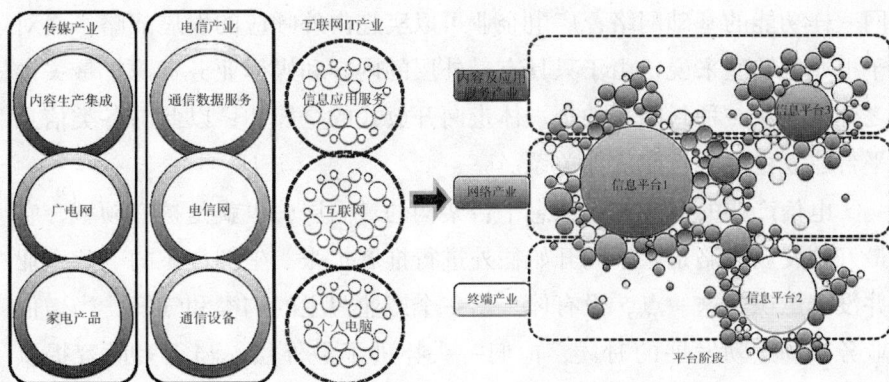

图 6　从"传统产业结构"向"信息平台竞争格局"演进

五、三大产业向信息平台演进的路径选择

既然信息平台是未来融合产业的发展趋势，在很多产业领域都可以用平台模式去运作，去获得发展。那么究竟哪个领域的投资会更有潜力，更有发展的前景呢？要回答这个问题，首先我们必须对未来融合产业的平台层次架构要有一个清晰的把握。平台与平台之间的关系是层级嵌套的，从内到外，大致可以分成四层结构。第一层最核心的是一级平台，我们称之为基础网络的支撑平台。第二层二级平台是基础技术的支撑平台，我们可以通过操作系统、搜索技术、定位技术和互联网技术建立平台的架构。第三层是基础业务的支撑平台，这就包括支付业务、安全业务、运作业务和信任业务。第四层才是我们平时最熟悉的应用支撑平台，例如电子商务平台、即时通信或者是内容运营商的平台、媒体业务平台和数字营销的平台等。越往中心，它对整体融合产业的影响力或控制力就越强。

传媒业、电信业、互联网 IT 产业各有自己的资源优势，在未来信息平台的层级架构里，传媒业的资源是位于最外层的，它最强势的资源在于内容和媒体业务。这是一个比较不利的资源位，因为它处于最外层，很容易就被边缘化，仅仅沦为一个内容提供商。在三网融合的产业转型中，广电企业是具有一定优势的，它同时拥有最外层和最内层的资源，它不仅拥有内容制作的能力，还拥有可以通过改造升级实现与电信网一样功能的基础网络，广电企业可以实施内外呼应的发展战略。而对于报业的转型来说，由于只具有最外层的内容和媒体业务资源，最关键之处就是从一种封闭式的全媒体走向开放式的全媒体，以此与各类信息平台建立稳固的合作伙伴关系。

电信产业的资源位于信息平台架构的最内层，也就是核心领域，它最好的发展战略是从中间开始往外进行推展扩张。坐拥金矿的电信企业并没有意识到这一点，没有体现出一个产业盟主的胸襟和气度，当增值业务市场蓬勃发展的时候，他们一头扑进了最外层，与很多内容提供商、传媒企业、应用程序开发商展开正面竞争，从而失去了更具战略价值的第二层、第三层信息平台业务。这就是典型的"捡了芝麻丢了西瓜"。例如，手机未来的应用中可以做一个移动钱包，电信运营商完全可以在支付这个领域联合起来确定电子支付的规则，从而成为移动支付信息平台的主导者。而当时中国移动就是出于一种霸主心态，希望自己主导这个市场。而中国联通和中国电信就联合其他的金融企业瓦解了中国移动独自建立起来的移动支付标准，使电子支付的主导权最终落到金融企业的手里。再如，电信企业看到传媒企业的广告收入很高，于是就提出媒体化的战略布局，与众多报纸、电视台展开正面竞争。事实上，像定位技术、物联网、信用认证这个层面的信息平台，恰恰是很需要实力庞大的国有电信企业牵头去做的。

互联网 IT 产业非常聪明，虽然它没有资源，也没有政策背景，但是它占据了最好的中间环节，既可以向内部制约基础网络运营商，也可以通过应用向外接触终端市场。它走的是两面延展，依托技术优势去构建平台生态系统的发展路径。例如，阿里巴巴的大淘宝战略，最重要的不是淘宝网站本身，而是物流宝、诚信通和支付宝。这三个才是大淘宝战略最重要的核心基础。因为这三者已经从信息平台的第四个层面进入第三个层面。然

而这种发展战略也有一个隐患，因为平台之间是相互嵌套的，所以如果两个层面都做，就有一种既做裁判又做运动员的嫌疑。包括去年底发生的阿里巴巴欺诈门事件，就是因为它自己建立了诚信通系统，同时又做应用平台的提供者，这样就很容易作弊，产生不好的社会效应。

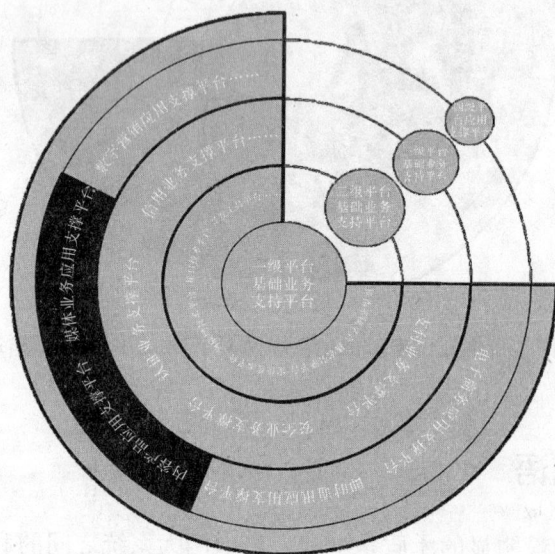

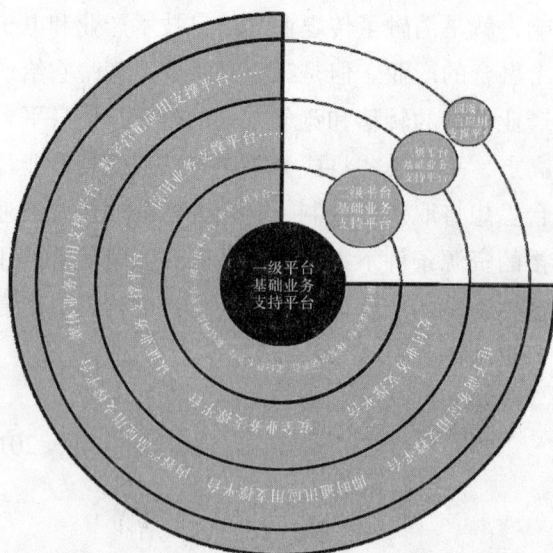

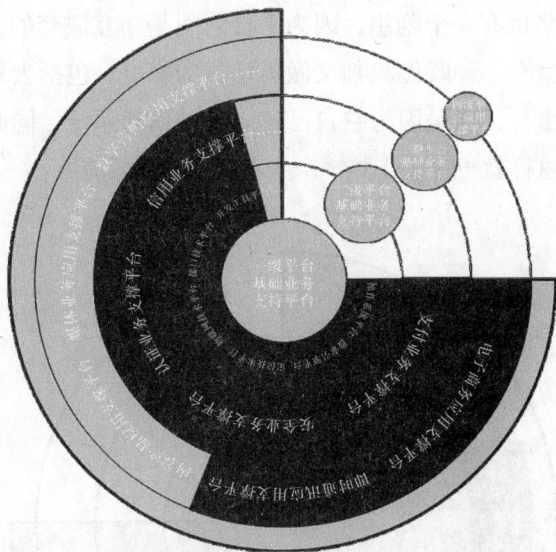

图7　传媒业、电信业、互联网 IT 产业的平台演进路径

六、结语

　　三网融合最明显的矛盾是电信、广电两大系统之间的利益冲突，但是最根本的矛盾其实是新旧两种经济哲学和智慧的冲突。三网融合对产业最直观的影响，就是消融了传媒业、信息技术产业和电子通信产业的边界，形成一个融合的产业。但是我们必须注意到，它给产业带来的最深层的影响是产业价值的转移和竞争方式的改变。信息平台将成为三网融合的产业制高点，平台模式将成为未来媒信通融合产业最重要的发展竞争模式，平台思想将取代以控制、封闭为特征的传统商业思维，成为指导企业在丰裕的资源条件下如何获得成长和竞争优势的主导思想。而关于信息平台这种新型的产业组织和企业形态的构建、运营、竞争和规制，我们还需要更加深入的观察和研究。

（原载于《国际新闻界》2012 年第 3 期）

日本、韩国、新加坡三国文化产业发展现状的比较研究

——兼论对广东省建设文化强省的启示

朱 磊 朱芳宜 贺绪欣

（暨南大学 新闻与传播学院 广东 广州 510632）

【摘 要】日本、韩国和新加坡这三个亚洲国家在发展文化产业的过程中，都依靠健全的法律保障体系、强力的政府资金投入以及各组织之间的通力协作，同时在文化产业发展侧重点、组织机构职能等方面根据自身国情采取不同的策略，取得了显著的成效。笔者认为，广东省要加快发展文化产业，建设文化强省，可从四个方面借鉴日本、韩国和新加坡的经验与教训：完善文化产业法规体系，提高全民的知识产权意识；加大对文化产业的政策扶持和资金投入力度；各组织机构之间分工合作科学化，共同推动文化产业快速发展；打造有影响力的文化精品，培养支柱品牌。

【关键词】文化产业 日本 韩国 新加坡 广东 文化强省

一、前言

近年，随着物质生活水平的提高，人们对文化消费的需求量越来越大，文化产业已成为拉动经济增长的重要因素之一。国家形象、国民素质、社会风气、人文环境等建设都离不开文化产业的发展，文化产业的重要性显而易见。2009 年 9 月，国家出台《文化产业振兴规划》，标志着文化产业从此上升为战略性产业。广东省也提出要建设文化强省，实

现文化产业由"大"到"强"的转变。在这样的背景下，广东省将不得不面临如何建设文化产业的现实问题。环顾我国周边国家，日本、韩国甚至新加坡，无一不是依靠文化产业发展成为今天举世瞩目的具有鲜明文化特色的国家。"他山之石，可以攻玉"，本研究以上述三个亚洲国家为研究对象，从文化产业政策与发展理念、相关组织机构的建设、发展规模与特色、存在的问题等方面对它们的文化产业进行比较，并在此基础上为广东加快发展文化产业，建设文化强省提出一些有针对性的建议。

文化产业的定义尚无统一标准。每个国家都有独特的文化背景，因此其文化产业的内涵也不尽相同。本文采纳张曾芳等在《论文化产业及其运作规律》中对"文化产业"所下的定义：广义的文化产业，是指生产文化产品或提供文化服务以满足社会需要的各类行业门类的总称。文化产业所涉及的领域包括科学、教育、文艺、出版、影视、旅游、娱乐等。① 之所以选用该定义，是因为此定义在宏观层面较全面地概括了文化产业的主要功能及其所涉及的主要领域。

回顾以往外国文化产业、创意产业方面的相关论文和著作，不难发现我国在这方面的研究存在一些问题，主要体现在四个方面：第一，数据来源依据国内的资料，外文资料较少；第二，引用的数据缺乏时效性，和文化产业日新月异的发展极不相称；第三，几乎所有的论文都对国外文化产业发展作出肯定的评价，对于存在的问题却很少有相关的研究，忽略了其中的问题或隐患；第四，对单一国家文化产业的研究较多，不同国家之间的横向比较研究较少。本论文和以往研究相比，有三方面的特点：第一，对不同国家的文化产业发展进行横向比较，对其共通性与独特性进行研究；第二，内容依据各国政府机构发布的最新数据资料，来源更可靠，时效性更强；第三，在肯定别国先进经验的同时，对存在的问题进行中肯分析。

---

① 张曾芳，张龙平. 论文化产业及其运作规律 [J]. 中国社会科学，2002 (2)：99～100.

二、三国文化产业发展策略的共通性

1. 不断完善相关政策和法律，为文化产业发展提供依据和保障

文化产业的发展首先需要得到国家和政府的政策保障。国家出台的法律和政策是文化产业健康有序发展的重要基础，它不仅能够为文化产业的发展指明方向，而且能够有效解决在文化产业发展过程中出现的问题。

从 1995 年开始，日本政府开始转变国家发展战略，由"经济立国"战略转化为"文化立国"战略。接下来日本政府颁布了一系列相关的政策和法律。政策方面，2002 年 10 月，日本政府发布了文化发展根本政策；2007 年 2 月，根据新的变化形势，日本政府发布了新版的文化发展根本政策，在关于推进文化艺术事业的重要性方面，新政策强调以下两个方面：文化的力量就是国家的力量，文化艺术与经济之间存在密切的相互作用关系。① 法律方面，2001 年日本国会颁布了《振兴文化艺术基本法》，2004 年又颁布了《文化产品创造、保护及活用促进基本法》，规定"各级政府和部门要配合扶持文化产业的发展，并且在财税、融资方面提供相应的优惠待遇"②。

韩国在经历了亚洲金融风暴的重创之后，开始反思其经济增长方式，重视文化产业发展，并提出了"文化立国"战略。韩国政府先后制定了《文化产业振兴基本法》、《文化产业发展五年规划》等多部法律法规，为文化产业的发展提供依据。③ 韩国文化体育观光部发布的2010 年政策前景与推进课题，展示了韩国文化产业发展的 4 个重大课题以及 15 个详细课题，目标在于建立"更强大的文化国家，有品格的

---

① 笔者整理自 Administration of Cultural Affairs in Japan — Fiscal 2009：Foundations for Cultural Administration，日本文化厅网站 http：//www. bunka. go. jp/english/index. html，引用时间：2010 年 5 月 13 日。

② 刘国强. 世界有关国家文化产业发展策略［EB/OL］. （2010 – 03 – 18）［2010 – 05 – 28］. http：//www. cntheory. com/news/Llwxys/2010/318/1031810174BG6G9KF0025A64BCFHJK. html.

③ 科教文卫体委. 美国、英国、日本、韩国文化产业发展的主要特点［EB/OL］. （2009 – 07 – 21）［2010 – 05 – 28］. http：//www. hljzx. gov. cn/kjwwtwyh/gzjl/200907212220. htm.

大韩民国"①。

20 世纪末，新加坡政府开始着力推进国家文化艺术的进步。2000 年 3 月，新加坡新闻与艺术部（Ministry of Information and the Arts）提出了《文艺复兴城市报告：文艺复兴新加坡的文化与艺术》。2002 年，新加坡创意产业工作小组公布了《创意产业发展战略》，计划将新加坡建成一个全球的文化和设计业的中心。②

从以上案例可以发现，各国政府颁布的相关政策和法律与文化产业的发展是同步进行的。文化产业的发展需要政府政策上的指导，而政策和法律也应在建设文化产业的过程中，根据实际情况进行不断修正和完善。

2. 加大财政投入，为文化产业发展提供强力支持

日本、韩国、新加坡三国都是在国家经济水平达到较高的程度后开始重视文化产业的发展，加大文化产业的财政投入的。文化产业的财政投入不仅是国家形象塑造的需要，也因为文化产业是一个高产出、经济效益巨大的产业。

2009 年，日本文化厅（Agency for Cultural Affairs）的财政预算高达 102 亿日元（约折合 10.5 亿美元）。其中，与 2008 年相比，预算支出增长最多的是向下一代传承文化财富方面，2009 年的预算达到了 38 亿日元（约 4.2 亿美元）。与 2008 年一样，2009 年预算支出最大的方面依然是日本文化的策略性推广，达到了约 43 亿日元（约 4.5 亿美元）。③ 在韩国，全国文化事业财政预算在 2001 年进入"一兆韩元时代"（1 兆韩元约合 80 亿美元）。此后，政府持续加大资金投入，2003 年达 1 兆 1 673 亿韩元（约合 93 亿美元）。此外，韩国政府针对影像、游戏动画、音乐等重点文化产业，设有总统奖、文化观光部奖、文化产

---

① 笔者整理自 2010 年政策前景与推进课题，韩国文化体育观光部网站 http://www.mcst.go.kr/chinese/vision/vision2.jsp，引用时间：2010 年 5 月 28 日。

② 中国科技信息网. 新加坡文化创意产业［EB/OL］.（2007 - 07 - 17）［2010 - 05 - 28］. http://www.ipr.gov.cn/iprgj/gbhj/yz/xjp/dywz/513256.shtml.

③ 笔者整理自 Administration of Cultural Affairs in Japan — Fiscal 2009：Foundations for Cultural Administration，日本文化厅网站 http://www.bunka.go.jp/english/index.html，引用时间：2010 年 5 月 13 日。

业奖等各种奖项。① 在新加坡，从 2005 年至 2008 年，新加坡对文化产业的投入力度，从最初的 5 510 万美元增加到 7 850 万美元。新加坡政府在 2010 年财政预算报告中还特别提出，要继续加大在这方面的投入。②

3. 官、产、学、研通力协作，为文化产业发展提供多方配合

除了政府直接提供的政策法律支持和资金投入，文化产业的繁荣发展还需要社会多方面的配合协作。政府应采用多种方法调动国民积极性，整合各部门的工作，为文化产业的前进铺路。

在日本，政府一方面调动国民积极性，一方面努力促进对文化产业的创业投资。日本政府在 2007 年提出的文化发展根本政策认为，文化艺术是所有日本人民的财富，所以必须让国民了解建立"基于文化和艺术的国家"的重要性。③ 正如一些学者指出的那样，日本的企业是文化产业发展的主体，大型文化活动要靠企业的参与和赞助，日本的演出界、电影界、出版界、广告界等都拥有一支成熟的知名文化企业队伍。所以日本的文化产业不是由政府"包办"的，文化产业项目都进入市场操作，这是日本促进文化产业发展的重要经验。④

在韩国，除韩国文化体育观光部以外的政府部门也积极为韩国文化产业的发展提供支持，如产业资源部、科学技术部、情报通信部、教育部、财务经济部等。有学者认为，这些部门的相互配合，能够实现有效的"齐抓共管"，形成系统合力，为韩国文化产业的顺利发展提供制度保障。⑤

2005 年 7 月，新加坡新闻与艺术部发布创意社区计划（Creative Community Singapore，简称 CCS），目的在于发展艺术、文化、商业、科

---

① 宋魁. 浅析韩国的文化产业 [J]. 韩国研究论丛，2009 (1)：110～123.
② 戴正宗编译. 新加坡：用文化助推经济增长 [N/OL]. (2010 - 02 - 25). http：//www. cfen. com. cn/web/cjb/2010 - 02/25/content_606358. htm.
③ 笔者整理自 Administration of Cultural Affairs in Japan — Fiscal 2009：Foundations for Cultural Administration，日本文化厅网站 http：//www. bunka. go. jp/english/index. html，引用时间：2010 年 5 月 13 日.
④ 日本的文化产业政策及运作 [J]. 青年记者，2006 (5)：39.
⑤ 张隽. 探析韩国文化产业的发展战略及启示 [J]. 当代韩国，2009 (2)：44.

技融合的社区，为所有的新加坡人提供展示和调动创造力的机会。CCS会提供多种帮助来实施创意，包括项目便利服务、联合品牌、营销和融资，等等。①

三、三国文化产业发展的独特性

1. 三国发展文化产业的契机不同

虽然日本、韩国、新加坡都是在经济实力发展到一定的阶段后才开始重视文化产业的推进的，但是各国面对的具体国情和国家需要却不尽相同。发展文化产业首先需要认清国家面对的现实情况，根据国家的时代需要制订战略计划。

对日本来说，文化产业的发展是经济实力在政治文化领域的表现。从明治维新开始，日本的国家发展战略经过了三个阶段的转变。"二战"后，日本由"战争立国"转向了"经济立国"，并且在三十年的时间里创造了经济高速发展的奇迹。从1955年到1973年的18年间，国民生产总值（GDP）增加了12.5倍，人均国民收入增长10倍多，年均增长9.8%。从1967年起，日本的国民生产总值接连超过了英国、法国和西德，在资本主义国家中成为仅次于美国的第二经济大国。随着日本在世界范围内经济地位的确立，日本开始谋求在政治上和文化上的同步发展。在20世纪七八十年代，日本的国家发展战略开始转向"文化立国"，在注重保持传统文化的同时，强调日本的文化观念和文化产品的对外输出。

对韩国来说，对文化产业的重视在某种程度上是韩国政府在亚洲金融风暴后转变经济增长方式的体现。亚洲金融风暴的影响遍及亚洲各国，1997年11月17日，韩国也被卷入了金融风暴，韩元对美元的汇率跌至创纪录的1 008∶1。有韩国官员表示，真正的金融危机是从韩国开始的，韩国的金融危机是整个亚洲金融危机的导火线。在亚洲金融风暴过后，韩国政府在整顿金融行业秩序的同时，也在探索新的经济增长方

---

① 笔者整理自 National Income and Balance of Payments，新加坡政府网站资料，http://www.singstat.gov.sg/pubn/reference/yos09/statsT–income.pdf，引用时间：2010年5月11日。

式。韩国政府注意到了文化产业巨大的发展潜力，因此1998年开始大力扶持文化产业。

新加坡对文化产业的重视源于经济的发展和文化氛围的欠缺。新加坡自建国后经济发展态势一直保持了良好的势头，综合国力不断提高。到20世纪末，新加坡在经济实力上已经跨入了发达国家行列，但是由于国土面积、历史积累等原因，新加坡给人一种"文化沙漠"的印象。为此，新加坡政府从2000年开始发布了《文艺复兴城市报告：文艺复兴新加坡的文化与艺术》等一系列文件，决定要复兴新加坡的文化和艺术，全面打造文艺复兴城市。

2. 三国文化产业的发展重点不同

文化产业所包括的内容丰富，内涵和外延广阔。三国在制定策略、发展文化产业的过程中能够灵活地把发展需要与各自的国情、文化特色结合起来，力求有所为，有所不为，有所先为，有所后为。

在日本，观光旅游业一直是文化产业发展的战略重点。2003年日本制定并实施《观光立国战略》，2007年颁布实施《观光立国推进基本法》。另外，日本的动漫产业一直以来在国际上有较大的影响力，对动漫产业的扶持也带动了日本电影和音乐产业在日本国内和国际市场的发展。日本非常擅长将本国传统文化巧妙地融入游戏软件、动漫等新兴文化产品之中。[①]

在韩国，文化产业的科技创新性突出。国内有学者认为，是韩国独创了"文化科技"一词，[②] 虽然这种观点有失偏颇，但也从一个侧面反映了韩国文化产业的重心所在。韩国将"文化科技"确定为韩国政府重点发展的战略性产业之一，还于2009年进行机构重组，成立韩国创意内容署（The Korea Creative Content Agency），该机构主要负责动画、音乐、游戏等数字文化产业内容的推广。[③]

---

① 泷泽意伲. 日本文化产业的发展与启示 [J]. 国际贸易, 2006 (10): 34 ~ 39.

② 张隽. 探析韩国文化产业的发展战略及启示 [J]. 当代韩国, 2009 (2): 44.

③ 笔者整理自 About Kocca, 韩国创意内容产业局网站 http: //www. korea. net/directory/ top_ directory. jsp? addr = http% 3A% 2F% 2Fwww. koreacontent. org% 2Fweben% 2Findex. jsp, 引用时间: 2010 年 5 月 28 日.

在新加坡，面对城市文化底蕴不足的问题，2000 年政府制订了文艺复兴城市计划，把重点放在塑造艺术的、创新的城市形象上。2002 年新加坡掀起了艺术与创意的发展热潮。政府组织起草绿皮书，系统阐发"文化资产"的理念，并先后推行"艺术无处不在"（Arts Every Where）计划与"创意产业发展战略"。①

3. 三国文化产业组织机构的设置和分工不同

为了保证文化产业发展的高速和高效，三国都设立了不同的组织部门来负责相关的工作。三国组织部门的架构都各不相同，并且会根据需要进行调整。

在日本，主管文化事务的机构是文化厅（Agency for Cultural Affairs，简称 ACA）。该机构自 1968 年设立，至今有超过四十年的历史了。目前，ACA 的最高管理机构是文部科学省（Ministry of Education，Culture，Sports，Science and Technology，简称 MEXT），具体的事务由 MEXT 下属的文化事务委员承担，管理包括政策策划、版权、日语推广、世界文化交流等事务。②

在韩国，文化体育观光部成立于 1948 年，历经了多次的重组与整合，目前负责韩国的文化、艺术、体育、观光、宗教、媒体、国政宣传等方面的政策的实行。机构主要管理人员包括长官、第一次官和第二次官。第一次官主要负责文化信息产业、文化政策、旅游产业、图书馆及博物馆的建设方面的工作。第二次官主要负责体育局、媒体政策局、宣传支援局和亚洲文化都市中心推进团等部门的工作。③ 韩国的文化产业管理原本分散在韩国广播组织、韩国文化及内容产业局、韩国游戏产业发展推广局等 5 个部门。2009 年 5 月，这 5 个部门被合并为韩国创意内

____

① 北京国际城市发展研究院. 新加坡文化政策与文化产业概况［EB/OL］.（2006 – 12 –23）［2010 – 05 – 28］. http：//www. ccgov. net. cn/cityforum/html01/yjbg/cycy/zcyj/zcyj35. htm.

② 笔者整理自 Administration of Cultural Affairs in Japan — Fiscal 2009：Foundations for Cultural Administration，日本文化厅网站 http：//www. bunka. go. jp/english/index. html，引用时间：2010 年 5 月 13 日。

③ 笔者整理自机构组织图，韩国文化体育观光部网站 http：//www. mcst. go. kr/chinese/aboutus/minister. jsp，引用时间：2010 年 5 月 28 日。

容署，重点负责数字文化产业内容的推广工作。①

新加坡目前有关文化产业的事务主要由新闻、通信及艺术部（Ministry of Information，Communications and the Arts，简称 MICA）负责，其下属部门包括 Design Singapore Council、Media Development Authority 和 National Arts Council 等。以 MICA 为先锋的新加坡创意产业发展策略（Creative Industries Development Strategy）服务于经济审查协会（Economic Review Committee）的目标，即为新加坡创造多元的、具有企业精神的、国际化的经济。②

四、三国在发展文化产业过程中存在的问题

1. 制定文化产业国策时，政府与民间沟通不足

每个国家都有各自的主流文化与亚文化，这是在长期的历史发展中积累而成的。在国家文化产业策略的执行中，民间自发形成的文化形式可能会与国家重点推广的文化形成对抗，政府着力推广的形象战略也可能与民众心中的期望不符。所以政府在制定文化产业策略时，需要加强与民间的沟通，倾听公众的声音，加强公众的参与。日本、韩国、新加坡在推广文化产业策略时都强调了要调动人民的积极性，但是公众的参与不应该局限在政策的推广期，关键在于让人民参与到整个政策的制定过程中，让人民拥有文化内容的话语权。在政策推广中，企业行为也扮演了重要的角色，如果文化产业的理念和策略不能得到大部分民众的支持，那么企业生产的文化产品也就难以迅速占领市场。

2. 国家文化形象战略和文化扩张之间存在矛盾

文化产业发展的重要内容之一就是向其他国家传达本国的文化和价值观，塑造国家文化形象，进而出口相关文化产品，获得经济收益。在这个过程中，需要政府行为和企业行为的合作，特别是需要一些大的跨

---

① 笔者整理自 About Kocca，韩国创意内容署网站 http：//www. korea. net/directory/top_directory. jsp? addr＝http%3A%2F%2Fwww. koreacontent. org%2Fweben%2Findex. jsp，引用时间：2010 年 5 月 28 日。

② 笔者整理自 Creative Industries，2009 年 3 月 25 日发布，新加坡 MICA 官方网站 http：//app. mica. gov. sg/Default. aspx? tabid＝66，引用时间：2010 年 5 月 11 日。

国企业参与。这些跨国企业在资金上、市场份额上都占有显著的优势，能够快速在其他国家的市场上和媒体中输出本国的文化产品。这种实力不均的情况可能会对一些经济相对落后的国家的传统文化造成冲击。不可否认，纵观许多国家的文化产业发展战略，一言以蔽之，就是在经济地位确立后谋求文化扩张，却对文化扩张带来的后果考虑甚少。例如，日本动漫产业的扩张不仅对我国国产动漫产业发展构成了经济威胁，而且对我国青少年的传统文化观也产生了负面的影响。2009 年 3 月，温家宝前总理在湖北考察工作时说道："我有时看我孙子喜欢看动画片，但是动不动就是奥特曼。他应该多看中国的动画片……让中国的孩子多看自己的历史和自己国家的动画片。"① 温家宝前总理的这段感慨从另一个侧面反映了文化扩张给他国带来的危害。

五、三国文化产业战略对广东省建设文化强省的启示

　　日本、韩国和新加坡通过政府投资、法律保障、社会各界协作配合、扶持重点产业等手段，同时结合自身的实际情况，制定了一系列有效可行的政策，成功发展了本国的文化产业。但是，我们在吸取它们的先进经验的同时，也应看到它们在发展过程中存在的问题，取其精华，去其糟粕。

　　广东省近年来在文化产业方面取得了很大成绩，目前已经形成了"新闻服务业、出版发行和版权服务业、广电服务业、文化艺术服务业、娱乐业、会展业、广告业、旅游业、电子信息业、文化产品和设备制造业等比较齐全的文化产业体系"②。最新数据表明，广东的文化产业"增长速度高于 GDP，增加值占全省 GDP 比重达到 6% 以上，连续 5 年位居全国第一"③。

---

　　① 温家宝在湖北考察时指出要靠信心智慧和力量战胜困难 ［EB/OL］．（2009 - 03 - 31）［2010 - 06 - 10］．http：//www. cnr. cn/gundong/200903/t20090331_505288844. html.

　　② 刘启宇，刘红红. 广东文化产业发展的现状、问题和对策 ［J］．学术研究，2007（6）：41.

　　③ 广东文化产业"暖风"劲吹（回眸 2009　喜看新成就）［N/OL］．（2010 - 01 - 04）［2010 - 05 - 30］．http：//politics. people. cn/GB/14562/10699233. html.

　　但是，不可否认的是，广东文化产业发展也存在着一些问题：缺乏健全的文化产业法规体系；政策扶持和资金投入力度不足；各组织的分工与合作能力有待提高；在文化品牌建设方面，缺乏文化精品。

　　因此，我们认为，广东省要加快发展文化产业，建设文化强省，可从以下四个方面借鉴日本、韩国和新加坡的先进经验：

　　1. 完善文化产业法规体系，提高全民的知识产权意识

　　纵观日本、韩国和新加坡的文化产业发展历程，可以发现健全的文化产业法规体系是其成功的重要保障。在广东，由于民众普遍缺乏文化知识产权意识，加上相关执法部门打击力度不足，使得文化产业的市场环境无法净化。早在 7 年前，就有学者尖锐地指出，在音像管理、批发市场管理等方面，翻版、盗版和非法出版等侵犯知识产权的行为屡禁不止。时隔多年，这些问题仍然没有得到根本解决。以广州为例，至今仍可以在各高校门口、人行天桥、地下通道等人流量大的地方看到流动小贩长期兜售盗版碟，而相关的执法部门却无所作为。针对以上问题，广东省应加快文化产业法规建设的进程，制定符合广东省实际情况的文化产业法规，加强对中小学生的知识产权教育，做好对社区以及企业有关知识产权信息的宣传工作，同时加大执法力度，营造有利于文化产业发展的良好的法治环境。

　　2. 加大对文化企业的政策扶持和资金投入力度

　　政策扶持和财政投入是文化产业得以顺利发展的重要基础。广东省在政策扶持上仍不够灵活，直接影响到投资市场的进一步扩张。例如在融资方面，国有文化企业资金雄厚且有国家扶持，融资不是问题，而非国有的中小型文化企业，却因其高度依赖于无形资产而难以获得银行融资。① 实际上，民营文化企业对推动文化产业发展发挥着举足轻重的作用，可由于它们缺乏充足的资金支持，规模无法扩大，大大降低了广东省文化市场的活跃性。因此，政府要拓宽投融资渠道，减少贷款限制，提供必要的资金支持和专业的金融服务，如实施减免税收、进出口优

---

　　① 广东将设文化产业投资基金 寻找新媒体扩展机会［N/OL］.（2009 - 12 - 04）［2010 - 06 - 05］. http：//news. zero2ipo. com. cn/n/2009 - 12 - 4/200912485435. shtml? highlight = % E6% 96% B0% E5% AA% 92% E4% BD% 93.

惠、信贷支持等，让民营文化企业与国有文化企业共同发展，形成良性运作的产业化经营。

3. 各组织机构之间分工合作科学化，共同推动文化产业快速发展

广东省目前还没有实现政府、企业、学界和民间四股力量的有效整合，在举办一些文化活动或比赛的时候，往往出现政府一揽大局的情况。例如 2010 年举办的首届广东大学生乞巧作品创意大赛，虽然参赛者的主体是大学生，但只有一所高校参与了承办，主办方全部都是政府部门。在这一方面广东可借鉴日本和新加坡的经验，如让企业参与大型文化活动，设立文化产业专项资金等，形成由企业提供赞助、高校提供人才、民间组织提供资源、政府提供保障的全方位合作体系。除此以外，各机构间的分工不明确，例如文化管理部门、公安部门、工商管理部门等在文化市场中的权限就没有清晰的界定，导致行政力量经常对文化市场进行不科学的干预。因此，还要界定好各部门，如文化管理部门、公安部门、工商管理部门的职责和权限，避免多头管理的情况出现。

4. 打造有影响力的文化精品，培养支柱品牌

虽然广东的文化用品和设备制造业一直都是强势产业，特别是珠三角已成为世界有名的制造业中心，但与日本、韩国和新加坡大量推出有内涵、有创意的文化精品不同，当涉及影视业、音像业、文化艺术业、娱乐业等行业的创造性时，广东省的文化精品屈指可数。例如动漫业，就目前而言只有《喜羊羊与灰太狼》做得比较成功，缺乏支柱品牌。针对以上问题，广东省可在广州、深圳、珠海等创意人才比较集中、创意环境比较良好的城市首先建设影视、音像、动漫、艺术等领域的创意基地，为上述产业源源不断地提供优质内容；同时加大对文化产业的宣传力度，制定"走出去"的相关政策，搭建国际交流与合作的平台，如与知名漫画出版机构等"联姻"共同推出漫画作品，邀请国际影星合拍电视剧、电影，引入相关方面的优秀人才，从而打造具有本土特色的文化产业名牌。

六、结语

　　日本、韩国和新加坡在文化发展策略上有许多值得广东省文化产业建设学习的地方，同时我们也应清楚地认识到，借鉴他国的经验并不代表能够完全解决问题。广东省文化产业在发展过程中除了本文提及的主要问题以外，还存在着上述三个亚洲国家没有出现过的、独有的缺点，如行政力量过分干预、体制环境有待改善等。因此，我们在借鉴他国先进经验的同时，还要立足于省内，敢于"摸着石头过河"，敢于创新和改革，这样才能有效促进文化产业的繁荣发展。

（原载于《岭南新闻探索》2010 年第 6 期）

新媒体传播形态及产业化运营传媒重构

莫智勇

（暨南大学　新闻与传播学院　广东　广州　510632）

【摘　要】新媒体传播结构和形态最大特点是"去中心化"。当下信息社会基于互联网、物联系、云传播等形成的一个庞大的去中心化、全开放、全媒体、全时空的信息传播体系已逐渐演变成为一种"全形态"的信息传播交易平台，而互动性和反馈性的服务理论观念在新媒体经济运营范畴的引入，更为现代大众传播方式与经营开拓了前所未有的媒介多样性局面，从而导致了传播形态与传播产业结构重构。以网络经济前沿理论为观照，分析新媒体信息交易的流变过程、传播平台的赢利模式以及传媒产业转型与重构的影响可以知道，媒体产业化传播重构将是一种复杂共生关系和多维融合共赢发展的路径。新媒体全时空的传播在彻底地改变了传媒产业原有的传媒权力分配和传播情境的同时，也导致了传播生态秩序的混乱；信息自由流动与社会和谐稳定之间存在一定的对抗性，新媒体多样性形态传播与产业化传媒重构发展应该要有相应的信息规章制度作保障。

【关键词】数字新媒介　信息交换　产业平台　重构

一、数字信息技术下的新媒体及其传播形态

基于数字信息技术的传播媒介——新媒体（New Media）是"数字化互动式新媒体"的简称，"数字化"和"互动性"是它的基本特征。从技术层面上看，新媒体是数字化的形态；而从传播特征层面上看，新

媒体则具有高度的互动性传送特征。数字化新媒体产业化即把互动性、个人化和反馈性服务的理念引进媒体经济运营范畴，它颠覆了传统意义上的媒体概念，重新定义媒体，被人们喻为"第四媒体"。其传播机制是依靠数字信息、网络技术等通过互联网、局域网、无线通信网等渠道，由电脑、数字电视、手机、移动终端显示设备等向用户提供图文影像信息及各类型互动资讯的传接服务。互联网式新媒体传播是以拓扑结构形式存在的，其结构和形态的最大特点就是"去中心化"，即技术上各个传送通信节点不依赖于某一个特定的中心节点。基于互联网、物联系、云计算的媒介则是一个去中心化、完全开放的传播体系。这样一来，理论上任何一个互联网的用户都可以成为信息的发布者、接收者和传播者，即点对点、点对面的互动传播。而在大众传播的传统媒介（无论纸媒或电媒）都是由传播中心节点向其他非中心节点发送信息。目前，3G 技术手机的广泛使用，使微博传播等社交媒介变成了新宠儿、新形态。

如今，新媒体环境下信息社会的传播生态发生了颠覆性的变化。如果把互联网上每个接入终端都看作是网络化生存的个体，那么，技术上整个网络本身已构成了一个完全开放的网络传播社会。新媒体传播使任何人都可以通过网络发布其他用户可能会感兴趣的即时发生的资讯。例如，全球兴起的 Twitter、MySpace、Facebook 和手机微博等新媒体，成为网络终端用户关系分享、信息传播及交换的平台。在数字新媒介领域中，大众传播意义上的"传者"与"受众"的身份界限不清晰了，传者与受众均可以随时在此平台上进行信息的互动与互换。传播生态的变化，使以任何方式获得、整理或链接的信息或服务，都有可能成为用户需求的有价值的资讯。正是由于数字化计算编程软件可以模拟制作出各种不同类型的传播形态，再现现实生活中的各种信息流或虚拟空间，因此，相对于有"形"及"物"化的传统媒体而言，数字新媒体传播内容如文字、图像、影像、声音等是用"0"和"1"字数比特信号来形成，信息传播形态不是固定的，而是虚拟的。新媒介所生产、存储、传输和消费的信息是一种数字流，形态是"虚拟"化，从而极大地降低了传播者和受众之间信息交流的经济成本与时间成本。基于数字传播技术的媒体已逐渐成为一种"全形态"的信息传播交易平台。因此，新媒体在技术层面上已经具备产业化发展方向的条件。

在大众传播社会中，媒介的重要功能是成为各种资源（如商业资源、社会资源、人脉资源、信用资源）汇流整合的中介、平台、枢纽。换言之，媒介是连接各种资源的"节点"。新媒体在现行的媒介制度格局下，其市场整合度有着传统媒体不可比拟的优势。首先，它在传播形式、传播内容和传播渠道上可以触及社会民众"生活圈"的终端。其次，其个性化、情境化、对象化的传播特征能够满足受众的某种个人行为或隐私情绪，可达到有针对性的传播效果。当下社会发展迅猛，人们生活节奏加快，本来有限的时间已被拆成许多零碎的片段，即所谓"时间碎片"（如坐地铁、上厕所、午休时间、晚餐等）。新媒体碎片化传播正是这种信息时代下催生出来的社会化媒体生态。以 Facebook 为代表的社会化媒体掀起了新的互联网媒体个性化传播新浪潮。微博支持用户发播文字、图片、音视频等多种形态的信息，人们可以将自己每天的所见所闻、即时事件、精彩瞬间通过微博与"粉丝"好友一起分享，其他网民也可以访问其微博网、WAP 网站或手机客户端。新媒体正是有着传统媒介所不具备的全新技术与价值功能，近年来得到迅猛发展，其产业化发展已经成为大众传播媒介经济战线上的一道强劲景观。随着Web2.0、Web3.0 互联网技术的推广与普及，新媒体形态如网络论坛、博客、Twitter、BBS、Wiki、SNS、微博及视频图片共享网站等不断推陈出新，传播形态更加多样化，传播作用和效果不断提高，导致其传播的商业价值呈现几何级上升。其中，具有代表性的数字新媒体形态是搜索引擎（Search Engine），即根据一定的计算策略，运用特定的计算机程序从互联网中搜集相关信息，在对信息进行组织和处理后，为用户提供检索相关的信息并展示给用户的系统。搜索引擎技术是互联网中专门提供检索服务的一类网站，通过网络搜索软件或网络登录等方式，将互联网上大量网站的页面信息收集到本地，经过加工处理建立信息数据库和索引数据库，从而对用户提出的各种检索作出响应，提供用户所需的信息或相关指针。用户检索途径主要包括自由词全文检索、关键词检索、分类检索及其他特殊信息的检索。这些面向整个互联网的信息内容，是每一个用户直接向网络传输的结果。换言之，所有用户都是信息的提供者，所有网民都是信息的需求方。所以，搜索引擎是一个信息搜索、分类和聚合的全面媒介交换平台。

二、数字新媒体是传播、交换、营运的信息平台

基于互联网去中心化传播的新媒介的出现，为人类历史上第一次在交流工具上支持随时群体互动、即时对话交流，甚至为产生真正的"一呼百应"的信息交互行动提供实现的可能。以往要聚集群众并使之行动，需要大量的有形有物的组织传播煽动，对人际间交流资源有诸多的物理条件要求和极高的组织要求。如今，全球性分享与合作交流工具——互联网协议的使用权交到了个体网民手中而非组织独有。传统媒体由此似乎被迫放下一种在制度与技术上的垄断权力。数字化的传播技术与传播形态的多样性，彻底改变了人类的交流方式和媒介的生存状态，由此产生的新媒介与传统媒介产业重构与传媒经营将不可回避。

新媒体所依赖的数字技术基础和传播形态逐渐演变成一个巨大的资源交换平台。在这样一种虚拟平台进行的信息传播与交换活动，数字传播技术与平台将令各方交易成本急剧下降，这将对数字媒介产业运营带来什么样变化呢？被誉为"互联网革命最伟大的思考者"、"新文化最敏锐的观察者"的美国纽约大学教授克莱·舍基（Clay Shirky, 2008）在他的《未来是湿的——无组织的组织力量》一书中对此现象作出了解读。他指出，互联网成了一个加湿器，导致"未来社会是湿的"。新媒体时代是靠"湿件"（如社会性、意志力、理解场）而不是单靠软件（如技术、代码和知识）推动的年代。基于互联网协议，网络中人与人之间因充满着人情味而变得"湿乎乎的"。在"湿"的世界里，人们不再像在机关、工厂那样靠制度安排而强制群聚在一起了。依靠"湿件"的力量，人们借助软件轻易地在互联网上组建各种类型群体，发现志同道合的人，去从事某个项目、某种运动。① 例如，借助腾讯 QQ、MSN、

---

① 参见［美］克莱·舍基. 未来是湿的——无组织的组织力量［M］. 胡泳，沈满琳译. 北京：中国人民大学出版社，2009.

DIGG、BBS、维基、博客、微博等网媒工具，人们可以凭着兴致快速聚会在网络世界中，或围观社会热点新闻，或是发起某种公共行动甚至形成公共事件。近年来，以"网络推手"、"水军贴吧"等低成本方式发动的一场又一场区域民众舆情运动，左右着不知情民众的认知态度、选择方向，有时甚至影响着传统媒体的关注导向和司法领域的舆论审判。克莱教授在其书中描述了新媒介时代"湿"的世界图景：假如有一位妇女不慎在公共巴士上丢了手机，她可以通过网络媒介的各类论坛发帖去征召一群愿意参与的志愿者，或有可能将其手机找回来。又如，某乘客若在乘飞机旅途中遭受劣质服务时，也可通过自己的微博即时发表个人意见，有可能引出一场众多网民参与的大讨论。2011 年 3 月 11 日，在日本发生 9.0 级大地震、福岛核电站发生爆炸引发核危机的事件中，不少现场网民用手机拍摄并上传网络的照片比那些迟来的专业媒体摄影记者发布的新闻记录和事故现场即时信息更迅速。这些资讯通过社交新媒体 BBS、微博等网媒工具向全世界的好友亲人发布，毫不逊色于专业通讯社。因此，毫不夸张地说，在新媒体传播生态环境下，无论身在地球的哪个角落，网民们借助一部 3G 手机或一台电脑，便可走入虚拟的社区空间彼此传送、分享信息，共同工作或发起某种共同行动。

既然新媒介在信息社会影响广泛，甚至在传媒市场经济社会中也形成了巨大的传媒经济影响力，那么，这种新兴虚拟传媒形态产业的发展是否会颠覆传统"物化"的媒体产业？这里借用经典的市场经济产业论来分析一下。假如市场是完全有效的，理论上每个自然人个体都可以通过交易把自己的产品或服务出售。基于数字化互联网运行的新媒介，假若成为信息或服务的交换平台，能否进行有效的虚拟产业运营呢？从英国经济学家柯斯教授（Coase，1979）的机会与成本论去理解似乎可以找到答案。机会与成本论认为，个人之间存在着较高的市场交易成本，尤其是在参与方较多的市场中，仅靠个人去发现交易机会的成本最高，在达成与保证交易协议的执行中也产生巨大成本。因此，柯斯推断，一个完全由原子化个体所构成的市场，其经济效益差于公司集团化运营。而指挥企业员工干活所需的监督成本，远低于个人之间的交易成本。当沟通成本上升到足以抵消个人的交易成本时，企业的规模即达到极限。此即"柯斯天花板"理论。① 按欧洲工商管理学院教授沙坦（Chatain）和泽姆斯基（Zemsky，2008）提出的"倒 U 型曲线"理论去解释产业运营过程中的问题，交易成本过高或过低，都会影响企业的存在与发展。由此分析，随着互联网经济的发展和人与人之间沟通成本的不断降低，市场交易信息将越来越容易获得，从而避免信息不对称、不透明带来的交易成本的增加。所以，在互联网环境下，一个无法避免的趋势就是新媒介机构可借用大规模非正式员工参与媒介资讯的生产、传输、交易——例如，BBS、博客、微博等类型化新媒体工具让每一个网络用户都有可成为新闻记者、信息生产者，电子商务交易网站可以轻松地让每个网民成为店主或买家，省下了许多诸如实体企业的监管成本；另外，如通信交友工具 QQ 的在线聊天功能可以无成本地让每个用户成为"大鼻子情圣"或坐拥众多人脉资源播种友情、发展合作……沙坦教授指出，"专注于小规模的消费者细分群体——这样的群体不会将它们引向与其他企业的竞争，它们的经营状况就会变得更好"②。近年来，在网络广告营销活动中，利用互联网进行病毒式传播与电子商务营销形式大行其道的现象，也证明了新媒介传播交易成本的小小"阻隔"是如何改变市场竞争的事实的。

至此可以这样认为，数字化新媒体传播形态的多样化、平台化导致了人际（网民）之间沟通成本急剧下降，进一步消解了传播营销中专业与业余、职业与爱好之间的明显区别。传统媒介组织因为传播—收受之间的交易成本因素而可能在新媒介传播生态的市场中丧失竞争优势。在技术与市场、互动与垄断等媒介经营因子的作用下，网民个体和传媒业之间博弈张力自然而然地产生了。那么，传统大众媒介产业经营制度与架构的重新调适将是不可回避的。反过来，技术因素驱动下的新媒体产业变革方向和路径也应自我调控才能在新型媒介生态环境中得到进一步的完善。因此，对于新媒体而言，产业化重构中内容与平台的"整

---

① Clay Shirky . *Here Comes Everybody：The Power of Organizging without Organization* ［M］. Penguin Press HC，Feb，2008.

② 奥利维尔·沙坦（Olivier Chatain）. 利用阻隔创造和获取价值（Value Creation and Value Capture with Frictions）［J］. 新营销，2009（9）.

合"和"嵌入"将成为"关键词"。数字新媒体不仅是一种媒体。基于互联网传播的媒体已经超越原有"媒介"的定义。网络新媒体是一个交换、传播、营销的场域——成为各种各样的信息资源汇流整合的中介与枢纽。在这个意义上说，数字化新媒体就是互联网与操作系统和终端显示等构成的资源交换平台，并可以模拟社会现实。换言之，新媒体是交换、传播、营销的产业虚拟平台。

三、新媒体运营模式与虚拟信息产业重构

新媒体数字传播技术把互动性、个性化和开放服务引进媒体运营机制，颠覆了传统媒体运营模式。技术上，新媒体"信息"交易市场是一个平等的、无国界的、无贸易壁垒的开放平台，是每个网民都可入场博弈的信息传播与交易场所。在互联网上发布的即时信息都可以受到受众关注、跟帖或评论。网民对信息进行组合、整理、集成和连接，在新媒体传播中都有可能成为用户的需求。因此，数字时代中社会媒介如Twitter、微博等在内的新媒介的功能、特色、价值，也将逐渐地在对"微内容"信息的利用和整合以及产业化运营中进一步得到彰显。

美国学者克里斯·安德森（Chris Anderson，2004）提出"长尾理论"（The Long Tail），认为成本和效率会影响买卖方市场的走向，并用其来描述网络新媒体亚马逊和 Netflix 等类型门户网站的新经济赢利模式。因为，在过去，传统媒体由于传送载体、技术、成本、时间及物化等因素限制，出于效益只能关注大众化受众的资讯和服务需求，而忽略甚至摒弃小众的个性化受众资讯需求。如今在新媒介环境生态下就不得不作出相应的发展战略调整。"随着信息科技高速发展，以大众传播理论为依据和现代设计艺术理念为灵魂的数字化新媒体艺术（Digital New-media Art），催生形成科技与艺术高度融合的新媒介传播形式和信息艺术形态。"① 数字新媒介凭借其多形态、多渠道、互动性、低成本甚至无成本的"泛传播"方式，例如，在网络媒介平台中，瞬间出现某一

---

① 莫智勇. 新媒体艺术与创意产业化研究——以广东动漫产业发展为例［C］. 参见广东省社会科学学术年会优秀论文集. 广州：广东人民出版社，2009（10）：362.

条可能引起个人猎奇的信息，在基于无中心化、全节点的及时互动式传播的情况下，就有可能引起网民"围观"、转贴与评论，现实社会的各种人群也可能被动或主动地"卷入"其中，甚至传统媒体也不例外地起到推波助澜的作用，从而形成广泛舆论场域和巨大的商机。这正是新媒体所具备的特征与功能。如近期在广州市区发生的由网络推手策划制造的"广州跪爬事件"，就是一出活生生的网络新媒体传播商业"成功"的典型例证。网络社区空间中私人化、个性化、即时性的信息需求具有无方向、无限量、无定性的特征。所以，在网络传播世界中，当无数涓涓细流的比特字符在新媒体平台上汇聚成网络信息的汪洋大海时，网络传播的交互性就能最大限度地满足用户资讯要求。

在今天这个数字传播技术与新媒体广泛应用的信息社会，公民个体（网民）已经成为信息时代的弄潮儿。传播技术的发展，正如印刷术是个人头脑和人类阅读的延展、电话是耳与嘴的延伸那样加强了人际沟通，互联网新媒体则方便与强化了"地球村"的各类群体交流。新媒介的发展以一种令人头晕目眩的速度在变化，随之而来的对社会各方面的影响，究竟达到何种深刻的程度，让人无法认清。"现在一个拥有可上网笔记本电脑的人可以掀起一场颠覆10亿美元产业的运动。"① 近期发生的"我爸是李刚"、局长"香艳日记门"、引发慈善危机的"郭美美事件"等国内网络事件的热传，正好反映出互联网最大程度地凝聚了公众的舆论力量，网络已成为当下社会公众、平民百姓寻求事件真相、表达不满心声的最有效途径。也许，网络公民的崛起将进一步促使互联网传播发出大众更理性的声音。同时，信息的交换、交互将变得更自由与顺畅，由之引向的新媒体传播产业化发展将成为网络经济的新增长点。

因此，从传统媒体向新媒体的产业转型，不仅仅是平台的简单转换和替代，也是产业链和价值链的重组，是一次全方位的媒介产业重构。

新媒体是大众性的也是个人化的，理论上任何人都可以在网络上选

---

① Clay Shirky. *Here Comes Everybody*：*The Power of Organizging without Organization* ［M］. Penguin Press HC，Feb，2008.

择制造和传播信息。换言之，信息制造与传播产业连接变得更为简单和直接了，商业中介的重要性大大降低。尽管专业媒体机构还在大众传播市场中占重要角色，但其市场份额随着网媒传播的普及而日渐衰落是不争的事实。传统媒介为了自身生存而与网络传媒进行互融、互合、互竞是一种必然趋势。在商业赢利模式运营上，目前国内新媒体网络传播赢利模式可分广告赢利、销售赢利和渠道赢利三大类。其一是广告赢利。网媒为广告主制作或发布信息获得代理费，类似于传统媒体和广告公司代理制，如新浪、搜狐等网站。其二是销售赢利。网媒在网络交互平台上发布信息、代销产品和承担信用，从中获得中介差价或佣金费用，如阿里巴巴、淘宝网、慧聪网。其三是渠道赢利。网媒通过搭建网络用户之间的渠道，积聚人气、人脉以在海量用户之间中销售个性化产品或服务来获利，如腾讯QQ倚仗其用户的唯一性和排他性制造了无数商机。如今，新媒体产业的运营已逐渐形成资讯网站、搜索引擎和个性化信息平台网络传播营销三分天下的格局。传统媒体作为资讯操控者、信息贩卖者和资讯中间商的角色一步步被弱化，其赢利模式主要靠广告收入，其重要基础就是媒体自身品牌力与影响力；而新媒体的赢利模式将逐步演变为"广告＋会员费＋服务收费"的全新模式。"一切在下载"——下载社会的时代已全面来临，这是新媒介必须面对的传媒运营生态。

另一方面，技术使新媒体集媒体、服务、通信和社交于一体，不但形成了一个数字媒介地球村，而且构成了完整的虚拟社会生活大平台。"媒介即控制"逐渐变成现实。基于Web2.0、Web3.0信息技术的新媒介更强调传播对象的精准性、个性化、反馈性和去时空性。它可以根据对网络用户特征、行为模式和社交关系的资料分析，进行唯一性、排他性的传播。2010年底爆发的腾讯QQ与360利益之争所引发的网络社交通信工具的企业之间的互相抵制事件，是中国互联网史上影响人数最多的一次网络热点事件。腾讯和360均为业界颇具代表性的公司，它们运用自身技术特点与优势以垄断和排他的手段获得市场利益并受到了国家领导人的关注。从中可以看出，新媒介传播工具制造商过高估计信息产品需求度却低估了网民的权利意识和自尊心。"3Q之战"伤害网民利益与感情的事实再一次警醒了相关部门，而如何规治新媒体产业化过程中企业行为及保障网民信息自由流动的权益，值得学界、业界进一步探讨。

总之，数字新媒介的兴起彻底颠覆了以纸张、电媒作为主要载体的信息复制技术的媒介历史，使资讯出版物承载内容进入丰富海量的信息时代。新媒体传播以"去中心化"、拓扑结构形式以及更具知识性、个性化和互动娱乐等信息传播功能的高阶形态，给人类社会的阅读手段、学习方法、思维过程和生活方式带来了前所未有、翻天覆地的变化。新媒体以互动性和反馈性服务的理念进入媒体经济运营范畴，从而极大地降低了传播者和受众之间信息交流的经济、时间成本。基于数字传播技术的媒体已逐渐成为一种"全形态"的信息传播交易平台。基于数字信息技术的新媒体不仅为现代大众传播方式开拓了媒介的多样性，其更具文明进程的意义在于它革命性的技术特性将导致传播形态和传播产业结构重构。

新媒体的全时空传播在彻底改变传媒产业原有传媒权力分配和传播情境的同时，也导致了传播生态中秩序的混乱。同时，数字信息自由流动与社会和谐稳定之间也可能形成了一定的对抗性。因此，新媒体多样性形态传播与产业化发展要有相应信息规治制度作保障。否则，新媒介传播的公平性、互动性、个性化将无法得到真正的实现，甚至会造成一定时期内公民、社会与国家三者在新媒体传播关系与秩序进程中的紧张。

（原载于《深圳大学学报》（人文社会科学版）2012 年第 29 卷第 3 期，第 152～156 页）

参考文献：

[1]［英］吉莉安·道尔. 理解传媒经济学［M］. 李颖译. 北京：清华大学出版社，2004.

[2]［美］克莱·舍基. 未来是湿的——无组织的组织力量［M］. 胡泳，沈满琳译. 北京：中国人民大学出版社，2009.

[3]［美］克里斯·安德森. 长尾理论［M］. 乔江涛译. 北京：中

信出版社，2006.

[4]［美］保罗·莱文森. 数字麦克卢汉——信息化新纪元指南［M］. 何道宽译. 北京：社会科学文献出版社，2001.

[5] Denis McQuail. *McQuail's Mass Communication Theory*（5th Edition）［M］. London：SAGE Publications，2005.

[6] Meenakshi Gigi Durham & Douglas M. Kellner（ed.）*Media and Cultural Studies*，*KeyWorks*［M］. Oxford：Blackwell Publishing，2006.

[7] 张金海. 数字技术与网络传播背景下的新媒体生存形态［J］. 武汉大学学报，2009（4）.

[8] 于平，傅才武. 中国文化创新报告2010［M］. 北京：社会科学文献出版社，2009.

[9] 傅才武，宋丹娜. 文化市场演进与文化产业发展——当代中国文化产业发展的理论与实践研究［M］. 武汉：湖北人民出版社，2008.

[10] 蒋斌，田丰主编. 思想解放与科学发展——2008广东社科学术年会论文集［C］. 广州：广东人民出版社，2009.

[11]［美］詹姆斯·W. 凯瑞. 作为文化的传播——"媒介与社会"论文集［C］. 丁未译. 北京：华夏出版社，2005.

[12]［美］米尔斯. 社会学的想象力［M］. 陈强，张永强译. 北京：生活·读书·新知三联书店，2008.

日本电通转型与我国媒体资源经营发展趋势

陈桂琴

（暨南大学　新闻与传播学院　广东　广州　510632）

【摘　要】电通的角色经历了媒体、媒体代理、媒体伙伴的转型，其企业经营理念也从广告公司转变为沟通公司、创造沟通公司。在客户投资回报的压力下，中国的媒体资源经营企业正在借鉴日本电通的转型之路。鉴于与媒体的亲密关系和政策原因，媒体代理公司在建设媒体伙伴方面具有更多优势。但媒体代理公司无法满足客户整合营销传播的需要，从而给专业媒体策划公司留下了发展空间。两者转型所面临的最大的困难在于企业经营理念的创新。媒体资源经营企业的成功取决于企业能否为媒体、广告主、消费者三方创造共赢。

【关键词】媒体　资源　沟通　转型　共赢

在媒体资源经营的链条中，大众传媒和广告主处于媒体资源经营的两端。大众传媒以版面和时段的形式将受众的注意力出售给广告主。广告主通过投资媒体的版面和时段，获得销售力和品牌价值提升等回报。媒体代理公司通过代理媒体的版面和时段，帮助大众传媒经营媒体资源；专业媒体策划公司①则站在广告主的立场进行媒体投资。在发展初期，媒体代理公司和专业媒体策划公司分别进行媒体资源的作业，但当市场发展到一定阶段时，必须超越原先的立场和视野才能继续做大做强。应当如何超越呢？思路和方向在哪里呢？

---

①　专业媒体策划公司泛指专门从事媒体购买和媒体策划的广告公司。

本文将梳理百年来日本电通在媒体资源市场中的角色变化，为媒体资源经营企业的未来发展提供更多思考的方向。

一、日本电通实现从媒体、媒体代理、媒体伙伴的转型

日本电通的前身是 1901 年成立的日本电报通讯社，其主要业务是为报纸提供新闻，报纸以广告版面的形式支付费用。日本电报通讯社必须把版面销售出去，才能获得回报。1936 年，由于日本国家政策的调整，日本电报通讯社收购同盟通讯社的广告部门，并更名为电通。重组后的电通专门负责报纸的广告版面销售，并从广告主支付的广告费中获得佣金。至此，电通从媒体转型为媒体代理公司。今天，电通仍保持媒体代理费制的收费模式。2006 年，四大传统媒体的媒体代理费占电通全部收入的 66%。①

随着电通业务的进一步发展，电通进一步发展为支援媒体建设的媒体伙伴。20 世纪 50 年代，电通为民营电视台培养广播电视人才以支援其建设。今天，电通和大众传媒共同研究传统媒体在互联网时代的新课题。其中，电通的报纸推进局最关心的课题之一就是塑造互联网时代报纸广告的价值，帮助报纸焕发新的活力。电通的电视局则着力开发新的电视内容和创新电视广告形式，借以提高电视与消费者之间的沟通力。2002 年，电通提出了"价值创造伙伴运动"的理念，即电通是广告主、媒体、生活者的合作伙伴，是为提升三者的价值而工作的。可见，电通已从媒体代理商转变为媒体伙伴。

电通深层媒体伙伴是媒体经营者。电通的媒体经营范围非常广泛：电通既参股日本富士电视台、TBS、东宝电影公司等传统媒体，也与电信企业合作，抢占互动新媒体的市场；此外，电通媒体经营的触角还伸向公共汽车站牌、户外广告牌、商业设施等小众媒体市场。尽管电通的媒体投资范围广泛，但并不意味着电通再次转型为媒体，去拍摄电影、制作电视节目、参与内容的采编；相反，电通给自己的定位是"制片

---

① 日本市场的数据来自于电通的市场调查。

人"，而不是内容制造商。电通致力于整合资源，策划内容，提升传播的广度和深度，为客户提供更高质量的沟通服务。

二、日本电通企业经营理念的转变

尽管电通从媒体转变为媒体代理公司是国家政策变动使然，但电通转型为媒体伙伴的根本原因却是企业经营理念的嬗变。电通的经营理念经历了广告公司、沟通公司、创造沟通公司的转变。

电通是世界上最大的单体广告公司，但是电通的企业标识中却没有"广告"二字。今天电通的定位是为客户提供全方位沟通服务的企业。但是"沟通服务"并不足以体现电通的核心竞争力，电通用创造沟通的理念统领企业经营。所谓创造沟通，即创造性地整合各种资源，发现和挖掘客户与消费者之间的沟通点，实现两者之间有效的沟通。具体而言，沟通服务和创造沟通有以下两个区别：

首先，沟通服务处于营销的末端，而创造沟通则处于营销前端。沟通服务所整合的是广告、公共关系、人员促销等各种沟通工具，这些沟通工具属于4P中的促销层面，处于营销的末端。而创造沟通不仅涵盖了促销的工具，还覆盖了产品、价格、渠道的整个营销链条。创造沟通主张从产品开始沟通设计。例如，电通的消费者研究中心提炼出日本未来健康市场的关键词："解毒"（Detox），并指导客户开发"解毒"概念的相关产品，或者为既有产品制定新的沟通策略。由于电通手中掌握了大量的"解毒"的资源，当客户需要进一步开发"解毒"的市场时，电通是不二的选择。可见，创造沟通抢占了营销的制高点，但沟通服务只能让企业在营销的末端等待客户的召唤。

其次，沟通服务以客户为中心，创造沟通则以消费者为中心。事实上，以消费者为中心，是电通迈向营销前端的不二法门。在上述"解毒"的案例中，电通之所以能够参与客户的"解毒"产品设计，根本原因在于电通能够洞察消费者需求，掌握市场的脉搏。否则，占据营销前端的企图也只能是无源之水。在整合沟通工具的问题上，沟通服务以媒体为中心，谋求最大到达率的媒体组合策略。创造沟通强调管理消费者的接触点，通过设计沟通导线，把各个接触点连接成一个相互共鸣的信息传播场。以饮料产品为例，沟通服务往往要先验地以电视媒体为中心，组合不同的时段和频道。而创造沟通却要研究消费者的生活方式，管理消费者的接触点。电通消费者研究中心调查发现，消费者的饮料消费场所主要在便利店，购买的高峰期是早上4：00～8：00和晚上的8：00～10：00。那么沟通设计便围绕消费者上下班的生活方式而展开，便利店处于中心位置，户外、网络、手机等接触点可将消费者推向便利店，而电视广告在早上出门前、晚间回家后才能发挥作用。

综上所述，创造沟通以消费者为中心，帮助电通迈向了营销的前端，这使电通具备了和客户对话的实质性资本。另外，创造沟通使电通成为消费者与广告客户之间不可或缺的桥梁。这样一来，电通就同时掌握了媒体两条生命线：广告客户和消费者。这是电通转型成为媒体伙伴的坚实基础。

三、我国媒体资源经营企业转型的电通之路

电通的转型是为客户创造价值服务的。在媒体资源市场，为客户创造价值表现在提高投资回报方面。所谓投资回报是指客户进行媒体投资时，总是希望用较少的投资，产出更多的传播力。因此，媒体资源经营企业可从减少媒体资源的投入和提升媒体品牌及其内容的传播力两个方面为客户创造更多的回报。投资回报的压力驱使媒体资源经营企业必须转型成为客户和媒体的增值伙伴。

首先，媒体代理公司的转型既有自身发展的内在冲动，也有客户投资回报的外在压力。媒体代理公司与其代理的媒体之间是一种依附的、唯媒体马首是瞻的伙伴关系。因此，媒体代理公司出于自身发展的内在冲动，需要发展平等的媒体伙伴关系。其次，为了维护媒体和企业的根本利益，媒体代理公司很少会主动降低媒体价格，减少客户的广告投入，而是倾向于从提升媒体的传播力来照顾广告客户的投资效益。因此，媒体代理公司在销售媒体版面和时段的同时，更需进一步挖掘媒体广告资源的深度和广度，提升媒体品牌和内容的传播力。只有这样，媒体代理公司才能既实现媒体增值，又照顾客户的投资回报。媒体代理公司只有站在客户的视角挖掘媒体资源，才能更好地帮助媒体实现增值，

发展更深入的媒体伙伴关系。

　　其次，专业媒体策划公司与媒体发展伙伴关系的动力也来自于对客户的投资回报的重视。在发展的初期，专业媒体策划公司更多地通过减少广告投入来提高客户的投资效益。专业媒体策划公司通过整合广告主，积累大量购买量，提高与媒体议价的能力，从而为客户提供具有价格优势的媒体资源。这样，广告信息的传播力的产出不变，但是广告投入减少了，投资效益提高了。我国国家工商管理局的统计数据显示，广播、电视、报纸、杂志、户外广告的总投放量为 850 亿元。海外专业媒体策划购买公司的份额占到中国媒体投放的 30% ~ 35%。[①] 海外专业媒体策划公司之所以能够在中国的媒体资源市场上占据一席之地，依靠的是强大的资本运营能力和广告主的整合能力，两者构筑了强大的行业壁垒，提高了市场准入的门槛。但媒体代理公司凭借着与媒体千丝万缕的关系来占有特殊的媒体资源，突破了专业媒体策划公司的价格优势防线。北京未来广告公司是这些媒体代理公司的代表。北京未来广告公司是中央电视台所属唯一全资广告公司，独家代理大量央视频道和节目的广告发布。因此，在媒体资源价格方面，媒体代理公司与专业媒体策划公司存在着竞争。面临媒体代理公司的挑战，专业媒体策划公司继续积累购买量，扩大企业在媒体资源价格上的优势，继续加强与媒体对话的资本。WPP 整合旗下的传立媒体和其他四家专业媒体策划机构，成立群邑（中国），从而成为媒体购买的巨无霸。2006 年群邑（中国）在中国营业额突破 80 亿元人民币。2006 年 5 月，阳狮集团整合旗下的实力传播与星传媒体在中国的媒体购买业务，成立博睿传播（China Media Exchange），再度改变了中国媒体资源交易行业的格局。根据全球权威媒体代理评估机构 RECMA 的数据，博睿年度媒体购买量达 110 亿元人民币，占中国年度媒体投放的 13% 左右，纯利润为 3.3 亿元人民币左右。然而，当媒体资源的价格优势压缩到一定空间时，专业媒体策划公司只能通过帮助媒体提升传播力来提高客户投资效益。专业媒体策划公司与媒体建设更深层次的伙伴关系是唯一出路。

---

　　① 林升梁等．媒介购买公司的中国十年［J］．现代广告，2007（8）．

四、我国媒体资源经营企业转型的现实困难及其未来趋势

尽管投资回报的市场压力为媒体代理公司、专业媒体策划公司的转型注入动力，但是两者在转型过程中也有不少的现实困难。

首先，专业媒体策划公司转型的第一个障碍是媒体代理公司。由于媒体代理公司和媒体之间特殊的关系，媒体代理公司更容易介入媒体资源的开发。例如，当一些专业媒体策划公司还在等待机会的时候，北京未来广告公司已经凭借其先天优势，成功地开发了中央电视台的媒体资源。

其次，专业媒体策划公司的转型还受到政策的限制。由于大多数的专业媒体策划公司都有外资背景，因而无法进入媒体运作的核心领域。即使未来的媒体政策会有所松动，但由于媒体的特殊地位，国家仍然会出于各种考虑支持本土公司和媒体之间的联姻。1998年国家工商管理局突然下令停止核准登记媒体购买企业的举措就是基于以上考虑而出台的。该举措导致了实力和传立等外资专业媒体策划公司在很长时间内不能取得独立法人资格。

尽管媒体代理公司在成为媒体伙伴方面具有各种优势，但在提供跨媒体整合营销服务上却处于劣势。首先，传统媒体还有很大的发展空间，媒体代理公司超越原代理媒体的动力不足。中央电视台本身就是一个相当大的优质资源矿，还有巨大的发展空间有待挖掘。这导致北京未来广告公司整合其他媒体资源的动力不足。其次，受到媒体行业条块管理的影响，跨媒体、跨区域的媒体资源整合受到各种地方行政或者政策的阻挠。这导致媒体代理公司只能在其代理的媒体资源范围内实现客户的增值，无法满足客户整合营销传播的需要。这给专业媒体策划公司留下了发展空间。

但中国媒体资源经营企业转型所面临的最大困难是企业经营理念的创新。大多数的企业都以沟通公司自居，但创造沟通的意识淡薄。其沟通策略还是以大众传媒为中心，媒体策划以媒体组合为主。企业以媒体和客户为中心，消费者中心的理念还停留在纸上谈兵的阶段。此间的例

子比比皆是，如广东电视台购买了英超足球联赛的播放权，但消费者需年支付 588 元才能观看赛事。事实证明广东电视台过于乐观。媒体希望投资取得回报本无可厚非，但是媒体把压力转嫁到消费者身上的举动是非常不现实的。如何在已有资源的基础上，开发更加广阔的市场，一方面帮助媒体收回投资成本，一方面帮助客户实现品牌增值，一方面给消费者实惠，这需要一个大的创意，这个大创意是媒体资源经营企业的巨大机遇。因此，尽管媒体代理公司或者专业媒体策划公司在中国市场上发展各有优势和劣势，但是谁能在未来的中国市场取胜，关键在于企业能否创新经营理念，为媒体、广告主、消费者三方创造共赢的局面。

（原载于《新闻爱好者》2009 年第 10 期）

略论媒介反向竞争战略与赢利模式之关联

——以《环球时报》为例

万木春　张　云①

【摘　要】本文以菲利普·科特勒和迈克尔·波特的竞争理论为研究框架，从营销现状出发，对《环球时报》过去的成功和目前的困境进行了分析，并在此基础上指出，《环球时报》及类似媒体可利用文中所提出的"模式论"结合"反向竞争战略"来指导下一步的发展。

【关键词】反向竞争　媒介定位　环球时报

在 2006 年我们对中国媒体发展战略的研究当中，《参考消息》和《环球时报》这两份全国性时政类报纸引起了我们浓厚的兴趣。《参考消息》具有二十年的公开发行历史，2004 年 6 月，世界报业协会公布的"全球日报发行量前 100 名名单"中，《参考消息》以其日发行量400 多万份的成绩排行世界第 9 位。《环球时报》虽只创办十三年，但也号称日发行量 180 万份，2005 年 4 月被"2005 中国传媒投资年会"评为"第二届中国最具投资价值媒体报纸类第二名"，在全国 300 条飞机航线上赠送报纸 8 万多份，还被中国国际航空公司评为"飞机上最受读者欢迎的报纸第一名"。假如广告客户要作广告投放，该选哪一个？

根据大多数广告公司和媒介公司的经验，正确答案是：在正常情况下，两个都不选。

---

① 万木春（1978—），暨南大学新闻传播学院教师，广州智盛堂媒介咨询公司高级分析师，广州远志文化传播公司策略总监；张云（1978—），里斯伙伴中国区总经理，美国营销协会（American Marketing Assouafion，AMA）会员。

这就是现实，一个媒体最不愿面对的现实，残酷却"合理"。我们一向认为，媒体广告收入的低徊状态源于营销方向的不确定以及由此产生的营销手段不稳定。

一、《环球时报》为什么能成功

看一个产品或者企业的成功与否，在很大程度上不是取决于其绝对的市场份额，而是要看其在本品类当中的相对市场份额。《环球时报》自 1993 年 1 月 3 日创办以来，乘着传统传媒行业高速发展的东风，迅速地奠定了其市场地位。2004 年，《环球时报》的广告收入便突破了 2 亿元，发行量曾一度高达每期 200 万份。就其所属的全国范围时政新闻类报纸来看，无论是广告收入还是发行量，它都足以在同品类当中傲视群雄，甚至超过了其他大多数全国性报纸。关于其迅速成功的原因，2004 年 9 月 1 日，《环球时报》的主编何崇元先生在人民网"传媒沙龙"作访谈时曾经有过这样一个概括：

①具有质量优势。《环球时报》依托《人民日报》资源，在世界 80 个国家和地区驻有 350 位记者，采编人员专业素质较高。

②具有定位优势。《环球时报》立足于"中国本位"，报道读者关注的重大国际新闻，是"以中国的视角看世界"。

③具有渠道优势。目前《环球时报》在全国设有 15 个发行站和 31 个分印点（包括香港），建立了自己的发行网络。2005 年 8 月，《环球时报》与国家邮政局进行战略合作，2006 年《环球时报》的征订和零售全部委托邮局包销。

④具有认知优势。《环球时报》进入市场较早，又凭借着国内大众对国际政治问题（尤其是国际军事问题）的热衷，占据了较高的市场位置和较大的市场份额，同时也确立了平民化、多角度、民族主义的产品认知。对于《环球时报》的普通读者来说，《环球时报》的文章通俗易懂、趣味性强，时常用大量的背景材料来"讲"新闻，再配上醒目的大幅图片，的确具有其他时政类报纸无法替代的特点。

我们认为，这是一种对表象的描述，尽管详尽但是仍然没有触及成功的根本性问题，即没有从战略的高度来看待这个问题。《环球时报》之所以成功，除了在内容产品制作上的相对领先之外，相当程度上还取决于其战略地位的选择。从目前的表现来看，它虽然在总体上还没有显示出较为突出的规划能力，但大体上已经具备了与其竞争对手清晰区隔的"反向竞争战略"的实施能力。这种"反向竞争战略"，如果加以扩充、放大，将有可能直接发展演变为一个媒体的核心竞争力。

对于"反向竞争战略"的表述，我们可以在菲利普·科特勒以及阿尔·里斯的众多经典著作当中找到相关的论述。如果结合中国的实际情况，则应该对这个概念作出自己的判断：

①"反向竞争战略"的概念不属于市场追随者的专有性概念，但是往往在市场追随者的市场战略中显得尤为突出。其概念的"落地"过程也是一种以弱胜强的战术化行为的实施过程。

②"反向竞争战略"的首要问题在于战略方向的选择。在这一方面，里斯的"定位理论"为此提供了丰富的借鉴。"反向竞争战略"的方向选择在很大程度上将有赖于对自身即追随者的环境认识以及对领先者的环境认识，并据此推演出有效的追随者定位以及为领先者"重新定位"。在市场高度集中的状态下，为领先者重新定位甚至比自身的追随者定位更为重要。

③"反向竞争战略"的关键之处是在不违反市场规律条件下的最大的战略差异化，它意味着选择一套不同的活动，以提供独特的价值。也就是说，它的中心点是在于"反"而不是"合"。在此时，菲利普·科特勒经典的营销"4P"框架将会被他提出的另外"4P"所统领，即研究（Probing）、划分（Partitioning，也就是细分 Segmentation）、优先（Prioritizing，也就是目标选定 Targeting）、定位（Positioning）要位于产品（Product）、价格（Price）、渠道（Place）和促销（Promotion）之前。

④按照迈克尔·波特的观点，战略定位有三个来源，彼此之间常有重叠，即以产品种类为基础的定位、以需求为基础的定位和以接触为基础的定位。"反向竞争能力"必须在一个方面有明显的体现，其他二者退居次要地位，但仍然会在战术的使用上有所体现。

⑤如果企业是以"反向竞争战略"作为出发点，则在战术选择时

必须完全地遵循"取舍效应"。"反向竞争战略"假如用军事理论来表述，就是一场典型的侧翼战，而并非正面战、游击战，抑或迂回战。

⑥"反向竞争战略"一般会要求企业选择非最高收入产出比的战术行为，因此，企业应力求避免此类情况的出现，以免资源难以为继。但对于市场追随者而言，当市场最有利位置已被占据，则必须采取此种方法，并在提供独特价值的基础上更为追求成本领先。这样，如果市场风向发生转变，企业的市场地位亦将随之改变。另外，"反向竞争战略"的资源衡量标准和方法可能会与原有的标准和方法有本质上的不同。

"反向竞争战略"在我们所熟知的众多商业领域中均有出现并取得了良好的营销效果。例如，在汽车制造领域，奔驰代表了宽大、豪华、舒适，宝马则反其道而行之，力求塑造紧凑、时尚、速度等形象；在手表制造业，有浪琴与 Swatch 之比较；即便是报纸传媒业，广州的《南方都市报》与《广州日报》亦是如此。在追随者向市场领先者提出挑战之时，其定位也往往表现出了"反向竞争"的明显特点。

当我们用《参考消息》与《环球时报》进行对比时，也能够明显地察觉到类似的表征。例如，从内容上看，《参考消息》严肃，《环球时报》活泼；从版面上看，则是黑白对彩色；从采编上看，前者摘编，后者选用大量直接报道；从视角看，前者是"以中国看世界、以世界看中国、以世界看世界"的角度，后者是"以中国看世界"的角度；从价格上看，在版面相同的情况下，后者的价格比前者高出 67%……然而，当我们承认《环球时报》成功之时，也应清醒地看到，作为一个市场的追随者，《环球时报》的赢利模式和战略导向仍然是模糊的，也在不少地方与《参考消息》有所重叠，如过分依赖内容销售、过分强调信息来源的权威性、目标市场值得商榷等，这也在某种程度上属于战略缺失。

二、限于商业模式桎梏，遭遇尴尬迷茫处境

在中国的传媒业界，各个媒体的发行数量、覆盖率、收视率、广告收入等都是相当含混的数据。这一方面固然是由于统计口径不同，另一方面也是因为各方利益的驱动使发布的数据始终缺乏公信力。为了更直

观地了解《环球时报》与其主要竞争对手的情况，我们作了一些简单的数据分析，希望能大致把握《环球时报》近来的经营状态。

表1　《参考消息》与《环球时报》的广告简单抽样信息

	参考消息			环球时报		
	9月25日 （星期一）	9月26日 （星期二）	9月29日 （星期五）	9月25日 （星期一）	9月26日 （星期二）	9月29日 （星期五）
总版面（版）	16	8	8	16	16	24
广告量（个）	46	25	18	39	17	26
广告占 版面积	7个半版	1个整版， 4个半版	3个半版	7个半版	1个整版， 3个半版	1个整版， 4个半版
广告占 版率（%）	21.88	37.5	18.75	21.88	15.63	12.5
刊例价（元）	953 600	773 600	452 300	768 800	492 900	703 600

注：①在广告量、广告占版率当中未计算内外版中缝广告，但刊例价将中缝广告也计算在内。

②两种报纸广告刊例价折扣约为7.5折。

③数据仅供参考。

以2006年9月25日至10月1日为样本，可以大略算出这两种报纸2005—2006年的收入。《环球时报》每周发行5期，每份售价1元，发行量180万份，在发行收入方面应该是年收入为1元×5期×180万份×52周＝4.68亿元，在广告收入方面应该是（768 800＋492 900×3＋703 600）×52周×0.75＝1.15亿元（在此处我们认为周二、周三、周四的广告收入大体相等），经营总收入在5.8亿元左右。《参考消息》在发行收入方面则是年收入为0.6元×7期×400万份×52周＝8.736亿元，广告收入方面则是（953 600＋773 600×3＋452 300×3）×52周×0.75＝1.806亿元（在此处我们认为周二、周三、周四的广告收入大体相等，周五、周六、周日的广告收入大体相等），经营总收入在10亿元左右。

《环球时报》2004年公布其广告收入首次突破2亿元。如果再考虑到广告投放的季节性变化和报纸广告收入的总体性下滑，2006 年其广告收入和总体收入则有大幅下降。因此，我们预计其 2006 年的广告收入不会高于 1.5 亿元，约占预计总收入 6.18 亿的 24.3%。

有数据表明，在 1880 年，美国报业广告收入占总收入的比率为 25%，现在超过 80%。中国报业广告占总收入的比重，改革开放 20 多年来同样快速蹿升。1983 年，广告占报业收入的比率仅为 10.8%；2002 年全国 39 家报业集团的广告收入占营业总额的比率为 62.6%。"2005 全国晚报都市类报纸竞争力 20 强"的数据透露，20 强中绝大多数报纸的广告收入占营业总额的比率超过 70%。这一比率已逼近峰值且将不断地在高幅振荡调整。而从另一个角度来看，美国的全国性报纸《纽约时报》和《华盛顿邮报》，近年来广告占版率一直在 45% 左右；中国市场化运营比较成功的报纸如《南方都市报》，其广告的占版率也在 40% 左右。而《环球时报》与之相比，广告占版率尚且不到 25%，还有相当大的上升空间。

另外，在 2005 年，全国日报平均期印数达 9 860.39 万份，日报出版规模连续第五年位居世界第一。最新数据显示，全国千人日报拥有量已达到 84 份，北京、上海两地的千人日报拥有量分别增至 274.2 份和 268.1 份，已超过中等发达国家水平。如果考虑到中国的城镇化水平，可以说日报的发行量已经趋于饱和。

据此，我们作出了如下的判断：

①《环球时报》的日发行量已经占全国日报发行总量的 1.8%，而《参考消息》的日发行量占全国日报发行总量的 4%，二者之和也已是一个相当大的比重。加之国际时政新闻类报纸的市场空间有限，580 万份的产量占据了这个市场 70% 的份额。开拓新的市场空间难度极大，相互打压又会两败俱伤，所以两种报纸都不能够再用扩大发行的办法进一步增加发行收入，唯一的方法和出路只存在于增加广告收入中，这一点是可行而且是必需的，而这将涉及对产品的改造。可以说，《环球时报》广告收入的低迷，是由于其自身商业模式和战略方向产生了问题。

②根据迈克尔·波特的理论，我们认为，媒体具有两种赢利模式和一种"补充"。第一种是内容产品模式，是指媒体生产出内容产品，

销售给大众和政府，通过销售内容产品和副产品来赢利。这一点在传媒制作企业中非常突出，并且是很多国有媒体在市场化过渡初期的一个显著特征，但并非大部分商业媒体应该达到的终极目标。第二种是广告产品商业模式，指通过受众、广告商两个销售环节，用广告经营来赢利。这种模式是国际通行的一套做法，会最终解决媒体的市场发展空间问题。而"补充"则是两种赢利模式的混用，混用的结果往往是因主攻方向不清而导致消亡。现阶段国内一些报纸媒体的最大缺陷就在于，仍然没有通过广告商的投放模式来界定媒体受众范围，也没有根据特定读者的需求来生产内容产品。归结到《环球时报》，它目前的现实问题是：生产导向导致两个销售环节脱节，读者价值与广告价值错位，媒体无法实现价值转换。这种尴尬首当其冲地反映在广告收入方面。

要突破瓶颈、改善经营状况，必须从转变媒体的经营战略导向、提升"反向竞争"能力、重新为媒体定位开始。

三、重新定位：战略与战术高度整合

（一）对于媒体赢利模式的思考

是什么左右了报纸媒体的盈利？先让我们来看几个例子。

《中国青年报》覆盖全国，更有着只覆盖北京的《北京青年报》无可比拟的影响力，但是《中国青年报》的广告收入不到《北京青年报》的十分之一。

《体坛周报》与《足球》覆盖全国，几乎每期的发行量都在 100 多万份，但它们版面广告的数量和质量连一家普通的都市报都不如。它们依靠内容顺利地吸引了受众的眼球，却吸引不了广告商的目光。

2001 年，《京华时报》创刊。根据慧聪网发布的数据，在 2006 年 1~6 月的半年当中，《京华时报》广告额就达到 5.12 亿元，约为《环球时报》全年广告收入的 4 到 5 倍。

1. 媒介运营的潜规则：以广告商为战略出发点

媒介发展的根本在于赢利模式。要成功实现自身价值向广告收入的转化，首先是必须面对市场，满足广告商需求。广告商的媒体投放模式对应着传媒的投放模式，这是一种反向的选择过程。在此之后，所有的战略行为才能具有一致性，并将有可能最终解决媒体的市场空间问题。在市场上，任何一个成功的媒体背后一定要蕴含或吻合一个强有力的传播模式，其传播战略必须由广告商的传播需求模式来决定。没有投放模式，就没有广告经营收入。

2. 服从"地"、"人"属性，获得最大化市场价值

我们都能感觉到，近年来媒介生态环境正在加速"碎片化"。在这种形势下，对于广告商而言，并不是媒体能获得越多的读者或者观众，媒体的价值就越大，那只是媒体一厢情愿的想法。广告商的逻辑是，媒体的市场区隔越明显，越具有针对性，媒体的价值就越清晰。从他们的角度看，有两种媒体能够最大化地满足其要求和需求：

第一种是具有明显的区域性，在一定区域内具有最高的到达率。我们认为，区域化不只是一种表面的现象，而是具有深层的规律的。里斯和波特都曾经说过，地理区域对于许多行业至关重要，这句话明显适合传媒业。

第二种是对于某一特征明显或者差异明显的人群具有最高的到达率。分众化媒体就在这一方面具有很好的优势。

顺理成章，媒体可以通过以下两种途径获得最大化的市场价值：

①一定区域的最广泛人群的占据，即强化"地"的属性；

②明显区隔人群的最大化占据，即强化"人"的属性。

自然偏爱极端，商界亦是如此。我们的研究表明，凡是发展势头良好的媒体，必然是强化了其中一个属性。

（二）根据媒体赢利模式，看《环球时报》的定位

1. 从模式到战略

任何一种商品，要想在市场上建立自己的地位，具有明显的差异化特征往往比产品本身如何更为重要。我们所要做的，是让《环球时报》

已经具有的这些差异化特征放大并形成独特的反向竞争战略，然后再通过战术的补充，使其成为完整的价值链体系。

在实际操作中，把媒体的整个生产和营销过程贯通起来，只需要六个基本的步骤：

（1）分析市场（广告商）的模式。

既然大多数媒体最终的消费者是广告商，那么任何营销活动以及战略活动都应该首先满足或者引导广告的需求。分析广告商现有的和已经运用的传播模式，再确定自己媒体所占据的模式和市场。这对于新进媒体更是如此。

（2）选择适合的模式。

选择一个具有差异的模式是一个战略成功的开始。如果我们相信广告商自己营销的差异化愿望，媒体就可以在满足广告商需要的同时选择适合本身发展的差异化模式。值得特别注意的是，这种差异化模式的建立具有强烈的排他性，这就意味着，对率先进入者的"适合"会立即成为追随者最为"不适"的东西，反之亦然。

（3）清晰界定核心的读者群。

在确定模式之后，实际上已经很容易界定受众群。随着分众时代的到来，企业一定会改变认识，大量使用具有针对性的媒体。

（4）最大化地占据区隔目标人群。

这个步骤主要是内容生产。在战略模式下，战略本身的目的就在于选择，我们选择了广告商，而广告商选择了受众。媒体能做的事情，就是根据选择的这个群体的生活习惯、需求、喜好来设计内容。

（5）强化并推广模式。

这实际上是一个至关重要、复杂而且系统的工作。强化并推广模式分为对读者和对广告商两个部分。

（6）适时的调整模式。

2. 结合"模式论"与"反向竞争战略"形成的定位思考

成本高企、方向模糊、群体分散、收入偏低……这类表象总是繁繁复复，解决问题只需直捣黄龙。广告商就是这条"龙"。龙行之时，必有云雨相从；一个企业的营销，必定脱离不开一定区域的最广泛人群的占据或者是明显区隔人群的最大化占据。根据以上的分析，目前《环球时报》似乎是在建立"培养中国未来各界领袖"的定位，因此将受众群体划分为在校的大学生、高中学生以及白领阶层两个部分。而实际上，广告商从来都没有把这两个部分当成是一个群体。这样一来，不但根据广告商需求而制定的赢利模式无法确立，甚至会使自己的主要竞争对手扩大化，更谈不上区分、明确自己的"反向竞争能力"了。我们的建议是，放弃现在"一定区域最广泛人群占据"的做法，将"明显区隔人群的最大化占据"进一步细化并采取适当的收缩、取舍，进而压缩发行、扩大广告收入。在这个前提条件下，问题才有可能得到最终的解决。

3. 战术补充及其他

需要说明的是，任何一种有关于定位的战略假想，归根结底都要依靠十分具体的战术才能贯彻实施。战略可能造成直接的差异化，而战术则不能，因为战术很难说具有完全的差异；但是，即便是再微小的战术差异，只要聚集足够长的时间，其结果也会发生如生物进化般的质变。举个很小的例子：如打开《环球时报》的网页，你会发现，新闻报道是可以打开放大的，而广告则不能，这根本不是技术上的问题，那么就只能归结为在客户服务"战术"上的缺失或"变异"。当这种"变异"现象愈演愈烈时，战略就成为一句空话。

为了与定位相配套，仍然需要紧紧盯住"反向竞争"作出一系列战术组合，例如调整内容，进行更加具有针对性的发行和核心价值的自我传递，利用各种世界热点问题开展形象塑造，与竞争者在战术层面进行有效区分等，都需要根据《环球时报》的具体情况将资源重新配置并主动谋求外部资源的联合。例如，借鉴竞争对手采编上的长处，融合内容的生产方式，并结合新技术搭建受众表达意志的媒体平台，而《环球时报》则可以利用"把关人"的角色进行事实上的督导。

另外，假如在"碎片化"之后要搭建完整的产业链，还必须提供一个开放的参与性接口，以产生直接的经济效益并与网络传媒相抗衡。至于这一点，由于篇幅所限，此处不再多加赘述，望能得到读者的谅解。

（原载于《甘肃社会科学》2007 年第 5 期，第 218～220 页）

新媒体视域下广播整合平台问题的思考

叶培森　吴　侠

（暨南大学　新闻与传播学院　广东　广州　510632）

【摘　要】随着媒体竞争日益激烈，广播媒体纷纷实行资源整合策略，广播整合平台在科技发展和竞争激烈的双重背景下应运而生，为广播媒体提供了一种新的资源整合方式。广播整合平台的诸多优势使其在广播市场上蓬勃发展。但即使是在网络时代，平台也不过是内容的载体，内容依然是广播的核心竞争力，如何在提高自身内容质量的前提下转变观念，合理开展与整合平台的共赢互利合作，成为新时期广播媒体必须思考的问题。

【关键词】广播　整合平台　资源整合　转变观念

在新媒体环境下，广播面临的挑战愈加激烈，利用一切可能的途径寻找突破成为广播摆脱困境的出路之一。新媒体在给广播带来竞争的同时也带来了新的机遇，但是对于如何把握机遇，广播人显得有些不知所措。广播网站的建立和播客、微电台、网络电台、微信电台、App 电台等的问世，为广播媒体带来无尽希望，整合平台的出现又让我们看到了新的发展方向。有鉴于此，本文拟以广播整合平台为研究对象，探讨其为何能在激烈的媒体竞争中脱颖而出，又需要注意哪些问题，以期取得合理和谐的发展，希望对广播的运营有所启发。

一、广播整合平台的概念阐释

广播整合平台的概念并非首次提出，之前曾有人把这种整合性平台称为"广播电台集成平台"①，并将其分为两类："一种是基于 HTML 标准的 Mobile Web 型广播集成网站，如 Fifm. cn，整合了全国和世界各地广播网络音频，除了在线播音之外，不能参与互动，也无附加功能；一种是基于不同计算机应用程序语言的 Mobile Apps 型客户端，如'蜻蜓FM'、AnyRadio 网络收音机（即'优听电台'）、咕咕收音机，实际是收录了中国和世界广播电台的虚拟收音机软件，移动终端此时变成了一台不受无线电波发射范围限制的'移动'收音机，可以随时与电台进行互动留言。"

随着科技发展，移动互联网、广电与运营商的结合以及 O2O 等成为广电行业新生的重要领域，而这些领域与广播的结合则标志着广播整合类平台的诞生。整合类平台为广播受众提供了一种新的选择，这种选择在更广阔的意义上意味着"一"对"多"。"一"即一个平台、一个客户端软件、一款应用，"多"则指无限的频率资源和节目资源。如果说盛极一时的类型化广播是靠内容与定位的相似性而形成集群效应的，那么广播整合平台则是以节目或频率为单位形成的广播节目群落。

广播整合平台最明显的特点即走向中介化，它不再是某家媒体单位的服务平台，而是作为广播节目和听众之间的媒介而存在；整合平台为各种节目的播出提供渠道，不管是上到中央级、下到地方级的传统广播电台，还是个人网络电台、播客电台等，都可以与其寻求合作，而听众则只需到这个平台上便可以有无数种选择，免去在收音机上苦苦搜寻各种频率或者在网络上下载各种应用的麻烦；它为听众提供了从选台到收听，再到互动的一条龙服务。因此，从内涵上讲，整合类平台的核心是"整合"与"平台"。媒体的细分一方面为受众提供更具针对性和个性化的服务，但另一方面，零散的细分节目过于碎片化，不利于形成集群优势，广播整合平台在细分的基础上提供了整合的可能。

在外延上，广播整合平台是技术手段和广播节目传播渠道的表现形式之一，优化的界面、便捷的操作、少量的数据流量消耗和瘦身化的数

---

① 殷一丁，邓炘炘.2012 年广播业的"常规"和"非常规"变动［J］. 新闻与写作，2012（12）：16.

据存储是广播整合平台的核心竞争力。运作方式的中介化使其不偏向任何一家媒体，所有节目都处于平等的竞争关系，知名度和节目质量决定其收听率和点击量，这种中立的运作方式为广播节目提供了一个更加平等化的播出平台，节目间公平竞争，整合平台为它们提供集群优势，招徕受众，而能否吸引受众收听则要靠它们的实力。

二、专业与综合的双重分野与共存

广播整合类平台根植于网络电台，大量的网络电台和个人播客的出现催生了新的网络广播链，同时由于受到国外的潘多拉音乐电台等的影响，我国也开始开发类似应用，例如豆瓣电台、虾米电台等，它们与百度音乐盒、QQ 音乐等都拥有了广播整合类平台"提供平台"和"整合收听"的特点，并且可以让听众根据自己的喜好进行选择，听众也可以通过社交网络进行分享。但由于其内容供应仅限于音乐，并非传统意义上的有主播、有节目支撑的"电台"，所以这些雏形期的整合平台只是广播整合平台的初级阶段。

在数字化音乐定制时代，传统电台用户似乎已经被侵蚀，但艾瑞通过 Onavo Insights 公布的数据否认了这样的猜想。数据显示 2011 年 8 月，IOS 平台上流媒体音乐应用用户渗透率最高的是 Tune In Radio，达到 6.6%，领先于潘多拉音乐电台和 Spotify。[①] 这一方面是由于传统电台的绑定用户群黏性很高，相对固定；另一方面是由于电台与 App 的结合加入许多差异化内容和服务项目，结合移动互联网的优势扩充频道数量，与其他音乐类型形成细分差异化。

后来产生的龙卷风网络收音机等则成为真正意义上的广播整合平台。龙卷风网络收音机是一个免费软件，内建有 100 多个中文电台（包括普通话、粤语电台）及一些国际著名电台，并收录全世界 3 000 多个电台，可以收听财经、娱乐、社会新闻等节目，也可以收听外语电台、流行曲等。类似这样的电台满足所有广播整合平台的基本条件，但由于其在发展过程中技术手段更新较为缓慢，导致与一些新兴的整合类平台

---

① http：//data. eguan. cn/yidonghulian_141778. html.

相比用户体验较差，流量消耗较多，其生存空间不断受到挤压，如无有力的改进手段，很可能在下坡路上越走越远。在此基础上产生并在近年取得较大发展的蜻蜓FM和优听电台是较为成熟的广播整合平台，它们在龙卷风网络收音机等的风格的基础上进一步美化界面，紧跟时代潮流，改善用户体验，利用新技术手段缩减用户数据流量消耗，从而打出了自己的一片天下。有用户对龙卷风网络收音机和蜻蜓FM的流量消耗进行过粗略统计，发现前者的流量消耗远远大于后者。

受网络广播和播客广播发展影响，许多传统电台或者网络个人电台都开发了自己的移动终端播出平台，以期适应新媒体的发展和三网融合的趋势，拓宽自己的收听渠道，例如"北京广播在线"、"山东交通广播"等。无论是传统电台还是网络电台，建立自己的播客电台，或者开发自己的App都不失为一种适应新媒体传播方式的途径，但是当大量的网络电台和App不断涌现的时候，受众就面临着越来越多的选择。然而受众的精力是有限的，受众手中的智能手机存储量也是有限的，这些需要下载到手机上收听的电台和App已经丧失了自己绝大部分的优势，此时如果还一味呼喊着建立自己的电台或者App将无异于掩耳盗铃。此外，开发自己的收听终端不仅需要大量的资金消耗和人才投入，其后期的维护也需要注入许多精力。相比而言，选择与综合性的平台进行合作，在增强集群效应、拓宽收听渠道的同时节约资源，实现集约化经营，不失为一种经济实用的选择。

广播整合类平台从雏形期的单一音乐平台到个人网络电台、播客电台、各自为政的传统媒体和新媒体电台网络版等一路发展至今，随着新科技手段的不断投入使用，经历了用户与市场的双重选择，逐渐在其演变过程中分化成两种主要形态，即专业化整合平台和综合性整合平台。

1. 专业化整合平台

从20世纪80年代末90年代初开始，中国广播面对电视的竞争，逐步走出一条专业化的发展之路，由过去大而全的一套综合广播转变为专业化的系列频率。[①] 广播专业化的道路发展至今已经经历了诸多考

---

① 李海军. 广播专业化发展新趋势 [J]. 青年记者, 2009 (29)：51～52.

验，这种专业化路径的本质是广播的市场定位问题，是由传媒的多样化、频率的丰富化、受众需求的多样化和广告市场的细分化所决定的，是随着受众自身水平的不断提高而带来的对广播节目内容质量和广播定位个性化的要求而产生的。伴随着大数据时代的到来，这种要求也发生着新的演变，受众市场需要进一步细分，但是更加细分的市场在更加高质量地满足目标受众需求的同时，无法保证听众群体的数量，从而无法保证收听率，再加之我国的频率资源受限，过度的细分在我国并不适用，于是专业化的广播整合平台便应运而生。

部分广播整合平台在发展过程中，根据一定的分类标准将某一类广播电台或节目进行整合之后构建平台，推出可供下载的 App 终端，即专业化整合平台。专业化整合平台的分类标准各异，可以是以媒体单位为分类标准，例如"中国国际广播电台网络收音机"（CRI 网络收音机）、"西湖之声"、"凤凰电台"等；也可以依据节目内容进行分类，如"放松解压音乐电台"、"路况电台"等。

专业化整合平台符合媒体市场整体细分的特点，它将具有某种共性的广播内容进行整合，一般采取圈子营销的方式，在特定圈子内进行病毒式营销推广，以吸引相应的目标受众，这类整合电台的受众一般黏性较大、针对性较强、忠诚度较高，不会轻易转移。同时，专业化整合平台更好地平衡了细分与综合之间的关系，既可以满足不同目标受众的需求，又可以节省频率资源，也容易将口味不是十分坚定的受众合理地分流到类似的节目平台上，从而达到对受众精准需求和广播电台收听率的兼顾，从而取得双赢。

2. 综合性整合平台

综合性整合平台最大限度地涵盖了尽可能多的内容，在优化用户体验的基础上以量取胜，以包罗万象的资源、舒适的用户体验以及较高的知名度来吸引越来越多的用户。这类广播平台目前已经取得了非常不错的发展，既有像新浪微电台这种基于网页的综合性整合平台，也有像蜻蜓 FM、优听电台这种网页版与移动终端兼顾的成功典型。随着微信的发展，微信公共账号一键推送、信息直达用户终端等优势也为广播媒体所充分利用，许多广播电台都开通了自己的微信账号，出现了像荔枝 FM 这样的基于微信平台的整合性平台账号。荔枝 FM 每天都会向用户推送介绍主播或者节目，用户只需回复或者通过极其简单的点击操作便可收听。

综合性整合平台的目标受众较为广泛，例如当用户将蜻蜓 FM 或者优听电台下载到手机等移动终端之后，打开页面，可以根据各种标准找到自己要收听的内容，既有传统广播电台的网络版，又有一些优秀的新兴网络电台和播客电台，例如友的聊、新闻酸菜馆、心理 FM 等。蜻蜓 FM 收录的电台数量高达 3 000 多个，几乎覆盖了用户所能想到的所有电台节目，还提供地面频道免流量收听以及下载之后收听等服务，为用户解决了后顾之忧，也在用户中形成良好的口碑。

需要注意的是，综合性整合平台广纳百川，但并不是毫无秩序地堆积，而是在分类基础上进行整合，例如蜻蜓 FM 就按地域将电台进行分类，大类包括国内和国外，然后又在此基础上进行进一步的细分；优听电台则按节目内容类型分为相声小品、小说故事、儿童教育、歌曲音乐、军事科技、文化杂谈、外语学习、健康生活、财经时评等；基于微信平台的荔枝 FM 也经常将同类节目以合辑的方式进行推送。

三、广播整合平台的优势

在媒体激烈化竞争的环境下，广播整合平台之所以能够诞生并一路狂飙发展，是因为它们有着自身独特的优势。

1. 打破地域局限和线性传播模式

广播整合平台的出现打破了地域限制，使全国的广播市场被打通，形成一个共用的拟态竞争空间。这种改变从微观上看可能会加重单个电台的竞争压力，但是从总的广播媒体的发展来看则是非常有利的，激烈的竞争有助于杜绝全国市场范围内的节目内容和形式同质化，有利于高质量、创新型广播节目的衍生。

传统广播线性传播、稍纵即逝的特点一直都是广播这种媒介传播形式的软肋。一方面，主持人往往需要付出很大的心血才能制作出一期优秀的节目，但是再精彩的节目也不过如烟花般灿烂一时，这极大地打击了广播从业者的积极性。另一方面，新时期的受众不再像以往那样守在收音机前等待收听喜欢的节目，听众们的收听习惯出现了很强的碎片化和随意性特点，在听众打开收音机的几分钟甚至几秒内，如果听不到自己想听的内容便会立即转台或者关闭收音机，这使广播节目丧失了大量忠实听众。网络广播弥补了这种缺憾，打破了这种时间和空间的限制，听众可随时随地通过网络收听自己喜欢的广播节目。整合平台基于网络，对这一特点进行了更加便捷化和全面化的完善，目前在蜻蜓 FM 和优听电台上，都提供了回听和下载服务，优听电台还有录音功能，错过的节目可以重新点播，为了避免流量消耗，也可以选择在 Wifi 环境下将喜欢的节目下载保存，随时收听。

2. 内容呈现方式和互动方式的深度转变

广播电台的受众互动经历了一个漫长的发展历程，从最早的听众来信，到后来的热线电话、短信、寻呼机，广播受众互动方式始终与时俱进，微博的产生更使其空前深化。在网络广播环境下，观众除了可以在节目直播时间通过以往的短信、热线电话方式进行互动外，还可以全天候通过论坛发帖、微博、微信、QQ 留言等方式将自己的想法分享给主持人和其他听众。"微电台"基于微博产生，是专门为广播节目开发的网络互动平台，它突破了以往收听广播的地域及终端限制，也改变了用户被动收听的习惯，微博用户可以在收听"微电台"的同时与主持人和网友进行真正的实时互动。[①] 而除微电台以外的网络电台也都将微博互动板块纳入自身模块中，当听众收听蜻蜓 FM 时，可以直接在节目下方与微博链接的留言区中与主播进行互动，也可以到主播的微博主页进行实时互动，荔枝 FM 的用户则可直接回复微信进行一对一的深度互动交流。

这种互动方式不仅更加便捷、多样，同时也较以往"互动与节目同时进行"的方式更具有持续性，增加了用户的黏性和对特定节目的忠诚度；同时，互动内容除了主持人可见外，其他听众也同时可见，听众就广播节目讨论的问题或某期节目的优劣进行讨论，充分发挥了受众对媒体的监督功能，方便主持人根据受众需求调整节目内容。

3. 整合基础上的集群优势

随着媒介技术的更迭和网络社会的崛起，资源整合逐渐成为近年来广

---

① 周伟琪. 浅析微博与电台的融合［J］. 中国广播，2012（12）：50.

播媒体寻求突破的一种常规化策略，广播整合平台的出现正是这种整合大潮的表现之一，为广播在整合的基础上形成一个更加丰满的资源平台提供了充分的集群优势。不同的媒介与节目都有不同的优势与劣势，而集群平台实际上就是一个实现优势互补的集合平台，其目标是在集群内部实现资源的合理使用与共赢。在整合平台上，节目被按照不同标准分为不同的类型，按地域可分为国内节目、国外节目，或者各省的电台节目；按节目内容又可分为音乐类、新闻类、英语学习类等；按节目来源则可分为传统广播节目和网络播客等。分类让这些节目变得更加便于查找，也更加便于在同类节目中为受众提供更全面贴切的选择，在分类基础上的整合则形成庞大的数据库，成为吸引受众指向该平台的主要筹码。

4. 节约存储空间

随着互联网的进一步深化发展，世界已经进入数字化时代，代表海量信息存储的"大数据"成为炙手可热的词语，仿佛当今世界的一切皆可转化为数字信息，然而大数据与传统储存空间的有限性之间的矛盾也随之凸显。虽然目前手机、iPad 等移动存储设备的空间在不断扩大，但总归还是有限的，人们希望用最小的空间来存储更多的东西，享受更多的服务与体验，一个用户不可能将所有电台、播客的 App 都下载到移动终端上进行收听，他们必须在存储空间的限制下对这些客户端进行选择。广播整合平台大大缓解了这种矛盾，用户只需下载安装一个广播整合平台客户端，便可将平台上的所有广播节目一网打尽、收入囊中，整合平台的存储节约特性使成百上千个电台的存储量迅速缩减到一个客户端软件的存储中。

四、发展呼唤转变，经营促进发展

虽然目前传统广播依然占据大多数的听众资源，但广播整合平台的发展势头也不容小觑，其发展速度之快、整合同化能力之强都成为吸引注意和招徕合作的重要砝码。未来的广播整合类平台正朝着产业化发展，这就使得对产业链的合理规划与经营变得迫在眉睫，而对这一产业链的科学认识和合理到位的经营，以及对其发展趋势的科学认识，也势必将促进其趋向更加繁荣的方向发展。

1. 变更产业链，转变经营观

广播整合类平台虽兴起不久，但其强劲的发展势头不可忽视，一种新的传播方式的诞生与发展必然伴随着产业链的重新调整。对于传统广播电台和网络电台、播客们来说，广播整合平台已经成为其扩大影响力的主要途径之一。许多主播在告知受众收听渠道时除了传统的收听渠道之外，也会将蜻蜓 FM、优听电台等作为主要渠道之一。网络电台和播客本就依赖于新科技手段，对这种新的生存方式更容易适应，在这方面也表现尤甚。

部分整合平台中介化的特点使广播节目播出平台与制作单位实现了又一个层次上的分离，平台上的节目与这个平台是合作的关系，它们在以受众诉求为根本的基础上力求在合作过程中实现共赢互利。同样作为网络原生产品的网络电台、播客相比传统电台更能适应广播整合性平台的生产、传播方式，更加了解其运作模式，在合作中也更易实现共赢。传统电台在不断加深网络意识的过程中，在这种新兴生产方式中也变得越发得心应手，目前中央级、省级甚至地市级的大多数电台基本都已经与这些整合平台展开了合作，并从中受益。

2. 实现广播、通信、互联网的三方无障碍通路

虽然蜻蜓 FM、优听电台等都提供了回听与预下载的功能，也极力通过技术手段改善软件，降低流量消耗，蜻蜓 FM 更是提供了本地电台免流量收听的服务，但无可否认的是目前数据流量依然是这些整合平台的发展瓶颈，如何加强与运营商的合作，实现广播、通信、互联网的三方无障碍通路成为解决这一问题的必经之途。随着我国公共场所 Wifi 的覆盖率不断增加以及 3G、4G 网络的进一步放宽，运营商的流量套餐愈加实惠，相信数据流量和网络传输速度这两大限制因素对广播整合平台的影响一定会日益削减。而如何在这种苗头出现之初便开始寻求路径并以最快的速度找到最合适的合作规则，则成为在这一领域取得决定性胜利的关键。

（原载于《中国广播电视学刊》2014 年第 5 期）

舆情新风向

网络舆情与城市社会管理的关系模式初探

朱 磊　　方 媛①

（暨南大学　新闻与传播学院　广东　广州　510632）

【摘　要】在城市社会管理的语境中，网络舆情就是公众通过互联网就城市相关的公共问题和社会管理所表达的意见、态度的总和。本文分析了城市社会管理中网络舆情的特点，并结合实际案例，提出网络舆情与城市社会管理具有刺激、沟通和邀约三种关系模式，在此基础上笔者认为城市社会管理应在平台、主体和制度三方面进行创新。

【关键词】网络舆情　城市社会管理　关系模式

一、网络舆情与城市社会管理

舆情是公众对涉及自身利益的公共问题所表达的意见和态度。随着信息技术的发展和城市化进程的加快，网络媒体已经成为城市居民认知和评价城市社会管理和公共政策的最重要媒体之一。在城市社会管理的语境中，网络舆情就是公众（主要为市民）通过互联网就城市相关的公共问题和社会管理所表达的意见、态度的总和。

城市社会管理作为城市政府职能的重要组成部分，涉及城市居民最基本的生存生活问题，对于城市的稳定和健康发展具有重要意义。关注城市网民意见，把握城市网络舆情，已经是城市管理中不可或缺的重要

---

①　朱磊，东京经济大学传播学博士，暨南大学新闻与传播学院副教授，暨南大学舆情研究中心主任；方媛，暨南大学新闻与传播学院硕士研究生。

一环。从网络舆情的发展态势来看，网络舆情会对城市社会管理产生重要影响，能够为城市管理者决策提供意见参考。某些自下而上的民意表达甚至使一些原先没有纳入城市管理者决策范畴的内容列入了议事日程，改变了城市社会管理和公共政策的方向。中国社会科学院有关调查研究称，近七成的网络舆情事件"起到了推动政府解决问题的正面积极作用"①。暨南大学舆情研究中心的一项民调结果也发现，网络舆情已成为政府决策时听取民意的最理想渠道，54.5%的市民认为政府制定政策时应当通过网络舆情来了解民意。总而言之，网络舆情已经成为推动城市社会管理发展的重要力量之一。

然而，当前我国的城市社会管理在对网络舆情的处理上却存在着两大现象：一是对网络舆情所反映的问题抱着"应付"的态度，轻视网络舆情的作用，不在乎网络舆情的发展结果；二是对网络舆情表现出"对付"的心态，虽然重视网络舆情的发展，但是在处理网络舆情中所反映的具体问题时缺少坦诚，不能及时彻底地解决实际问题。如此"舆情应对"，最终都会导致公众和城市管理者之间不能很好地沟通，形成官民对立，引起干群矛盾激化。

由上可见，网络舆情与城市社会管理之间的关系问题是亟待解决的重要课题，是关系到城市社会管理主体能否掌握舆论话语权的根本问题，对未来城市稳定发展具有极为重要的现实意义，对城市管理科学的发展具有重要的理论价值。本文将就此问题进行探讨。

二、城市社会管理中网络舆情的特征

依托于网络平台形成的网络舆情和传统舆情相比更为复杂多变。城市管理者对网络舆情的认知、理解和把握程度直接影响到城市社会管理行为和公共政策的制定。目前国内虽有大量网络舆情的研究，但从城市社会管理的视角观照网络舆情的特征的还为数甚少。笔者结合网络舆情和城市社会管理方面的实践经验，参照国内外网络舆情相关论述，认为

---

① 张然. 社科院报告称近七成事件网络舆论推动政府解决［N］. 京华时报，2011 - 07 - 13（A05）.

城市社会管理中网络舆情具有以下五大特征：

（一）主体隐匿性

"在网络上没人知道你是一条狗。"这是当代美国画家斯坦纳的漫画作品中对网络主体隐匿性的经典表述。公众是网络舆情的重要传播主体，而网络媒体的自由性和平等性决定了公众可以不用真实身份在网络上发言，而成为匿名主体。在城市社会管理中，网络匿名主体对舆情的影响有以下几方面：首先，身份的隐匿性能够激发公众自由释放自己强烈的表达欲望；其次，身份的隐匿性使公众感到安全，一部分揭露城市社会管理黑暗面的声音得到表达和宣泄；再次，身份的隐匿性会使部分公众在发表意见时缺乏社会责任感，观点和言语走向极端，使得网络舆论有时呈现出非理性的特征；最后，身份的隐匿性使意见表达者言词内容的真实性、合理性难以得到正确判断，从而造成假冒信息甚至是虚假民意。以上影响中前二者对城市社会管理者的决策具有积极意义，而后二者则具有消极甚至有害的影响。

（二）议题公共性

尽管网络信息所涉及的城市社会问题和事件包罗万象，但是从利益维度上来看，与城市社会管理相关的网络舆情讨论的是多数人的"私利"，即公益，也就是与公众（主要是市民）自身利益相关的社会公共问题。公众是网络舆情表达的主体，同时也是社会生活的主体，只有与公众生活密切相关的城市社会管理话题，才会引起公众的关注并产生共鸣，进而对现实生活产生影响，例如收入、物价、交通、治安、医疗、社会公平等话题长期成为网络讨论的热点就集中体现了这一特性。

（三）渠道多样化

从空间维度来看，城市社会管理中的网络舆情表现为多元性、互动性、分享性。首先，开放的网络环境使新闻网站、BBS、博客、微博、即时通信软件之间能够实现交叉互动，进而使各种网络言论、观点和意见能够在网上交汇激荡，如潮涌一般汇聚成不容忽视的网络舆论声势；

其次，除了网络间媒体的互动，城市社会管理中网络舆情和传统媒体的互动也越来越频繁，线上线下信息联动，形成强大的舆论声浪，最终对现实生活产生影响；最后，开放性网络结构彻底打破了时空地域的间隔，实现了网络信息内容的共享性。城市社会管理中，渠道多样性特征使网络舆情具有远超于以往传统舆情的广泛影响力。

（四）言论情绪化

从情感维度上看，网络舆情中的非理性言论多于报纸、电视等传统媒体中的。由于网络的社会规则弱化和主体隐匿性，公众的情感宣泄在网络上更加自由和充分。在城市社会管理中，由于事件本身涉及公众的切身利益，公众情绪表达更易冲动失控。网络舆情言论往往很多时候并不是理性思考的结果，而是带着强烈的感性化、情绪化色彩。同时，在开放的网络空间中，公众的情绪在信息共享过程中相互感染，从而使情绪化、非理性的言论更容易快速扩散与得到回应。

（五）瞬时突发性

从时间维度上看，网络舆情的出现具有突发性。在城市社会管理中，由于涉及公众的切身利益，公众意见快速进入，网络舆论的形成也非常迅速。一石激起千层浪，存在的事件加上情绪化的意见，就能迅速引起其他利益相关者的响应，各方意见和观点融合激荡，从而快速形成声势强大的网络舆情。在初期的情绪得到宣泄后，各方逐渐冷静，开始理性思考，网络舆情声势又会迅速减弱，表现出瞬时爆发、随即消散的特点。尽管大多数网络舆情会"稍纵即逝"，但是，碎片化的网络舆情若不能得到及时回应，也会以类相聚，构成强有力的"舆情链"，最终将改变或强化公众对某一事物或群体的印象。

三、网络舆情和城市社会管理的三种关系模式

在短短数年间，众多案例表明网络舆情在城市社会管理中发挥着独特的作用，从2003年的"孙志刚事件"到2009年的"上海交通钓鱼执法"，再到目前正在普及的"网络问计"，网络舆情与城市社会管理的

关系也正发生着一定的变化。结合我国实际案例分析，笔者认为网络舆情和城市社会管理有以下三种关系模式：

（一）"刺激"模式

"刺激"模式即城市社会管理被动接受网络舆情监督，是指在已经形成了一定的网络舆情监督压力，甚至引发了一定的线下群体行为之后，城市管理者才对冲突事件作出反应，被动接受监督后作出决策。此种模式为比较原始的一种网络舆情与城市社会管理关系模式，在我国的网络舆情发展中，此种关系模式的案例数量最多，其中的典型事件如厦门 PX 项目迁址事件①。

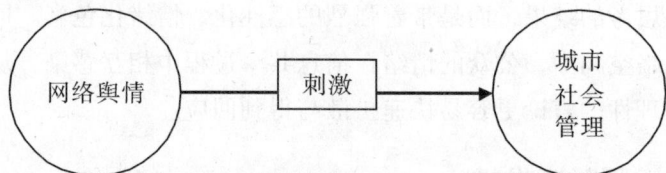

图1　网络舆情与城市社会管理关系模式之一：刺激

厦门市海沧区 PX 项目，是 2006 年厦门市引进的一项对二甲苯化工项目，总投资额高达 108 亿元人民币，号称是厦门有史以来最大的工业项目。然而，2007 年 3 月全国两会期间，厦门大学化学系教授赵玉芬联合其他 104 名政协委员，向政府提交了一项建议暂缓建设、重新选址勘查的提案。同月，厦门籍独立作家连岳在《中国经营报》上获知厦门 PX 项目的影响，将消息转载到自己的博客——"连岳的第八大洲"上并将其取名为《厦门自杀》。该博文引起网民的热议，并快速扩散至厦门市的热门论坛和众多市民 QQ 群。在广泛的网络传播后，厦门市民相约到市政府门前"散步"，形成了强大的舆论压力，最终，福建省政府和厦门市政府决定将该项目迁建至漳州古雷半岛。

厦门 PX 项目的迁址是城市管理者受到网络舆情的刺激，在被动接

---

① 参见袁越．厦门 PX 事件［J］．三联生活周刊，2007（37）：62~64.

受网络舆情监督的情况下，依据民意所向作出相关政策反馈，最终实现的民意推动下的政策变更。在此次事件中，厦门当地传统媒体因为某些原因出现集体失语后，网络论坛、QQ 即时通信、MSN、电子邮件等网络传播方式发挥了不容小觑的作用。这些网络平台将公众个体分散的力量聚集起来，将无数微小的个人呼声放大并转换为强大的集体呼声，使民意不断得到放大，既改变了公众参与方式，又提高了公众参与的深度，最终促进政府改变决策。但此种模式下城市管理者在整个信息传播过程中都处于被动状态，使得城市社会管理一直滞后于网络舆情的监督，在事件处理上易受舆论制约，效率较低，造成社会不稳定的风险较高。

（二）"沟通"模式

"沟通"模式即城市社会管理主动接受网络舆情监督，主要是指城市管理者及时获取信息并参与到网络讨论中，主动接触了解网络舆情所反映的问题，进行事件处理。城市社会管理和网络舆情的沟通常借助政府相关的官方网站留言板、论坛、网络信箱、官方博客等渠道得以实现。此种模式是现阶段我国主要采取的一种模式。2010 年江苏常州市长网上"自辩"就是其中的典型案例之一①。

2010 年 2 月 19 日，网友"村人"在常州几个网站的论坛上发表了题为"2.9 亿，为了亮？还是为了黑？"的网帖，该帖中对常州的"亮化工程""一边在做生态建设和保护，一边肆无忌惮地破坏生态环境"②提出质疑，该帖引起网民的疯狂转载。而后，"村人"将矛头直指常州市长王伟成，并再次撰写了题为"2.9 亿，一块五味杂陈的蛋糕！"的文章，质疑王伟成批准"亮化工程"的动机，此事再次迅速成为一个网络热点。市长王伟成在 3 月 2 日发表了 4 000 余字的文章《不猜疑、少争论、防折腾，凝心聚力建常州》，针对帖子中的四点质疑一一进行回复，同时王伟成还十分坦然地解释自己的动机，并真诚地表示愿意接

---

① 参见杨明奇. 常州市长网上"自辩"的背后 [J]. 望东方周刊，2010（14）：26～29.
② 杨明奇. 常州市长网上"自辩"的背后 [J]. 望东方周刊，2010（14）：26～29.

受人民群众的批评和监督。常州市长情真意切的网络"自辩"得到了网民的掌声，众多网民表示了对政府决策的理解。一次真诚的网络"对话"不仅化解了市民与城市管理者之间沟通不畅的矛盾，城市管理者的决策也得到了更好的诠释和理解。

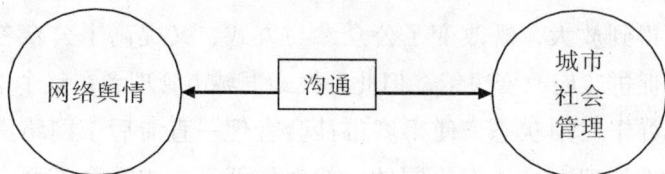

图 2 网络舆情与城市社会管理关系模式之二：沟通

对"亮化工程"的质疑的消解是城市管理者主动与网民沟通的结果。在本次事件中，在意见领袖的带领下，网民对有争议的城市社会公共话题进行了网络意见的聚集，快速地形成了网络舆情；政府部门面对网络舆情监督压力，不再像以往那样回避或者置之不理，而是由市长以城市管理者的身份主动进行了沟通对话。这种积极的对话，展现了城市管理者心为民所系的服务意识。通过对话，城市管理者的意见观点能参与到网络舆情的发展中，同时此举也遏制了网络舆情得不到回应而往线下蔓延的趋势。事件相关政策的解释说明回应了网民的质疑，同时也加深了网民对政策和城市管理者的理解，大大降低了社会不稳定的风险。

（三）"邀约"模式

"邀约"模式即城市社会管理主动邀请网络舆情介入，主要指城市管理者主动关注并制造公共话题，利用一定的网络平台设置议程，邀请网民参与，形成网络舆情。"邀约"模式是网络舆情参与城市社会管理的高级模式，在此模式下，网民完成的不仅是监督权的行使，也是参与权的行使。我国目前部分城市所实行的"网络问计"就是此模式的现实诠释，广州的"'迎接亚运会 创造新生活'——当好东道主，请你来献策”的公众意见网络征询活动就是此模式的一个非常成功的范例①。

2010 年广州亚运会举办在即，为充分倾听民声、疏导民意、吸纳民智，与广大市民携手办好亚运会，共同创造新生活，2009 年 9 月广州市政府与大洋网搭建“网络问计”平台。问计平台下设环境整治、城市管理、综合保障、文明市民、“后亚运”五大议题，邀请市民大胆建言，积极献策。在问计平台和大洋论坛里，广大网民纷纷灌水、拍砖，“总点击量达到 861 万多次，提交了较高质量的意见和建议超过 100 条”②。10 月，问计活动从线上走到线下，广州前市长万庆良邀请十名提供优秀建言的网友举行了主题座谈会，并与相关职能部门代表就网友们提交的热点问题进行现场回应与讨论。万庆良前市长肯定了网络民意的重要性并建议相关部门认真研究网民意见，并把相关意见带入决策机制中。

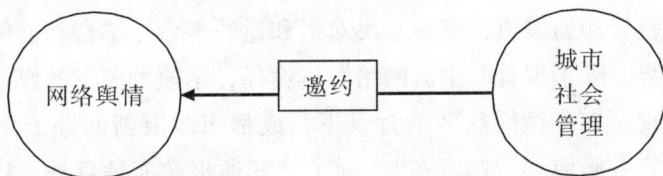

图 3　网络舆情与城市社会管理关系模式之三：邀约

城市社会管理主动邀请网络舆情介入，网民在参与中既献计献策又实现了网络监督。城市管理者作为组织者提出议题，媒体策划设置网络平台引发讨论，最后选出网民意见领袖作为公众代表，延伸到线下公共领域，实现网络舆情进入城市社会管理与公共政策范围。“邀约”模式体现出三点优势：一是这种模式一定程度上弥补了单一网络言论存在情绪性的不足，同时经过线上和线下两大公共空间的充分讨论，所收集的

---

① 参见大洋网专栏“‘迎接亚运会　创造新生活’——当好东道主，请你来献策”，http：//www.dayoo.com/wenji。

② 万庆良前市长与大洋网友座谈会［EB/OL］．（2009 - 10 - 20）．http：//cache.chat.dayoo.com/2009/node_16860/node_25541/index.shtml。

公众意见也更具代表性；二是该模式在话题内容上既能满足城市社会管理和公共决策的需求，同时又能在一定程度上满足网络舆情的城市社会管理和公共政策的参与需求；三是城市管理者作为组织者存在，确保了话题讨论过程的有序性，运作更加高效。

四、网络舆情视域下的城市社会管理创新

加强社会建设和管理，推进社会管理创新是中国共产党在十七届四中全会中提出的重要战略决策。城市建设发展也应把社会管理创新放在首要位置来谋划和推进。笔者认为，根据前述网络舆情和城市社会管理关系的三种模式，从网络舆情的视角，可从以下三方面的创新工作来推进城市的社会管理。

（一）平台创新

城市管理者应加强利用新媒体、新技术形式，探索新方法、新思路，拓展整合沟通渠道，完善官民对话和邀约平台。结合当前网络舆情的发展态势，除了现有的主流网络媒体途径，迅速发展中的媒体途径也应得到重视。在"微博热"的背景下，成都市政府新闻办于2010年6月开通了官方微博"成都发布"，除了公开通报政府信息外，还在线直播各类突发公共事件，在不到1年半的时间内，其"粉丝"数已经迅速增加到150万（截至2011年10月），极大地扩展了政府和市民的互动对话空间，提高了城市社会管理的效率。如今，随着新技术的发展，智能手机的无线网络使用率进一步提高，平板电脑的普及已不仅仅是一种时尚，网络使用的空间移动性和互动性达到前所未有的程度，每一次网络平台使用的革新都将深刻影响未来网络舆情和城市社会管理的相互关系。城市管理者应时刻关注网络平台的发展，把握网络舆情载体的最新动向。

（二）主体创新

市民也是城市社会管理的主体。城市管理者应通过网络平台广泛邀请市民主动参与到城市社会管理中，提升市民的城市社会管理投入度。

在暨南大学舆情研究中心的城市归属感调查中，我国城市居民关于"投入度"（即受访者认为所居住城市发生的事情和自己密切相关的程度）的指标历来是最低的一项。① 行为经济学中的"宜家效应"提示我们，人不是理性人，他们会高估通过自己劳动所获得的成果，并珍视它，爱惜它。根据"宜家效应"启示，城市管理者应从网络舆情所反映问题的根源——参与缺位引起的市民对城市社会管理的质疑出发，从工作内容上进行创新，引入市民通过网络来参与社会管理的机制。

在大中城市社会管理中，我们可以将简·雅各布斯的"街道眼"概念进一步延伸，在城市社区论坛、微博等网络平台中植入"街道眼"，通过网络舆情来发现并解决各种现实问题和杜绝不良现象，提高城市社会管理的效率。例如常州市在交通管理方面邀请市民参与"街拍违停"发微博活动，这对于市民是举手之劳，但此举能有效弥补执勤管理民警时空管理的空白点，对交通违规等行为起到震慑作用。

（三）制度创新

在城市社会管理中，良好的信息沟通渠道需要一定的管理制度来保障。自 2009 年 7 月以来，江苏南京、常州，广东佛山，云南昆明等多个城市已建立"网络发言人"制度。城市管理者在网络平台搭建中，应将"网络发言人"和平台建设紧密联系在一起，以便及时快速地向公众发布消息。创新管理制度，并把制度落到实处，同时加强问责反馈处理及危机管理的规范化。只有在一个良好完善的城市社会管理制度下，网络舆情的良性作用才能得到真正的发挥。

（原载于《城市观察》2011 年第 5 期）

参考文献：

［1］［美］丹·艾瑞里. 怪诞行为学 2：非理性的积极力量 ［M］.

---

① 详见夏扬. 最新调查显示：广州居民在亚运期间城市归属感大幅提升 ［N］. 羊城晚报，2010－11－23（A04）.

赵德亮译．北京：中信出版社，2010.

　　[2]［美］曼纽尔·卡斯特．网络社会的崛起［M］．夏铸九等译．北京：社会科学文献出版社，2006.

　　[3]［美］约翰·克莱顿·托马斯．公共决策中的公民参与：公共管理者的新技能和新策略［M］．孙柏瑛译．北京：中国人民大学出版社，2005.

　　[4] 陈燕，王敬红．网络传播：研究方法的困惑与思考［J］．现代传播，2003（1）.

　　[5] 杜骏飞．中国网络新闻事业管理［M］．北京：中国人民大学出版社，2004.

　　[6] 杜欣，张彬．尊重网络民意：政府决策的一个有益弥合［J］．产业与科技论坛，2007（5）.

　　[7] 胡瑛．"小道消息"的大众化——论民间传闻的网际传播与舆论对策［J］．新闻与传播研究，2002（1）.

　　[8] 刘毅．网络舆情研究概论［M］．天津：天津人民出版社，2007.

　　[9] 中共中央宣传部舆情信息局．舆情信息工作理论与实务［M］．北京：学习出版社，2009.

企业舆情中的声誉风险管理

——以商业银行为例

陈韵博　刘大会

（暨南大学　新闻与传播学院　广东　广州　510632）
（中国工商银行广东省分行　广东　广州　510000）

在舆情危机井喷的大形势下，中国企业已经进入了网络声誉风险管理时代。① 随着以社区论坛、微博、微信等为代表的自媒体舆论场的快速崛起，声誉风险伴生的内外部环境发生了翻天覆地的变化，如何完善和加强声誉风险的管理也成为企业亟待解决的难题。本文以商业银行为例，在简要分析商业银行声誉风险特点和加强声誉风险管理意义的基础上，就当前商业银行声誉风险管理面临的挑战进行重点分析并提出解决措施。

一、正确认识商业银行声誉风险

（一）商业银行声誉风险的定义

商业银行对声誉风险的关注和重视由来已久，早在 1997 年巴塞尔委员会颁布的《有效银行监管核心原则》中，就将声誉风险列为商业银行必须妥善处理的八大风险之一。2009 年 1 月，巴塞尔委员会核心资本协议修订稿中将声誉风险列为第二大支柱，并将其与信用风险、市

---

① 人民网舆情监测室. 中国企业舆情应对能力与声誉风险管理报告［EB/OL］. http：//www. doc88. com/p－772471022957. html.

场风险、操作风险等一起视为银行所面临的实质性风险。

2009 年 8 月 25 日，中国银行业监督委员会发布《商业银行声誉风险管理指引》（以下简称"《指引》"），明确声誉风险是商业银行一项独立的风险类型和全面风险管理体系的重要组成部分，指出"声誉风险是指由商业银行经营、管理及其他行为或外部事件导致利益相关方对商业银行产生负面评价的风险。声誉事件是指引发商业银行声誉风险的相关行为或事件，它反映的是投资者、客户、员工、监管机构、媒体等与银行有关的利益主体对银行的负面看法，以及因此而对该银行的经营发展可能产生的负面影响"。

分析该定义，可以发现声誉风险主要包含三个要素：

（1）主体是"利益相关方"，包括政府、监管机构、客户、股东、员工、同业、媒体等多方，其中客户是商业银行最重要的利益相关者，是银行经营收入的来源。而媒体作为传播工具被视为公众利益代表者，从某种角度来说，媒体传播所扩大和增加的非直接损失是声誉风险最需要研究和控制的部分。

（2）事件/对象是"商业银行经营、管理及其他行为或外部事件"，说明声誉风险可能存在于银行经营管理的任何环节，几乎涵盖了所有的内部与外部风险，与其他风险交叉存在、相互作用。声誉风险往往起源于信用风险、市场风险、操作风险、流动性风险等其他类型的基础性风险，是其他风险进一步延伸的结果，是其他风险的放大和叠加。其中信用风险、市场风险、操作风险、流动性风险对声誉风险的触发作用更为突出。

（3）影响/后果是"负面评价"。对银行来说，负面评价结果具有多种表现形式，包括股价大幅波动、社会负面评价、客户满意度下降、竞争力综合指标下降、负面舆情传播、刑事或行政处罚等，同一事件可能同时导致多种表现形式的负面评价结果，其中负面舆情对声誉的不良影响在传播过程中将会以几何倍数增大，具有相当强的扩散性。

（二）商业银行声誉风险的特点

（1）种类的多样性。声誉风险涵盖银行经营管理的全部环节，引发声誉风险的主体非常广泛，既有可能是商业银行内外部风险因素综合作用的结果，又有可能是非常简单的风险因素触发严重的声誉风险。同时，由于利益相关者众多，各利益主体从不同角度、不同层面进行价值判断，致使声誉风险种类呈现出极其复杂的多样性，如业绩大幅波动、与利益相关者发生民事诉讼案件、客户对服务不满引发投诉、内外部审计检查发现违规行为、员工诉求不满发生上访、业务办理未履行充分告知义务、失实评价和网络谣言等，均可能成为声誉风险的驱动因素。

（2）内在的衍生性。声誉风险与其他风险之间有着密切的互动与因果关系，其他风险一旦变成现实，就可能引发声誉风险，可以说声誉风险依附在其他各类基础性风险上，是其他风险发展的一种必然结果，具有内在的衍生性。如近年媒体报道中与银行业相关的负面新闻，不少是因为银行业在服务过程中自身存在过错或者过失导致客户投诉，这些投诉最初应该属于操作类风险，但由于银行对客户投诉处理不当，进而促使客户寻求媒体力量进行二次投诉，从而形成声誉风险事件并带来更大的负面影响。

（3）发展的动态性。声誉风险一旦曝光于公众和舆论监督面前，其发展很大程度会受外部因素影响，特别是在媒体的关注和放大下，信息的传播速度、范围和影响有时甚至会超越事件本身的发展，即使是低频低影响事件也有可能会演变为低频高影响事件，并以几何级倍数扩大偶发事件的影响，"蝴蝶效应"十分明显。如标签化的"许霆案"，舆论力量对其终审判决便发挥了很大作用。

（4）影响的全局性。这是声誉风险最突出的特点。声誉风险的影响是银行品牌和信誉的整体表现，它以集团名义承担个体或分支机构的声誉损失。对利益相关方来说，任何引发负面评价的个体表现都代表着银行的整体形象。如2012年媒体报道了环卫工人进入某家银行喝水被拒的事件，连带引发了媒体和网络舆论对该银行乃至整个银行业缺乏社会责任感的痛批。

（三）商业银行声誉风险管理的重要意义

声誉风险管理是指根据声誉风险管理目标和规划，建立健全声誉风险管理体系，通过日常声誉风险管理和对声誉事件的妥善处置，为实现声誉风险管理的总体目标提供保证的过程和方法。

（1）加强声誉风险管理是银行信息披露的有效途径。公众具有知情权，特别是商业银行作为经营货币的特殊企业，其提供的金融服务与大众的生活息息相关。随着越来越多的商业银行上市成为公众公司，信息透明和有效的信息披露成为其必须履行的义务职责和与利益相关方进行有效沟通的重要方式。在事件发生的初期，由于信息的不对称，若不能有效利用正式的信息渠道向公众公开情况，各种流言就会通过非正式的渠道乘虚而入，导致公众作出非理性评价和传播行为，进而负面信息不断丰富并公之于众，最终导致舆情危机不断深化，局部危机可能蔓延为全网危机，线上危机可能发展为线下危机，甚至引发群体性事件。只有通过声誉风险管理，银行建立正式对外发布信息渠道，并通过该渠道及时收集反馈公众意见，减少信息的不对称性，并不断提高对公众的透明度，才能收到事半功倍的积极效果。

（2）加强声誉风险管理是维持金融和社会稳定的必然要求。调查表明，公众关注程度越高的行业，面临声誉风险的程度也越高。银行业本身是经营货币的特殊服务行业，且其服务又具有广泛的社会性，基本上与每个人都息息相关，公众对银行的关注程度必然高于一般企业。特别是上市银行，社会关注度更加高度集中，一旦发生声誉风险，轻则影响银行形象，重则影响银行股价，甚至动摇客户基础，引发挤兑潮等危机事件，并进而严重影响社会和金融的稳定。20世纪90年代广东地区就曾经因为社会传言而导致个别地方性金融机构发生挤兑事件。

（3）加强声誉风险管理是银行建设品牌美誉度的需要。声誉风险管理和品牌建设相辅相成、相生相依。银行是高风险行业，信誉是银行的生命，而品牌源于客户对银行服务与产品承诺的信任，信任程度越高，品牌价值越大。品牌的建设过程是一个与消费者心灵对话的漫长过程，但其毁灭却往往在朝夕之间，特别是声誉事件对品牌建设的打击更是不可逆转的。曾经风光无限的投资银行雷曼兄弟，因为迷你债券和次贷危机的打击在一夜之间宣告破产。而一名交易员的违规操作最终给历史悠久的巴林银行带来了灭顶之灾。近来各类层出不穷的食品安全事件也都是很好的例证。

二、商业银行声誉风险管理面临的挑战

随着我国经济金融改革不断深入，我国银行业的经营格局也发生了巨大的变化，银行业内部的市场竞争越来越激烈，客户的金融需求也越来越多元化、个性化，特别是随着国内外金融发展环境的剧烈变化，公众对银行的信任度逐渐降低，同时舆论生态尤其是网络媒体环境日趋复杂，各种不利因素均对商业银行的声誉风险管理工作提出了巨大挑战。

（1）从社会外部环境看，银行业处于多种社会矛盾的聚结点。一方面，从国际上看，近年发生的国际金融危机影响不断蔓延和深化，国际大银行问题频出，特别是一些国际著名的大银行在催生金融危机的过程中扮演了重要的角色，大大打击了社会对银行业的信心，致使金融业的社会评价降低，甚至有声音提出是否有必要对银行在经济生活中扮演的角色进行重新认识和评估。另一方面，从我国来看，在经济社会中，银行业作为公共服务行业，往往处于多种社会矛盾的聚结点，加上其与社会大众的生活息息相关，因此极易引发公众对银行服务的不满。特别是随着我国改革的不断深化，一些深层次的矛盾不断积累并逐步进入爆发期，再加上受国际金融危机影响，我国经济下行风险亦逐步增加，在此背景下，积聚的负面社会情绪存在集中向银行业宣泄的趋势，"高利润"、"销售误导"、"不合理收费"、金融消费者权益保护不够等负面话题持续发酵，舆论环境日趋恶化。

（2）从舆情环境看，随着微博、微信等自媒体的快速崛起，舆论生态已发生巨变，商业银行声誉风险管理的媒体载体不仅包括在我国经济生活中占据重要地位的传统主流媒体，微博、微信等更多新形式的自媒体以及基于自媒体产生的大V、网络名人带来的巨大影响也在深刻改变着商业银行的声誉风险管理实践。Web2.0新媒体时代到来后，"人人都有麦克风"，每个人都有舆论制造与传播的条件，网络媒体走向全面开放。《第31次中国互联网络发展状况统计调查》显示，截至2012年12月底，我国网民数量达到5.64亿，互联网普及率为42.1%，其中微博用户达到3.09亿，网民使用率已经过半。以微博为代表的自媒体

已成为"第一大舆论场"。商业银行所处的舆情环境发生了重大变化。与传统的平面（报刊、图书）和声像（广播、电视）媒体相比，无论是舆情主客体的范畴，还是传播的速度与广度，自媒体都有了质的改变。在目前的环境下，自媒体的传播更具随意性，往往是"理性舆论"与"非理性舆论"相互交织，理性思考与情感宣泄充斥其中，银行声誉风险管理的难度也随之大大增加。同时，从新闻媒体发展看，在加速市场化转型过程中，受生存压力的影响和经济利益的驱动而出现的刻意寻找和夸大负面新闻的倾向也给商业银行的声誉风险管理带来了较大难度。

（3）从声誉风险产生的源头来看，随着客户金融需求越来越多样化和个性化，商业银行发生声誉风险的概率将伴随着金融服务产品种类和内容的不断增多而大大提高。为适应客户的需求，近年来我国商业银行产品服务创新力度明显加大，其提供的金融产品超过 3 000 多种，涵盖的领域也从以往的存汇贷等传统领域延伸到了理财、结算、电子银行、投资银行等新领域，不仅包括货币市场，还涉及资本市场。而随着客户维权意识越来越强，商业银行在提供金融服务的过程中发生过错、过失进而引发声誉风险的概率也将大大增加。近年来，关于商业银行内部员工涉嫌参与民间融资、非法经营，银行卡被克隆导致客户资金被盗，因假按揭、非本人办卡等原因给客户造成不良信用记录，因客户购买理财产品或由银行客户经理推荐购买的信托、保险、基金等产品出现亏损或未达预期收益，客户质疑银行不当营销，客户和媒体质疑服务收费不合理，客户使用自助机具遇到问题等银行负面新闻频频见诸报端就是明证。

（4）从声誉风险本身来看，声誉风险仍难以有效识别和评估。声誉风险相对于信用、市场、操作等风险而言，是一种非常特殊的风险，缺乏通行的界定和衡量标准。主要表现在学术界和金融界对声誉风险识别、计量和评估方面的研究还远远不够，特别是在客户投诉、媒体报道、声誉风险危害性等方面进行系统全面分析、量化、预警的研究非常欠缺，导致不能有效地进行危机预警和预控①，因而声誉风险管理基本沦为被动的危机事件处理，风险管理作用有限，危机化解成本增加。由于商业银行可能引发声誉风险的因素太多，以及实际工作中发生的声誉风险数量巨大，如何有效地解决声誉风险的识别和评估问题，即如何界定声誉事件（声誉风险因素）以及如何判断声誉风险状况和程度，这是商业银行在应对海量声誉风险管理时面临的首要问题，也是难度非常高的一个问题。

（5）从声誉风险管理方来看，商业银行对声誉风险重要性的认识仍有待提高。虽然目前绝大部分银行都明确了声誉风险管理部门，但职能上更多的是基于传统意义上的新闻宣传、危机公关和客户投诉处理；而业务部门更是"重业务开拓，轻声誉风险"，对客户的反映和媒体报道缺乏足够重视，满足于"头痛医头，脚痛医脚"；且声誉风险主管部门与业务部门分属不同领域，往往由不同领导分管，部门之间缺少快捷有效的沟通协调机制，从而导致声誉风险管理与业务管理"两张皮"的局面出现。② 特别是一些基层行政人员及业务人员对声誉风险的意识还比较薄弱，对声誉风险和声誉风险管理的内涵和重要性缺乏深刻认识，往往使得一宗很小的客户投诉或纠纷，由于相关人员没有及时处理好，最后演变为负面舆情以至于声誉事件。

三、加强商业银行声誉风险管理的应对措施

（1）坚持企业文化的建立以企业声誉为导向。企业应积极培养员工的认同感，树立全员声誉风险意识，向所有员工逐步灌输合规经营、恪守制度行为准则的精神，培养声誉风险管理技能。同时，把声誉风险管理内容纳入各部门、各分支机构的考核评价体系，以良好的激励约束机制规范声誉风险管理③。此外，注意加强银行品牌形象建

---

① 邵斌. 新媒体时代商业银行声誉风险管理面临的挑战与对策［J］. 甘肃金融，2013（2）：29～31.

② 谭莹. 发达国家银行声誉风险管理及启示［N］. 金融时报，2013－05－27.

③ 蔡彦贞. 我国商业银行声誉风险管理对策初探［J］. 中国集体经济，2011（19）：63～64.

设。良好的信誉和形象有助于在危机来临时将损失降至最低。在经营过程中，要树立"顾客不一定是对的，但永远是第一位的"的服务理念，通过为客户提供优质产品和服务、组织或参与有价值的品牌活动、赞助公益事业、履行社会责任等，不断提高客户的品牌忠诚度和社会公众的好感度。

（2）进一步构建完善的全面的声誉风险管理体系。第一，应提高声誉风险管理层级。董事会可适当扩大声誉风险管理部门的职责和权限，将声誉风险防范、舆情监测、信息披露、客户投诉管理、声誉风险后评价等公共活动统一纳入到声誉风险管理部门职责之中，明确声誉风险管理部门与业务部门之间的职责分工和报告路径，切实发挥声誉风险管理部门管理中枢、快速协调的作用。① 第二，除声誉风险管理部门外，各业务条线也需要有相应负责声誉风险管理的岗位，成为声誉风险管理的主体之一，及时监测、报告和处理本条线或部门的声誉风险。相关职能部门或岗位之间要建立高效的沟通和协调机制，具有快速的反应和决策能力，以及时、有效地处理声誉事件，管理声誉风险。第三，建立全方位的预警机制。针对各种表现出来的现象及时进行识别、评估，对于不同等级的风险采取不同的应对措施，以便前瞻性地对声誉风险实施有效控制。第四，建立声誉风险后评价机制。国外银行在遇到声誉风险问题时，除了在最短时间内平息风波外，还从源头着手，从根本上解决问题。而国内银行在发生声誉风险时，一般只重视短期内的风险化解，风波平息后便将工作重心转移，往往忽视了声誉风险事件发生的根源，进而导致类似风险反复发生。声誉风险管理后评价就是在声誉风险发生并处理完后的一定时期内，对声誉风险的处理效果从声誉风险管理决策后评价、声誉风险管理方案实施情况后评价、声誉风险处理技术后评价、声誉风险管理经济效益后评价、声誉风险管理社会效益后评价等五方面进行全面评价，并将评价结果反馈给相关决策和管理部门，为今后类似声誉风险管理和处置提供科学、可靠的依据，从根源上杜绝同类事件的再次发生。

---

① 谭莹. 发达国家银行声誉风险管理及启示 [N]. 金融时报，2013 - 05 - 27.

（3）建立完善的监管机制。完善的监管机制对于帮助商业银行树立正确的经营理念、规范商业银行行为至关重要。银行业监管部门应制定完善的法规，建立商业银行信息系统和社会评价系统，将声誉风险监管纳入持续监管框架，定期对银行声誉风险管理政策、制度和程序的充分性、有效性进行科学评估，并根据评估结果进行适当调整。针对利益相关者关注的倾向性问题，则及时出台相关监管法规，规范银行业务行为，有效保护消费者权益，增强公众对银行体系的信心。①

（4）注重与媒体的双向沟通。在 Web2.0 新媒体时代，微博、微信等新兴网络媒体对声誉风险的演变起着关键作用，与媒体的沟通能力和技巧也是银行声誉风险管理的核心环节之一。一是日常要主动与媒体进行沟通，了解媒体需求，定期或者不定期召开各种新闻通气会、发布会，或通过非正式的交流，积极向媒体提供各类新闻稿、宣传图片、音像制品、内部刊物等。二是一旦发生声誉事件，要坚持"黄金四小时"原则，把握最佳处理时机，第一时间作出适当反应，主动向媒体发布信息或澄清事实真相。对一些观点偏激、报道失实的媒体，可主动约见，以适当方式指出问题、澄清事实、阐明观点，力求舆论导向正确，最大限度减小事件对银行的危害。三是积极利用自媒体优势，如开通官方微博，主动发声，建立网络粉丝平台，通过各类线上线下的活动聚集品牌口碑贡献者；或邀请网络大 V、公知、意见领袖开展银行产品服务体验，激发意见领袖的真实正面的口碑，形成良性舆论场等，进一步树立银行的正面形象。

（原载于《舆情观察》第 5 辑，人民日报出版社 2014 年版）

---

① 谭莉莉. 浅议商业银行声誉风险管理［N］. 金融时报, 2013 - 06 - 24.

舆情传播凸显新媒体重要性

——ABC 辱华事件舆情分析

叶培森　罗晓艺

（暨南大学　新闻与传播学院　广东　广州　510632）

2013 年 10 月 16 日，美国广播公司（ABC）深夜脱口秀节目《吉米鸡毛秀》中，主持人吉米·基梅尔邀请了 4 位不同肤色的孩子组成"儿童圆桌会议"。孩子们吃着糖果讨论国家大事，讽刺"国会议员像儿童一样爱闹脾气"。当吉米问孩子们："我们欠中国 1.3 万亿美元债务，怎样才能还完？"时，一名 5 岁的儿童语出惊人，称"要绕到地球另一边去，杀光中国人"。吉米随即调侃道："杀光所有中国人？这是一个很有趣的点子。"

节目播出后激起在美华侨华人的愤慨，各大团体纷纷要求 ABC 和基梅尔公开道歉，并在白宫请愿网站上请愿。基梅尔在 10 月 28 日晚播出的节目中对有关歧视性言论表示歉意，但这一道歉被指缺乏实质内容与诚意。11 月 9 日美国华侨华人在洛杉矶、旧金山、纽约、华盛顿、迈阿密等全美 27 个城市举行针对 ABC 辱华言论的抗议活动。随后 ABC 正式发表道歉声明，白宫也对此事件作出回应。华人没有满意 ABC 的道歉，认为其缺乏诚意，并于微群上号召网上抵制迪士尼，本以为将继续发酵的舆情却渐渐平息。

该事件层层递进，不断深入，虽然在一定程度上可谓美国华侨华人群体在美为争取权益抗争的重要里程碑，但与此同时我们也看到了一些值得反思的问题。随着海外华侨华人数量不断增多，群体逐渐庞大，他们应如何采取合理有效的手段为自己争取更多更大的权益，采取怎样的手段表达自己的诉求，达到抗争的目的，这都值得深入反思。

一、事件回放

（一）事件发端：2013 年 10 月 16 日

ABC 当天深夜播出的《吉米鸡毛秀》节目中，节目主持人吉米·基梅尔邀请 4 名不同肤色的孩子组成"儿童圆桌会议"讨论国家大事。对于基梅尔提出的"我们欠中国 1.3 万亿美元债务，怎样才能还完"这一问题，一名儿童回答称："绕到地球另一边去，杀光中国人。"对于这一答案，基梅尔的评论是："这是一个很有趣的点子。"节目播出后激起在美华侨华人的愤慨。

（二）事件发展

截止到 2013 年 11 月 29 日，事件发展共经历了五个阶段。第一阶段，带有辱华言论的视频播出，激起了在美华侨华人的愤慨；第二阶段，ABC 致道歉信，节目主持人基梅尔在节目和示威人群中道歉；第三阶段，华人不满 ABC 的道歉，开展大规模游行示威，此事件的舆情被推向高潮；第四阶段，ABC 公开发表道歉声明，中美双方官方作出对此事件的回应；第五阶段，华人成立组织并以网上抵制迪士尼的形式展开又一轮抗议。

1. 第一阶段：华人反抗

10 月 18 日，白宫请愿网站上出现要求删除辱华节目、开除主持人吉米·基梅尔的请愿。

2. 第二阶段：ABC 首次道歉

10 月 26 日：ABC 资深执行副总裁丽莎·贝格和副总裁蒂姆·麦克尼尔联名向美国最大的亚裔政治组织"80 – 20 促进会"发去道歉信，表示他们"绝不会有意让华裔、亚裔群体感到难过"，因为节目的目的只是"娱乐"，并表示已经"尽量减低这一事件的影响"。

10 月 28 日：纽约、旧金山、洛杉矶等地举行游行抗议活动。主持人基梅尔在当晚播出的节目中对有关歧视性言论表示歉意，但这一道歉被指缺乏实质内容与诚意。

10月30日：洛杉矶华人前往 ABC 的办公大楼前游行，基梅尔本人在现场向华人连鞠两躬，并承诺永久性停播涉事节目中"儿童圆桌会议"的环节。但部分在美华人认为，基梅尔没有承认自己的错误，要 ABC 公开道歉，并解雇基梅尔。

3. 第三阶段：华人开展大规模游行示威

11月7日：芝加哥上百名华人在 ABC 大楼前抗议。

11月8日：大批华侨华人从新泽西州赶来，在纽约曼哈顿 ABC 电视台总部集会抗议。

11月9日：全美27个城市的华侨华人举办抗议活动。

4. 第四阶段：ABC 公开道歉，中美官方作出回应

11月10日：ABC 10日发表官方声明，首次就该电视台之前的一个脱口秀节目涉及辱华言论道歉。声明说："我们谨代表美国广播公司和吉米·基梅尔脱口秀节目组的每名成员，就2013年10月16日吉米·基梅尔脱口秀中'儿童圆桌会议'的节目内容表达我们发自肺腑的诚恳歉意。"并承诺加强审查，今后杜绝类似事件的发生。ABC 在声明中承认错误，承诺永久清除该内容，永久取消"儿童圆桌会议"这一节目环节。

11月11日：中国外交部对 ABC 辱华言论作出回应，外交部发言人秦刚表示："散布种族歧视和种族仇恨，有悖媒体的社会责任。美国广播公司应正视事件造成的消极影响，以真诚的态度回应旅美华侨华人的合理呼声和正当要求，并从中汲取教训，避免再次发生类似事件。"

11月12日：美国白宫负责外交事务的外交安全委员会发言人凯特琳·海登在回复央视记者的邮件中称，美国总统奥巴马和白宫认为，ABC 播出的辱华言论不代表大部分美国民众对中国的看法，美国一向重视同中国的合作伙伴关系。

5. 第五阶段：华人投票决定新一轮抗争

11月13日：当日，洛杉矶、旧金山、纽约、华盛顿、西雅图、迈阿密、奥兰多等美国多个城市的华人代表通过微群投票决定，于近期展开以网上抵制迪士尼为主的新一轮抗议 ABC 辱华言论行动。

11 月 15 日：ABC 总裁就辱华言论向华裔议员道歉。美东地区首位华裔国会众议员孟昭文发表声明称，她本人接到 ABC 总裁保尔·李的道歉请求，请求孟昭文接受其诚挚衷心的道歉，并许诺永远不播出该节目片段。

15 日晚 9 点，纽约、华盛顿、休斯敦、芝加哥、旧金山和洛杉矶等城市的华人召开了电话会议，会议决定成立全美华人权益联盟，由以上几个城市各选派一名代表组成筹备小组并公推了召集人。

二、国内外新闻报道及社交网站舆情发展

（一）舆情趋势

该事件的舆情信息从 2013 年 11 月 15 日起逐渐回落，截止到 11 月 29 日，微博和百度新闻再无关于此事件的更新。从收集的舆情信息看，第二、三、四阶段引发了较大的舆情关注度。从国外新闻报道看，分别掀起了三轮舆情高潮，热度值和长度基本相似，都是两天的集中报道；从国内新闻报道看，第二阶段明显较第三、四阶段弱，如图 1 所示。

报道数量

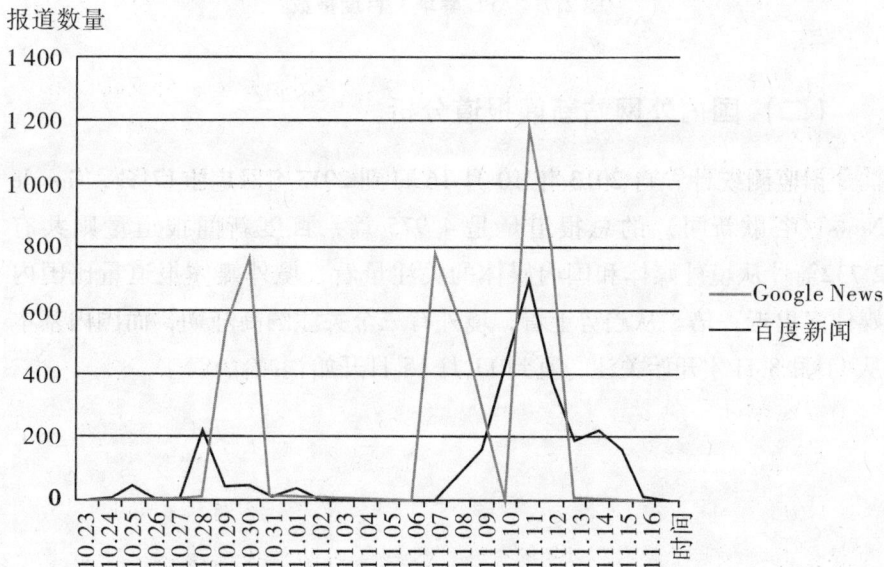

图 1　新闻报道走势图（Google News 关键词：Jimmy Kimmel Kill Chinese，百度新闻关键词：ABC 辱华）

　　11 月 16 日到 11 月 29 日，关于该舆情事件再无较大规模的新闻报道。百度用户关注和新浪微博上也没有较多关于此事件的话题，舆情就此回落平息。

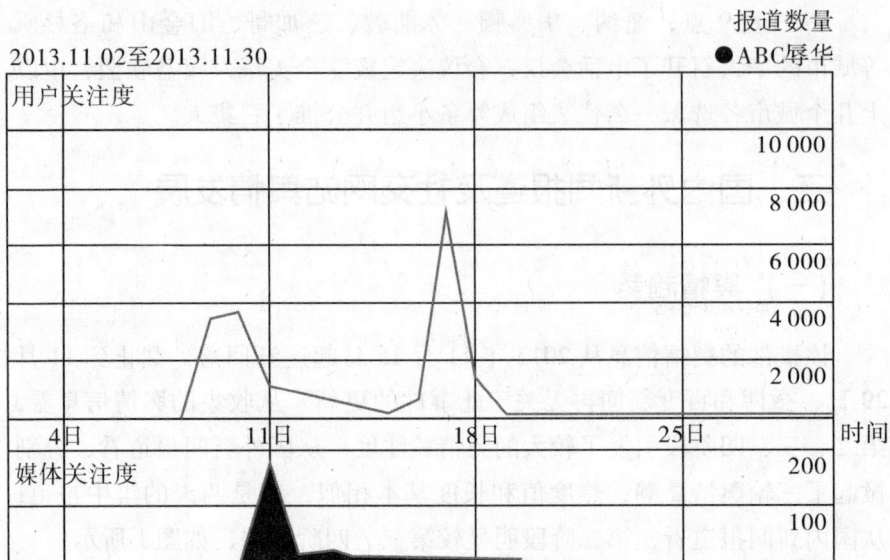

2013.11.02至2013.11.30

报道数量
●ABC辱华

用户关注度					
					10 000
					8 000
					6 000
					4 000
					2 000
4日	11日		18日	25日	时间
媒体关注度					200
					100

图2　"ABC 辱华"百度指数

（二）国内外网站新闻报道分析

　　据监测统计，自 2013 年 10 月 16 日到 2013 年 11 月 17 日，Google News（谷歌新闻）的总报道量是 4 975 篇，百度新闻报道量则共有 2 732篇。从境外媒体和国内媒体的关注量看，境外媒体报道量比国内媒体多出近一倍。从趋势上看，境外有三个关注的高峰期，而国内基本从 11 月 8 日才开始关注，直到 11 月 15 日开始消减。

报道数量

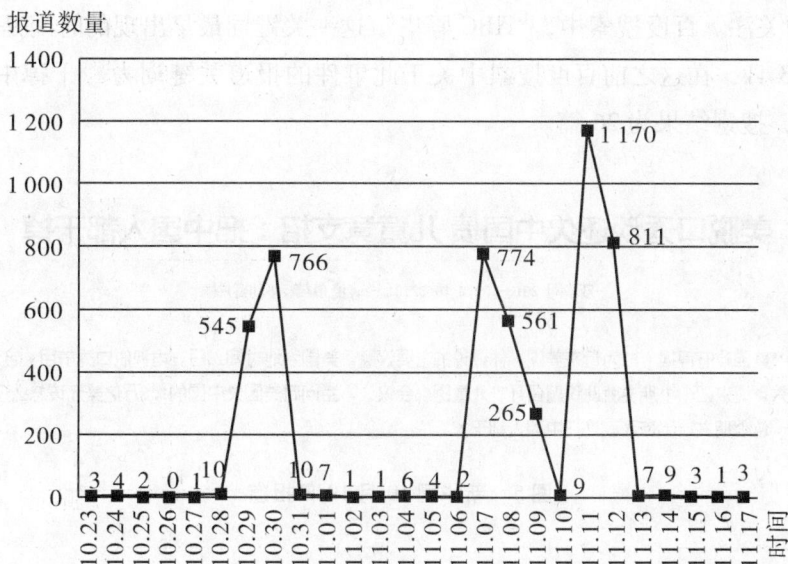

图3　Google News 检索结果（共 4 975 篇，关键词：Jimmy Kimmel Kill Chinese）

报道数量

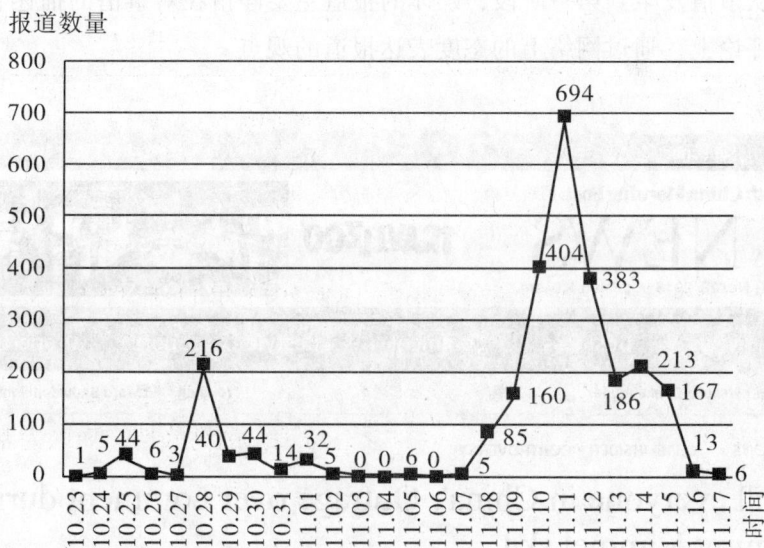

图4　百度新闻检索结果（共 2 732 篇，关键词：ABC 辱华）

1. 第一阶段

从国内外新闻报道量及走势看，第一阶段该事件还没有引起媒体过多的关注。百度搜索中，"ABC 辱华"这一关键词最早出现的时间是 10 月 23 日，在这之前百度搜索中关于此事件的报道关键词为"干掉中国人"，搜索结果为 26 篇。

美脱口秀谈还欠中国债 儿童竟支招：把中国人都干掉

新华网 2013-10-19 18:32:31　评论 (0) 条 移动客户端

"美国政府停摆"成为近来美国媒体讨论的主要议题。美国当地时间16日，电视脱口秀节目《吉米鸡毛秀》请来四个小朋友就此议题召开"儿童圆桌会议"。当问到美国欠中国的1.3万亿美元该怎么还时，一位小朋友语出惊人："把中国人都干掉。"

图5　新华网 10 月 19 日报道

在 10 月 23 日，谷歌新闻搜索到《南华早报》的一篇报道——《"杀光所有中国人"：吉米鸡毛秀引发愤慨》。《环球时报》也报道了此事件。

从事情发生到第一阶段，媒体的报道主要停留在对事情的描述和网友的评论上，通过网络上的态度表达报道的观点。

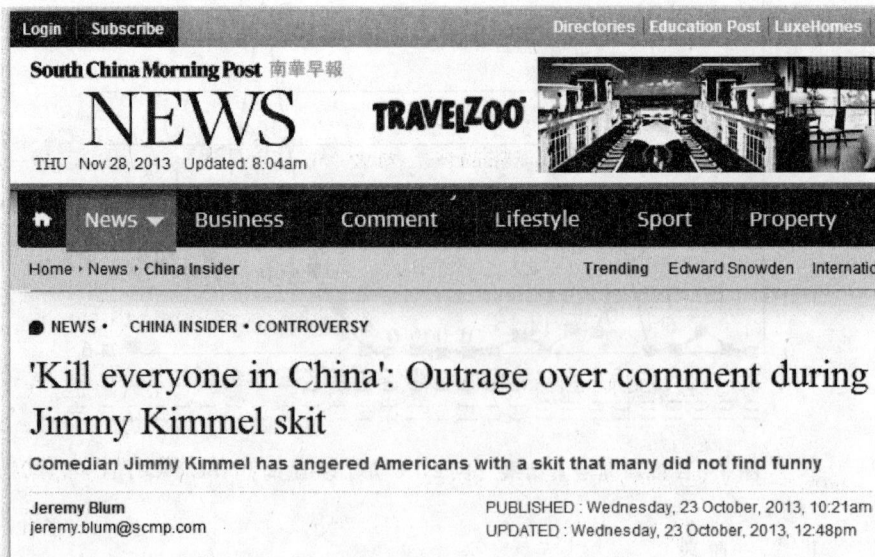

Login　Subscribe　　　　　Directories　Education Post　LuxeHomes

South China Morning Post 南華早報
NEWS　TRAVELZOO
THU　Nov 28, 2013　Updated: 8:04am

🏠 News ▾　Business　Comment　Lifestyle　Sport　Property

Home › News › China Insider　　　　Trending　Edward Snowden　Internatio

● NEWS • CHINA INSIDER • CONTROVERSY

'Kill everyone in China': Outrage over comment during Jimmy Kimmel skit

Comedian Jimmy Kimmel has angered Americans with a skit that many did not find funny

Jeremy Blum
jeremy.blum@scmp.com

PUBLISHED : Wednesday, 23 October, 2013, 10:21am
UPDATED : Wednesday, 23 October, 2013, 12:48pm

图 6　《南华早报》10 月 23 日报道

图 7 《环球时报》10 月 23 日报道

2. 第二阶段

10 月 24 日到 10 月 28 日，报道开始关注华人对此事件的不满情绪，且多就华人要求道歉的诉求表达进行报道。就数量来看，相关报道有小幅度上升，但没有明显的高潮出现。这期间 BBC News、《环球时报》对此事件有了一定关注。

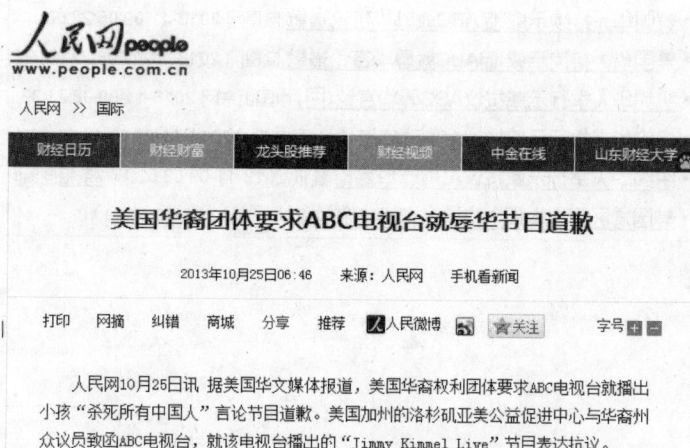

图 8 人民网国际 10 月 25 日报道

从 10 月 28、29 日开始，对于 ABC 高层的道歉和基梅尔道歉的报道量大量增加。在 11 月 1 日到 11 月 6 日这段时间里，媒体主要报道华人的不满和抗议。

TELEVISION

Poll: Jimmy Kimmel Leaves 90% of Chinese Angered, Saddened or on Guard

A child's suggestion to "kill everyone in China" has sparked an uproar against the late night comic

By Dan Kedmey | Oct. 29, 2013 | 129 Comments

图 9　《时代周刊》网站娱乐版 10 月 29 日调查报道

3. 第三阶段

第三阶段是报道成爆炸式增长的一个阶段，11 月 8 日、9 日这两日对华人游行示威的报道成为主流。

- 华人抗议ABC播辱华言论 白宫请愿数破10万 北方网 2013-11-09 09:19:00
- 在美华人示威游行抗议ABC节目辱华言论 新华网 2013-11-09 09:17:53
- 纽约华人举行示威抗议ABC辱华言论【7】人民网陕西频道 2013-11-09 09
- 纽约数百华人举行示威抗议ABC辱华言论 要求做出更加诚恳道歉 沭阳网
- 美国华人持续示威 促ABC就辱华言论道歉 凤凰网 2013-11-09 08:22:00
- 美国华人持续示威 促ABC就辱华言论道歉 凤凰网 2013-11-09 08:22:00 4条
- 纽约华人举行示威抗议ABC辱华言论(图) 中国山东网 2013-11-09 08:21:33
- 纽约华人举行示威抗议ABC辱华言论 中国江苏网 2013-11-09 08:14:08 9条
- 纽约华人举行示威抗议ABC辱华言论 腾讯 2013-11-09 08:02:17 2条相同新
- 美国湾区华人本周六抗议ABC辱华言论 21CN 2013-11-09 07:51:48

- 纽约华人举行示威抗议ABC辱华言论(图)(三) 网易财经 2013-11-09 07:39:5
- 纽约华人举行示威抗议ABC辱华言论(图)(四) 网易财经 2013-11-09 07:39:5
- 纽约华人举行示威抗议ABC辱华言论(图) 网易财经 2013-11-09 07:39:55 3
- 纽约华人举行示威抗议ABC辱华言论(图)(二) 网易财经 2013-11-09 07:39:5
- 纽约华人举行示威抗议ABC辱华言论(图)(四) 网易新闻 2013-11-09 07:39:5
- 纽约华人举行示威抗议ABC辱华言论(图)(全文) 网易财经 2013-11-09 07:3
- 纽约华人举行示威抗议ABC辱华言论(图)【4】 人民网国际频道 2013-11-0
- 纽约华人举行示威抗议ABC辱华言论(组图) 凤凰网 2013-11-09 07:39:00 2
- 美国湾区华人本周六抗议ABC辱华言论 新华网 2013-11-09 07:35:47 4条相
- 美国华人持续示威 促ABC就辱华电视内容道歉 凤凰网 2013-11-09 04:00:0

- 美国爆发史上最大华人示威 抗议ABC辱华言论 中国新闻网 2013-11-1
- 数百美籍华人聚集时报广场抗议ABC辱华言论 凤凰网 2013-11-10 00:
- 抗议ABC辱华言论 新华网 2013-11-10 00:00:00
- 美多地华人华侨抗议ABC辱华言论游行持续 中国新闻网 2013-11-10 0
- 美东华人再举行大游行 要求ABC就辱华言论道歉 中国新闻网 2013-11
- ABC辱华言论:引发在美华人示威游行抗议 华龙网 2013-11-09 22:27:00
- 美国16城市华人今天游行示威 抗议ABC辱华节目 新华网 2013-11-09
- ABC辱华言论惹众怒 ABC不堪压力终道歉 证券之星 2013-11-09 19:11
- 《新闻直播间》ABC辱华事件后续情况 新浪视频 2013-11-09 17:37:0
- 美华人在ABC总部示威 要求为辱华言论正式道歉 组图 网易新闻 201

- ABC辱华言论 激动网 2013-11-09 16:27:00 8条相同新闻>>
- ABC节目播出辱华言论 华人抗议持续发酵 华龙网 2013-11-09 15:05:0
- 美国华人拟举行万人游行 抗议美媒ABC辱华言论 酷6网 2013-11-09 1
- 美华人在ABC总部示威 要求为辱华言论道歉 新浪地产网 2013-11-09 1
- ABC辱华言论 美国16城市华人今天游行示威抗议 中国时刻网 2013-11
- ABC辱华言论引发激烈抗议 华人美国大游行(图) 证券之星 2013-11-0!
- 组图:纽约华人举行示威抗议美国ABC辱华言论 和讯 2013-11-09 14:0:
- ABC节目播出辱华言论 在美华人抗议持续发酵 酷6网 2013-11-09 13:
- 美华人在ABC总部示威 要求为辱华言论道歉(组图) 前瞻网 2013-11-0
- 美国16城市华人今天游行示威 抗议ABC辱华节目 人民网国际频道 20

图10　百度新闻搜索结果

4. 第四阶段

华人在美 27 市联合举行的游行示威活动引起了 ABC 的重视并促使他们公开发表道歉声明，同时白宫也就此事作出回应。直到 11 月 12 日，对该事件的媒体报道才有所回落。在这段时间内，《纽约时报》、《环球时报》、《华尔街日报》、《南华早报》、Business Insider 等媒体都就此事进行过报道，其后的报道中陆续有对于此次事件的评论出现，外文网站撰写的报道侧重于对华人如此激烈的反映表示不理解，同时也有一些从侧面讽刺华人的行为。

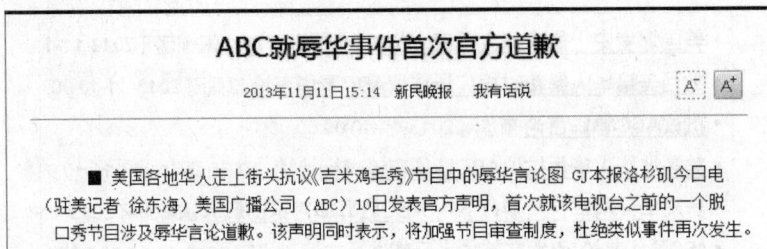

ABC就辱华事件首次官方道歉

2013年11月11日15:14 新民晚报 我有话说 　A⁻ A⁺

■ 美国各地华人走上街头抗议《吉米鸡毛秀》节目中的辱华言论图 GJ本报洛杉矶今日电（驻美记者 徐东海）美国广播公司（ABC）10日发表官方声明，首次就该电视台之前的一个脱口秀节目涉及辱华言论道歉。该声明同时表示，将加强节目审查制度，杜绝类似事件再次发生。

图 11　《新民晚报》11 月 11 日报道

白宫回应ABC辱华言论：不代表大部分美民众看法

2013年11月13日 11:54 来源：中国新闻网 　参与互动(51)　　　　+　11

图 12　中国新闻网 11 月 13 日报道

5. 第五阶段

第五阶段的舆情不只是对事件的描述，而是开始出现意见领袖对于此事的分析和引导，舆情开始分化，此时对于该舆情事件的关注热度瞬间降温。前期，华人进一步的抵制活动、对迪士尼的网络抵制报道也没有形成一定规模，其后冷思考性的新闻成为主流。

美国"辱华事件"折射问题多 华人态度产生分歧

2013年11月28日 16:02 来源：中国新闻周刊 　参与互动(2)　　　　+　0

图 13　《中国新闻周刊》11 月 28 日报道

辱华事件激发美华人政治觉醒 摆脱歧视仍长路漫漫 ▷▷

2013年11月29日 09:35　来源：中国新闻网　💬参与互动(4)

图14　中国新闻网 11 月 29 日报道

（三）国内外社交媒体舆情分析

　　根据监测统计结果可知，国外某社交网站上关于此事件的热门话题总数是 79，其中 2013 年 10 月 23 日、10 月 28 日、11 月 10 日的话题数最多。但热门话题早期多是对《吉米鸡毛秀》节目中，"儿童圆桌会议"上出现"杀光中国人"言论的事实进行告知。其后，绝大多数话题只是转发媒体对此事件的报道，只有少数是表达自己的看法的。

报道数量

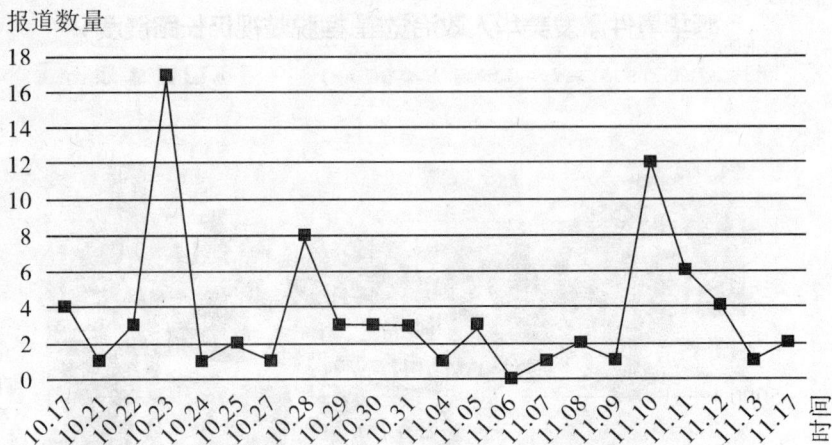

图 15　国外某社交网站关于 ABC 辱华事件的热门话题检索结果

（关键词：Jimmy Kimmel Kill Chinese）

　　国内新浪微博也对此事件有一定关注，提及量达 32 790 条。从新浪微博对该事件提及量的走势图（如图 16）来看，此事件得到关注是在 11 月 9 日，并在 10 日达到高峰，此后又逐渐衰落。通过对网友的微博分析发现，10 月 29 日基本内容是呼吁网友到白宫请愿签名；10 月 30 日至 11 月 6 日，话题基本是对基梅尔向示威华人鞠躬道歉视频的转发；11 月 7 日至 11 月 8 日，开始有表达态度的微博出现；11 月 9 日至 11 月 11 日，对美国华人示威游行报道的转发；11 月 12 日至 11 月 15 日开始，评论和个人见解逐渐增多；15 日以后，微博内容多关注新一轮的抗议报道及华人网上抵制迪士尼的活动进展。

报道数量

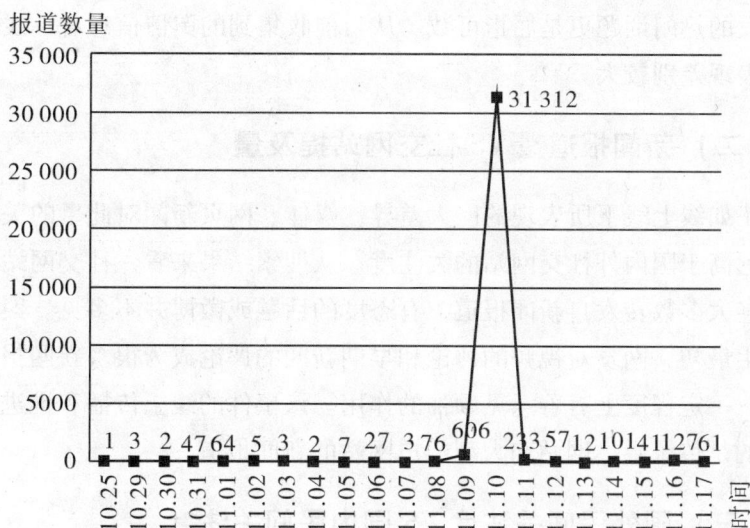

图 16　新浪微博关于 ABC 辱华事件的检索结果（关键词：ABC 辱华）

三、舆情传播特点及问题

通过刚刚对国内外新闻报道及社交网站舆情信息及舆情走势的分析，再根据舆情传播的路径，我们可以明显看出几个强烈的对比，第一是线上和线下的对比，第二是新闻报道量和社交网站提及量的对比，第三则是国内关注度和国外（官方、民间）关注度的对比。这些对比凸显了 ABC 辱华事件的舆情传播特点，也反映出几个问题。这些问题说明了新媒体在舆情传播中的重要作用，以及社会化媒体背景下舆情的大规模传播和产生影响需要新媒体的声援。

（一）线上 VS 线下

相对于线下如火如荼的抗议游行等斗争，网上似乎显得有些风平浪静。除了几轮新闻报道的舆论高峰以外，此事在国内外社交网络上并没有引起多大的轰动，对此事的讨论也没有形成一定的规模。国外新闻报道情况相对较好，网友评论数量较多，对此事的关注度也较大。但是国外社交媒体与国内新浪微博有着同样的状况：对此事的关注比较少，形成转发的热门话题更是屈指可数。从目前收集到的舆情信息看，线上线下的表现差别较大。

（二）新闻报道量 VS 社交网站提及量

正如线上线下所表现的巨大差异，媒体、网页新闻对此事的关注度要远远高于国内外社交网站的关注度。从搜索结果来看，社交网站上的信息绝大多数转发自新闻报道，有态度的话题或微博并不多见。舆情事件发生最初，网友对视频的评论和早期新闻的评论成为很多新闻报道的依据，一定程度上有着意见领袖的作用。该事件的线上传播和推进多数依靠的是传统媒体网站和大型门户网站的新闻报道。

（三）国外民间关注度 VS 国内民间关注度

该舆情事件不断发酵升级的主要推动者是美国华侨华人群体，也正是因为在美华侨华人连续不断地示威抗议，此事件才在美国民众中产生了一定的影响。但据收集的舆情信息资料显示，国外对此事件的主要关注者依然集中于美国华人群体，而美国的非华人及国内民众对此事件的关注度不大。国内的关注力度明显比较薄弱，辱华事件在国内民众中间没有引起较大的关注，不仅在社交媒体网站上没有形成及时的讨论，甚至知晓和了解此事的人都相对较少。

（四）国外官方关注度 VS 国内官方关注度

此次舆情事件于 10 月 16 日发端，直到 11 月 11 日中国政府外交部发言人就此事作出官方回应，白宫才于 12 日作出回应。相比较而言，国内权威媒体如央视、新华网、人民网、中国新闻网等官方网站都对此事件给予了大量的关注并积极进行报道。相反，在国外，此事件未得到美国主流媒体的大量关注，虽然《纽约时报》、《华尔街日报》、《好莱坞记者》等媒体有相应的报道，但基本都是提及而已，关注的力度并不大。

通过上文的分析，笔者认为 ABC 辱华事件在舆情传播上表现出以下几个问题：

首先，线上线下配合不够。从上面的分析可以得知，该事件是由《吉米鸡毛秀》的一段节目视频引发的。该事件最初的传播是在互联网上，早期的舆情也发端于网上。这些舆情集中于对该视频的留言和评论，与此同时，早期的媒体报道关注的重点也集中在视频本身和网友的评价上。然而，随着事件的不断推进，线下的游行示威如火如荼，线上的舆情的力量却逐渐消减。不仅社交网络上没有形成强大的舆情阵地，关于此事件的网友评论也越来越少。线上线下明显缺乏配合，线下行动没有获得大规模的线上声援。

其次，国内国外配合不够。从百度的关注度指数就可以看到，从事件发生开始直到 11 月 9 日，国内民众才渐渐开始关注此事件且关注量不大。ABC 辱华事件的提及量远远低于国外网站，报道量也少于国外。国内国外的线上互动比较少，斗争主要集中于美国华侨华人群体。

再次，Web1.0 与 Web2.0 配合不够。在 Google News 和百度新闻的搜索中，我们搜索到了大量的媒体报道，可以说关于 ABC 辱华事件，媒体给予的关注量相对是比较高的。但是，社交媒体的反响是比较小的。从新浪微博上的搜索来看，微博数只有 32 790 条，并且转发和评论量也不多，多数是对视频和报道的转发。一面是官方媒体和传统媒体的大量关注，另一面却是社交媒体的"冷冷清清"。

四、舆情建议：媒体选择与统一组织

对于 ABC 辱华事件，华人掀起了一波又一波反抗高潮。单就此事件而言，美国华人的斗争在历史上是具有里程碑式意义的。事情发展至今已然演变成旅美华侨华人以抗议 ABC 节目中出现的"杀光中国人"的辱华言论为契机爆发的一场反对种族歧视，维护华侨华人在美权益，争取公平公正待遇及相应话语权的斗争。

权益和斗争取得一定程度胜利的同时，舆情传播出现的几个问题又让我们不得不去反思。国内的舆情事件往往在网上会得到大规模的声援和支持，民间发声力量也是推动舆情事件走向高潮的一个重要推动力。但在这次舆情事件中我们并没有看到美国非华人群体的舆情声援，也没有看到国内中国人对此事件的有力声援和支持，事件发展到最后似乎成了美国华侨华人和中国官方媒体的互动游戏。

那么，为何该事件的国内民间关注度如此低？为何华人的抗议没有得到非华人美国民众的认同？为何社交网络上没有形成较大的话题讨论？为何美国人认为华侨华人"纠缠不清"？为何美国主流媒体没有过多关注？我们在看到成就的同时，也需要冷静的思考。

首先，运用新媒体扩大民间影响力是提高舆情传播力的必然选择。想要获得更多的关注，很大程度上需要调动民间的力量。一方面是要获得美国非华人群体的认同和支持，另一方面要取得祖国人民的强大舆论支持。比如，抵制迪士尼就需要联合国内民众的力量才能达到相应的效果。

这次舆情事件是华侨华人在美权益的争取和斗争，仅靠华人的单薄力量是不够的，用有效的诉求方式和手段说服非华人群体，获得更多来自民间的话语和力量的支持，才能更多地引发共鸣，获得更多权威媒体的关注。

ABC 辱华事件的发生过程，一定程度上变成了国内官方和美国华侨华人的互动游戏，而国内民众和美国非华人群体对此事件的关注寥寥无几。然而，网络是没有边界的，尤其是在社交媒体发展的背景下，利用社交媒体制造话题和舆论对事件形成民间影响力有着非常重要的作用。想要扩大此事的影响力和传播力必须有效借助新媒体，充分发挥社交媒体的作用，培养意见领袖，引导舆论的发展，逐步形成线上线下相结合的局面，从而达到传统媒体和新媒体互动传播的效果。只有得到更多的民间关注，获得更多的民众支持，才能为这次抗议争取到更多的"选票"，也才能得到美国官方的重视。

其次，要有效协调和组织，集中要害，明确诉求。华人在这次事件中不断加压，步步逼近，不断迫使 ABC 多次就此事道歉，与此同时，美国白宫也就此事作出声明。从一定程度上看这是华人在美权益斗争的一次胜利，但此事也表现出美国华侨华人在此事件组织和倡议过程中的不成熟。

舆情的控制和处理最怕口径不统一，诉求不一致，在舆情传播中这一点是大忌。虽然这次舆情传播过程中新媒体并没有发挥出它应有的效果和作用，但通过新闻媒体的报道和评论，我们可以看出华人内部认知不统一，诉求不一致。他们不仅在网络上没有形成统一的口径，甚至在线下的组织和活动中也产生了很多分歧。是公开道歉还是要求辞职，是步步紧逼还是适可而止，内部本身就没有形成统一的意见和明确的诉求。其结果自然也就导致了少数人认为的"揪住不放"、"变本加厉"等印象的形成。

这次事件结束后，华人群体意识到了"统一组织"的重要性并成立了"全美华人权益联盟"。一直以来，华人都不重视美国社会政治领域的活动，而且华人内部对种族歧视的认知也存在很大的差异。就这次抗议事件而言，华人内部的认知就有很大的不同，从而导致诉求不统一，抗争效果大打折扣，甚至引发美国媒体对华人的批判。因此，华人需要团结起来，对自我权益的争取应该揪住要害，明确诉求，不达目的誓不罢休。

（原载于《舆情观察》第 6 辑，人民日报出版社 2014 年版）

参考文献：

［1］郭庆光．传播学教程［M］．北京：中国人民大学出版社，1999.

［2］胡百精．危机传播管理——流派、范式与路径［M］．北京：中国人民大学出版社，2009.

［3］［美］沃纳·塞弗林，小詹姆斯·坦卡德．传播理论：起源、方法与应用［M］．郭镇之等译．北京：华夏出版社，2000.